Bettina Selby
Timbuktu!

Zu diesem Buch

Als einzigen Weggefährten hatte sie ihr leuchtend rotes Fahrrad Evans dabei. Über fünfzigjährig bricht Bettina Selby, Mutter dreier Kinder, Fotografin, Journalistin und Buchautorin, mit ihrem Fahrrad auf, um ein Stück Schwarzafrika – von Niamey bis Timbuktu – zu erkunden: vorbei an Lehmhütten und Reisfeldern, durch die Wüste und durch den Urwald, immer entlang dem Niger. Auf ihrem abenteuerlichen und strapaziösen Weg, den sie mit erfrischender Selbstironie schildert, erlebt sie Menschen und Landschaft in einer Unmittelbarkeit, wie sie nur die Reisegeschwindigkeit des Fahrrads erlaubt. Sie stößt auf verloren geglaubte Kulturen und liefert Momentaufnahmen einer fernen Welt, die vom Untergang bedroht ist.

Bettina Selby, geboren 1934 in London, ging als Fünfzehnjährige zur britischen Armee, arbeitete später als Fotografin und studierte dann Religionswissenschaften. Zahlreiche Buchveröffentlichungen. Zuletzt erschien von ihr »Der Jakobsweg«.

Bettina Selby
Timbuktu!

Eine Frau in Schwarzafrika
allein mit dem Fahrrad unterwegs

Aus dem Englischen von
Jürg Wahlen

Mit 21 Farbfotos von
Bettina Selby

Piper München Zürich

Von Bettina Selby liegen in der Serie Piper außerdem vor:
Ah Agala! (1257)
Himalaja (3338)

Ungekürzte Taschenbuchausgabe
März 1994 (SP 1724)
Mai 2002
© 1991 Bettina Selby
Titel der englischen Originalausgabe:
»Frail Dream of Timbuktu«, John Murray Ltd., London 1991
© der deutschsprachigen Ausgabe:
2002 Piper Verlag GmbH, München
© der Übersetzung:
1992 SV International/Schweizer Verlagshaus AG, Zürich
Umschlag/Bildredaktion: Büro Hamburg
Isabel Bünermann, Julia Martinez, Charlotte Wippermann
Foto Umschlagvorderseite: Picture Press; Corbis, Tumley
Satz: Utesch Satztechnik GmbH, Hamburg
Druck und Bindung: Clausen & Bosse, Leck
Printed in Germany   ISBN 3-492-23664-2

www.piper.de

Inhalt

1 Der starke braune Gott 9
2 Niamey 26
3 Ein Hauch von Paradies 38
4 Streifzüge durch den Busch 51
5 Lehmhütten und Hirsefelder 64
6 Auf dem Fluß 77
7 Das Aïr-Gebirge 95
8 Agadez 111
9 Nordwärts nach Mali 123
10 Durch die Wüste nach Gao 139
11 Schein und Sein 151
12 Alltag auf einer Piroge 163
13 Der Königsweg 174
14 Timbuktu 186
15 Zu neuen Ufern 200
16 Das Binnendelta 214
17 Mit letzter Kraft 228
18 Mopti 236
19 Im Land der Dogon 250
20 Djenné 266
   Epilog: Das Große Wasser 277
   Reiseausrüstung 283
   Dank 285

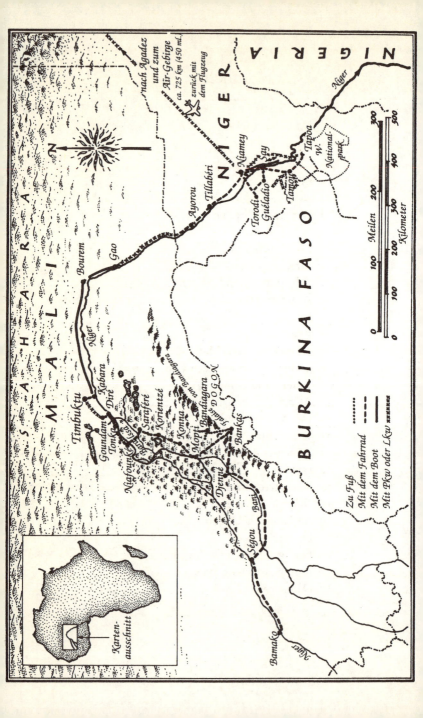

*Dieses Buch ist den Nomaden von Niger und Mali gewidmet,
deren Leben sich auf das »Große Wasser« gründet*

Du weites Afrika, wird deine Sonne,
Von Hügeln freigegeben eine Stadt
Mir je beleuchten, schön wie jene Sterne
Am Firmament der Nacht entschwundner Welten?
Was, wenn die Sage deines Timbuktu
Ein zarter Traum nur wär' aus alter Zeit?...
Die Zeit ist nah, dies glorreich Heimatland
Kühner Entdeckerfreude preiszugeben.
Bald wird der Leuchtglanz deiner stolzen Türme
Vom Wirken ihres Zauberstabs verdunkelt –
Verdunkelt schrumpfen splitternd sie zu Hütten,
Zu schwarzen Flecken mitten in der Ödnis
Trübweiten Sands, zu niedrem Lehmgemäuer
Barbarischer Behausung.
                                                        Tennyson

1

Der starke braune Gott

*Viel weiß ich nicht von Göttern; doch ich glaube,
Daß der Fluß ein starker brauner Gott ist.*
                            Vier Quartette   T. S. Eliot

Den Niger bekam ich erstmals von der Terrasse des Grandhotels in Niamey zu Gesicht, zu einer jener vollkommenen und allzu kurzen Stunden in den Tropen, wenn die Sonne den Tag aus ihrem weißglühenden heißen Griff entläßt und ihren raschen Abstieg in die afrikanische Nacht antritt. Der leuchtende Himmel rötete sich immer dunkler. Lange, schleppende Schwärme schwarzer Strauchenten flogen tief über dem Wasser dahin. Über die Brücke kamen Reihen von Frauen in langen, hellfarbenen Umhängen, die mühelos kleine Türme von Kalebassen und bemalten Emailschüsseln oder Körbe voller Früchte auf ihren reich umwickelten Köpfen im Gleichgewicht hielten. Verächtlich blickende Kamele, hochbeladen mit sperrigen Holzbündeln für die Küchenfeuer der Stadt, schaukelten eins hinter dem anderen durch den Verkehr. Am Wassersaum badeten Silhouetten aus Ebenholz – nackte Männer und Jungen, deren frischgewaschene Kleider zum Trocknen am Ufer hinter ihnen ausgebreitet waren. Mehrere kanuartige Boote mit langem, sich verjüngendem und deutlich vom Wasserspiegel abgesetztem Bug und Heck wurden langsam stromaufwärts gestakt; sie hielten sich eng am Flußufer, weil das seichte, binsenbestandene Wasser hier langsamer strömte.

Der Niger spiegelte keine dieser Szenen wider. Seine solide, goldbraune, ungeheuer weite Flut floß stark und still nach Süden. Trotz des Zaubers von all dem Neuartigen, das mich umgab, war es der Fluß selbst, der meine Aufmerksamkeit fesselte und mich in

Bann schlug. Denn was bis dahin nur ein dünner schwarzer Strich auf einer Landkarte gewesen war, dem meine Finger in den vergangenen Monaten so oft wie beiläufig nachgefahren waren, um Distanzen auszumessen und Einzelheiten zu notieren, hatte sich unversehens in eine ungeheuer machtvolle Präsenz verwandelt, in eine urtümliche Kraft, die sich der Vorstellung, in einem Atlas gebändigt zu sein, völlig entzog. Während ich auf den Niger blickte, kam mir unvermittelt T. S. Eliots »starker brauner Gott« in den Sinn, und ich fragte mich insgeheim, ob wohl die Anziehungskraft, die ich verspürte, dem Sinn seiner Worte entsprach: »Der Fluß ist in uns ... Sein Rhythmus war schon im Kinderzimmer zugegen.«

Lange bevor ich des Herumsitzens müde wurde, war der Himmel ein Baldachin aus Sternen geworden. Der Fluß hatte sich fast bis zur Unkenntlichkeit aufgelöst, und die Luft zitterte und sirrte vom Lärm zirpender Grillen. Es war höchste Zeit, in mein bescheidenes Quartier zurückzukehren und etwas Schlaf nachzuholen. Während ich mein Rad zwischen den Lachen von Licht, die von den Herdfeuern und den Sturmlaternen der Verkaufsstände quollen, durch die staubigen Straßen schob, umwehten mich Düfte fremdartiger Speisen, und ein sanftes Gemurmel von Stimmen entstieg den Schatten, wo Menschen zum abendlichen Essen und Plaudern beisammensaßen. Nach den kalten, unpersönlichen Straßen Londons, die ich erst vor kurzem verlassen hatte, erschien mir diese Szenerie von einer außerordentlichen Zartheit und erfüllte mich mit einem Glücksgefühl. Auf einmal wurde mir bewußt: Ich war wieder in Afrika, am Anfang einer neuen Reise.

Aus dem dringend benötigten Schlaf wurde jedoch vorerst nichts. Statt in der Katholischen Mission, wo ich mir bereits ein Zimmer gesichert hatte, sogleich ins Bett zu sinken, fand ich mich unversehens mitten auf einer Party belgischer Abenteurer wieder. Das Gästehaus der Mission war eigentlich für geistlichen Besuch und dergleichen vorgesehen, wimmelte zur Zeit jedoch von sehr weltlich gesinnten Westlern, weil die guten Patres ein Einsehen hatten, daß sich gewöhnliche Sterbliche mit schmalem Geldbeutel die derzeit von den Hotels der Stadt geforderten Preise einfach nicht leisten konnten. So übten sie Gastfreundschaft und besserten gleichzeitig ihr eigenes Budget auf, indem sie alle unbelegten Räume vermieteten. Das abstruse Sammelsurium knallbunt geblümter Hemden, ausgebeulter Shorts und seltsamer Hüte, mit denen sich diese französischen Patres bekleideten, entsprach in keiner Weise der herkömmlichen mönchischen Mode. Doch trotz ihres ziemlich turbulenten Erscheinungsbildes standen sie im Ruf, sehr wählerisch zu sein, wen von den unsteten Westlern sie bei sich aufnahmen. Weil ich mit einem Fahrrad ankam (obwohl ich nicht draufsaß, da ich eine Mitfahrgelegenheit vom Flugplatz in die Stadt gefunden hatte), war ich auf keinerlei Schwierigkeiten gestoßen, sondern mit weit offenen Armen und einem warmen Ausdruck der Anerkennung empfangen worden, woraus ich ersah, daß Radfahrer in diesem frankophonen Teil Afrikas ebenso hoch im Kurs standen wie in Frankreich selbst.

Meine kleine Betonzelle war mit zwei von Moskitonetzen verhängten Metallfeldbetten, einer Dusche und einem Schlüssel zur Außentoilette ausgestattet. Zusätzlich hatte man mir einen Raum gezeigt, wo sich Gäste ihr eigenes Essen zubereiten konnten. Hier fand ich die Belgier bei einem Festmahl vor und wurde prompt eingeladen, mich zu ihnen zu gesellen. Sie berichteten mir, wie sie kürzlich eine Kollektion alter Autos durch die Sahara gefahren und sie den ganzen Weg nach Niamey sorgfältig gehegt und gepflegt hatten, um sie hier zu verkaufen. Gebrauchtwagen aller Marken waren in Niger sehr gefragt, denn die Einfuhrzölle auf neue Fahrzeuge waren ebenso horrend wie die Hotelpreise. Die Belgier hatten einen satten Gewinn erzielt, deshalb die kleine Feier. Ihnen meinerseits zu erklären, was ich ganz allein mit einem Fahrrad in Nigers Hauptstadt zu suchen hatte, war nicht annähernd so einfach.

Der Plan, einen Teil des Sahel zu erkunden, jenen breiten Landstrich Afrikas, der im Norden an die Sahara stößt und an seinen südlichen und westlichen Grenzen allmählich in grünende Savanne und dampfenden Dschungel übergeht, war über viele Jahre hinweg langsam in mir herangereift. Den ersten Funken hatte vermutlich der Lockruf von Namen wie Timbuktu, Djenné und Gao gezündet – Städte, so abgelegen, daß sie beinahe Legende schienen. Und doch waren sie einst Zentren mächtiger Reiche gewesen und zugleich Mittelpunkt eines Netzes uralter Handelsrouten, das sich auf dem Landweg zu allen Punkten der bekannten Welt erstreckt hatte. Gold, Seide, Weihrauch, Gewürze, Sklaven, Religion und Gelehrsamkeit – nebst all den vielen und merkwürdigen Gütern und Gebrauchsartikeln, die von den Kaufleuten als würdig befunden und über Tausende von Kilometern durch Wüsten und über Ozeane transportiert wurden, wo die vielfältigsten Gefahren lauerten – waren durch diese Städte geströmt und hatten ihren Namen in der ganzen zivilisierten Welt bekannt gemacht.

Timbuktu, die Berühmteste unter ihnen, war der Marktplatz gewesen, wo über Jahrhunderte hinweg Gold die Hand gewechselt hatte, Pfund gegen Pfund mit Salz aufgewogen, einer ebenso kostbaren Substanz, die aus Minen tief in der Wüste stammte, deren Lage ein ebenso streng gehütetes Geheimnis war wie jene der Goldquellen in den Urwäldern. Dieses westafrikanische Gold hatte einst die königlichen Münzstätten fast ganz Europas gespeist, einschließlich jenes fernen, mittelalterlichen kleinen Königreichs England. Selbst als Timbuktu in dunkle Vergessenheit geraten war, blieb sein lockender Zauber bestehen. Es war eine Stadt, die auch im Jet-Zeitalter nicht leichter zugänglich geworden war, und mir schwante, daß der Weg dorthin nicht einfach sein würde.

Auch wenn ich anfänglich vor allem mit Timbuktu geliebäugelt hatte, so war dies doch nur eine der vielen Magnetkräfte gewesen, die mich allmählich immer stärker angezogen und zu dieser Reise bewogen hatten, denn genauso attraktiv war die Mannigfaltigkeit der Volksgruppen, die den Sahel bewohnten. Die Staaten Niger und Mali sind die Heimat der Bozo, der Dogon, der Haussa, Fulbe und Tuareg, um nur einige zu nennen. Die meisten von ihnen führen ein Leben, das sich von unserer komfortablen, technologieorientierten westlichen Existenzform sehr stark unterscheidet. Die geographischen Besonderheiten, welche die weite, ringsum von Land umschlossene Region mit ihren halbtrockenen Ebenen, ihren Wüsten und Oasen und den entlegenen Felsklippen und Gebirgszügen im Innern des riesigen afrikanischen Kontinents hervorgebracht hatten, haben dazu beigetragen, die traditionellen Lebensformen vieler Nomadenstämme zu bewahren, während sie in fruchtbareren und leichter zugänglichen Gebieten längst zerstört oder aufgegeben worden waren. Vielleicht lebt in den meisten von uns ein kleiner Überrest unserer fernen herumziehenden Vorfahren fort – ich jedenfalls war schon seit jeher von Zeltbewohnern fasziniert und deshalb besonders erpicht darauf, im unbeständigen Wirrwarr des späten zwanzigsten Jahrhunderts noch so viel als möglich vom Leben der Nomaden im Sahel kennenzulernen, bevor sie endgültig der Vergangenheit angehören.

Schon der erste flüchtige Blick auf die Landkarte offenbarte mir meine Hauptroute. Wie ein gigantischer Ochsenjochbogen zieht sich der Niger durch Mali und Niger. Seit jeher war er der bequemste Weg für Handel wie für Eroberungszüge gewesen – eine Straße, der Könige, Kaufleute und Forscher gefolgt waren. Dieser drittlängste Fluß Afrikas ist einzigartig: Er entspringt nur etwa zweihundertfünfzig Kilometer von der Atlantikküste entfernt in Guinea und fließt zuerst gut fünfzehnhundert Kilometer nordostwärts in die Randgebiete der Sahara; vorher jedoch breitet er sich aus, formt ein riesiges Binnendelta und überschwemmt die Hälfte des Jahres ein Gebiet von der Größe Englands. Nicht weit von Timbuktu, am Saum der sandigen, weiten Ödnis, vereinigt sich der Strom wieder zu einem einzigen mächtigen Flußbett, schwingt allmählich zurück und verläuft darauf weitere zweitausendfünfhundert Kilometer in südöstlicher Richtung, bis er sich in unzähligen kleinen Kanälen in die Bucht von Benin ergießt – eine Tatsache, die den Kartographen bis ins neunzehnte Jahrhundert unbekannt war.

Die Geographie dieses großartigen Flusses fesselte mich ebensosehr wie die aufwühlenden Berichte von Forschern aus dem achtzehnten und neunzehnten Jahrhundert wie Mungo Park, Clapperton und den Gebrüdern Lander, die unter erheblichen Opfern letztendlich das Geheimnis seines Verlaufs ergründet hatten. Einmal erwog ich sogar, die ganze Reise auf dem Niger zurückzulegen und eine der altertümlichen Pirogen zu besteigen, welche ich soeben von der Terrasse des Grandhotels aus erblickt hatte. Sie konnten sich kaum wesentlich von jenem Gefährt unterscheiden, auf dem Mungo Park im Jahr 1805 seine historische Fahrt den Niger hinunter angetreten hatte.

Solange ich zurückdenken kann, war Mungo Park einer meiner Lieblingshelden gewesen. Als junger schottischer Arzt war er erstmals 1795 von der neugegründeten »Association for Promoting the Discovery of the Inland Parts of the Continent of Africa«, einer Gesellschaft zur Förderung von Entdeckungen im Landesinnern von Afrika, nach Westafrika gesandt worden. Seine spezielle Aufgabe war, den Verlauf des Niger zu erkunden, nach Möglichkeit »seinen Ursprung und sein Ende zu finden« und zudem »alles daranzusetzen, die wichtigsten Städte in seiner Umgebung aufzusuchen, insbesondere Timbuktu«.

Seit Urzeiten glaubte man, das verwirrende Schlingenspiel des Niger würde schließlich im Nil münden, wobei Leo Africanus, ein Reisender aus dem Mittelalter, noch zusätzliche Verwirrung stiftete, indem er fälschlicherweise behauptete, der Niger fließe westwärts. Bei dem großen Interesse an wissenschaftlichen Fragen und an der Eröffnung neuer Handelswege um die Wende zum neunzehnten Jahrhundert war es ein dringendes Bedürfnis geworden, diese geographischen Rätsel endlich zu klären. Die Zeit war jedoch keineswegs günstig für solche Erkundungen. Die Eroberung des letzten der großen schwarzen Königreiche durch die Marokkaner hatte den Sahel in ein Chaos sich bekriegender Staaten verwandelt, und der scheußliche Sklavenhandel, der in voller Blüte stand, trug ein weiteres zu der allgemeinen Gesetzlosigkeit bei. Park schwebte ständig in Lebensgefahr und wurde mehrmals angegriffen und beraubt. Er litt besonders unter dem Interesse der Mauren, die allen Christen feindlich gesinnt waren und seiner Ansicht nach »das Unrecht als eine Kunst ausübten«.

Allen Hindernissen, Krankheiten, Malträtierungen und dem Hunger zum Trotz gelang es Mungo Park schließlich doch, bei Ségou die Ufer des Niger zu erreichen, wo ihn seine eigenen Augen davon überzeugten, daß dieser eine Realität war und *ost-*

wärts floß. Dies war auch schon die ganze Ausbeute seiner Erforschung des Niger. Trotzdem wurde die zweijährige Expedition als großer Erfolg betrachtet, denn der Westen erfuhr durch die Fülle von Einzelheiten viel Neues über diesen gänzlich unbekannten Teil der Welt. Zurück in England veröffentlichte er unter dem Titel *Travels* seinen Reisebericht, der ihn als einen unverwüstlichen, erfindungsreichen und aufmerksamen Beobachter zeigt, fähig, die fürchterlichsten Strapazen mit Fassung und einer Prise Humor zu ertragen.

Wie so vielen anderen großen Forschern vor und nach ihm fiel es Mungo Park schwer, von seinen Abenteuern in Afrika in ein prosaischeres Leben zurückzufinden. Er heiratete zwar und übte auch seinen ärztlichen Beruf wieder aus, doch als er 1804 von der britischen Regierung eingeladen wurde, eine neue Expedition zum Niger zu leiten, sagte er, ohne zu zögern, zu. Diese zweite Reise unterschied sich beträchtlich von der ersten und hatte zum einzigen Ziel, »den Verlauf des Flusses auf die weitestmögliche Entfernung hin zu verfolgen, der er nachgespürt werden kann«. Zu diesem Zweck wurde eine große Expedition ausgerüstet, bestehend aus Mungo Park, seinem Schwager, einem Leutnant, sechsunddreißig Soldaten sowie vier Zimmerleuten und einem Konstruktionszeichner, denen die Aufgabe zufiel, Boote für die Expedition zu bauen, sobald sie den Niger erreicht hatten.

Dieses zweite Unterfangen stand von Anfang an unter einem unglücklichen Stern. Statt der vorgesehenen sechs Wochen dauerte es beinahe vier Monate, bis man bei Bamako den Niger erreichte. Zu diesem Zeitpunkt waren sämtliche Expeditionsteilnehmer mit Ausnahme des Leiters, des Leutnants Martyn und dreier Soldaten örtlich bedingten Krankheiten oder den Strapazen des Marsches zum Opfer gefallen. Obwohl Mungo Park völlig erschöpft war, weigerte er sich, seine Niederlage zuzugeben. Erfinderisch wie eh und je, verkaufte er alle überflüssigen Waren, die er aus Europa mitgeführt hatte. Die mit dem Erlös erstandene einheimische Piroge wurde von den fünf Übriggebliebenen in achtzehn Tagen zu »Seiner Majestät Schoner *Joliba*« umgebaut. Bevor sich Mungo Park mit seinem Gefährt dem Niger anvertraute, schrieb er seiner Frau nach Hause: »Ich habe nicht vor, irgendwo anzuhalten oder an Land zu gehen, bis wir die Küste erreichen ... Es mag gut sein, daß ich längst zurück in England bin, bevor Du diesen Brief erhältst.« Dies war sein letztes Lebenszeichen.

Die Geschichte von Mungo Parks Nigerfahrt sickerte in den folgenden Jahren tröpfchenweise durch und wurde schließlich von einem Einheimischen bestätigt, der die kleine Gesellschaft begleitet und als einziger überlebt hatte, weil er sich kurz vor dem letzten, tödlichen Angriff absetzen konnte. Mungo Park hatte sich eisern an seine Absicht gehalten, nirgendwo zu landen. Wenn ihn Eingeborenenboote verfolgten und ihm zu nahe kamen, feuerte er auf sie und tötete bei verschiedenen Gelegenheiten mehrere Männer. Wiederholt wurde er vom Ufer und von Kanus aus durch Stammeskrieger der zahlreichen kleinen Königreiche bedroht, die er durchquerte, ohne den erforderlichen Tribut zu entrichten. Der Häuptling eines solchen Territoriums legte schließlich bei den Fällen von Bussa im heutigen Nigeria einen Hinterhalt für die *Joliba*. Als das Boot durch die gewundenen Wasserläufe manövriert wurde, blieb es stecken, und die Eingeborenen, die auf Felsen zwischen den Stromschnellen standen, schleuderten ihre Speere und große Steine hinein, bis es zu sinken begann. Wie der Bericht festhält, sollen Martyn und Park je einen der übrigen weißen Männer, die entweder verletzt waren oder nicht schwimmen konnten, gepackt haben und mit ihnen ins Wasser gesprungen sein. Beim Versuch, das rettende Ufer zu erreichen, kamen alle um. Mungo Park hatte sein Gefährt bis sechshundertfünfzig Kilometer vor sein Ziel gebracht.

Trotz Mungo Parks Beispiel ließ ich den Plan, meine ganze Reise zu Wasser durchzuführen, bald wieder fallen, und zwar hauptsächlich deshalb, weil die Welt in einem Boot sehr beengend, in sich geschlossen und von allem abgeschnitten ist, was hinter den engen Grenzen des Flusses liegt. Ich freute mich natürlich darauf, einige Zeit auf dem Wasser zu verbringen, wollte mir jedoch ein breiteres Bild vom Sahel machen und mir vor allem das spektakuläre Aïr-Gebirge, die Klippenbehausungen der Dogon und die fruchtbaren Gegenden in Niger südlich von Niamey ansehen. Es schien unmöglich, dies alles zu einer kontinuierlichen Reise zu verbinden, deshalb gedachte ich Niamey zu meinem Stützpunkt zu machen. Von hier aus konnte ich vorbereitende Exkursionen unternehmen, bevor ich schließlich nach Norden aufbrechen würde, um dem Lauf des Niger in Richtung Timbuktu zu folgen.

Als eingefleischte Radfahrerin entschied ich mich schließlich einmal mehr, die Reise auf einem robusten, geländegängigen Fahrrad anzutreten. Alles in allem gewährt wohl kein anderes Transportmittel auch nur annähernd soviel Unabhängigkeit und Handlichkeit, ganz zu schweigen von der Lust, die mir das Radeln an sich schon bereitet. Die belgischen Abenteurer zeigten sich beeindruckt, konnten sich jedoch kaum vorstellen, wie ein Fahrrad mit einigen der sandigen Abschnitte zurechtkommen sollte, die zu durchqueren sogar ihren vierradangetriebenen Fahrzeugen Mühe bereitet hatte. Wie ich ihnen begreiflich machte, ist ein Allzweckrad zwar ausdrücklich für rauhes Gelände konstruiert, läßt sich aber ohne weiteres auf ein anderes Transportmittel verladen, wenn das Vorwärtskommen zu anstrengend wird. Diese wundervolle Flexibilität ist ein weiterer seiner Vorteile. Ich bin gewiß keine Masochistin, darum wußte ich angesichts der Natur des Terrains schon im voraus, daß ich mit meinem Fahrrad auf manchen Streckenabschnitten die Rolle einer Passagierin spielen würden.

Die Belgier sowie die französischen Patres waren denn auch von meinem Rad gebührend beeindruckt, und das mit Recht, war es doch ein kleines Meisterwerk und noch so neu, daß sein roter Lackanstrich in einem tiefen, satten Glanz schimmerte. Es war eigens für diese Reise fabriziert worden und wies die allerneuesten technischen Errungenschaften auf. Der starke und zugleich elastische Rahmen bestand aus demselben Leichtmetallrohr, das auch für Rennräder der Tour de France verwendet wird, und seine einundzwanzig Gänge reagierten auf den leisesten Knopfdruck. In der Regel entwerfe ich meine Fahrräder selbst, doch dieses hier spiegelte eher die Vorstellungen seines Herstellers als meine eigenen Ideen wider. Obwohl es eine wahre Lust war, damit herumzufahren, fragte ich mich, ob es für eine Fahrt, die an alle mechanischen Teile so hohe Anforderungen stellte, robust genug sein würde. Für den Sahel hätte auch ein weniger kompliziertes Rad gereicht, doch das Herstellerwerk betrachtete meine Reisen als eine willkommene Gelegenheit, neues Zubehör und neue Ideen einem gründlichen Test zu unterziehen. Den Konstrukteuren war es egal, wenn die Farbe litt oder einzelne Teile Schläge erhielten und brachen, mir jedoch nicht, denn eine so lange Reise bringt es meist mit sich, daß der einzige ständige Gefährte einem ans Herz wächst, selbst wenn er unbelebt ist. Der Markenname auf dem Rahmen war in einem moderneren Schriftzug gehalten als bei früheren Modellen, lautete jedoch wie immer »Evans«. Als ich mich in den ersten Wochen auf den Straßen Londons mit dem exotischen Vehikel vertraut machte, nannte ich es »Mark Five«, um es von seinen Vorgängern zu unterscheiden, aber sobald wir in Afrika angelangt waren, wurde es wie alle anderen schlicht und liebevoll zu Evans.

Als mich spät am Morgen die Hitze wie der Gluthauch eines Ofens traf und ich mich vorsichtig in das bunte, prickelnde Gewühl des Hauptstadtverkehrs einfädelte, mußte ich nicht eigens daran erinnert werden, daß es oberstes Gebot eines Reisenden ist, alle Gefahren zu überleben, wenn er seine Geschichte erzählen will. Ich fühlte mich durch den Jet-lag und den allzu abrupten Sprung aus einem novemberlich kalten Europa noch immer ein wenig desorientiert und sah dieser ersten Fahrt durchs Zentrum von Niamey mit einiger Beklommenheit entgegen.

Niger ist wie Mali ein frankophones Land. Als sich im neunzehnten Jahrhundert die europäischen Nationen daranmachten, den afrikanischen Kontinent unter sich aufzuteilen, hatte Britannien ursprünglich großes Interesse am Inneren von Westafrika gezeigt. Nach der Erforschung des Nigerlaufs entstanden an leicht zugänglichen Küstenabschnitten die ersten Handelsunternehmen, hauptsächlich mit Palmöl zur Seifenherstellung. Die Weißen starben dort jedoch wie die Fliegen, vor allem an der Malaria, welche damals noch von niemandem mit Stechmücken in Verbindung gebracht wurde. Vielleicht war dies der Grund, weshalb

Britanniens territoriale Ansprüche in den Nigerländern an den Grenzen des heutigen Nigeria haltmachten.

Frankreich hatte den Schauplatz von Norden her betreten. Hätte es keine Armee voller anscheinend entbehrlicher junger Männer besessen, die sich einen Namen machen wollten, wäre das Inland von Westafrika womöglich nie zum Kolonialbesitztum geworden. Es kam Frankreich schon teuer genug zu stehen, die marodierenden Nomadenkrieger der Wüste, die Tuareg, zu unterwerfen – sich die Sahara selber untertan zu machen kostete noch weit mehr. Ganze Regimenter verschwanden, wurden verschluckt von der stillen, unwirtlichen Weite, starben an Durst und Hitze, und ihre Waffen füllten die Arsenale der Tuareg bis zum Bersten. Da das restliche Afrika jedoch bereits parzelliert war, blieben die Franzosen hartnäckig, und so stand schließlich am Ende des neunzehnten Jahrhunderts mit Ausnahme einiger Küstengebiete ganz Westafrika unter französischer Kontrolle.

Die Eroberung von Niger und Mali erfolgte rasch und brutal, besonders in Niger, wo schwarze Söldner aus Senegal eingesetzt wurden, um Aufstände zu unterdrücken, und es Ende des Jahrhunderts zu mehreren blutigen Massakern kam. Das französische Interesse an der Sahelzone galt weitgehend der Produktion billiger Exportgüter für das Mutterland. Gefragt waren hauptsächlich Baumwolle und Reis. Man griff zu Zwangsarbeit, um auf Grenzertragsboden, der für eine solche Ausbeutung völlig ungeeignet war, Monokulturen anzubauen. Darunter litten Land und Leute, denn damit wurde das jahrhundertealte Gleichgewicht zwischen Ackerbauern, Viehhirten und dem Boden zerstört.

Frankreich brachte im Gefolge der Eroberungen aber auch Frieden ins Land und setzte der Sklaverei und den andauernden Stammesfehden ein Ende, die seit der Zersplitterung des letzten großen schwarzen Königreichs im siebzehnten Jahrhundert das Leben im Sahel geprägt hatten. Im Gegensatz zu den Briten, deren Politik es war, ihre Kolonien und Protektorate aus einem gewissen Abstand zu verwalten und sich möglichst wenig in lokale Gepflogenheiten einzumischen, durchsetzten die Franzosen Westafrika mit ihrer eigenen Kultur und Sprache, als legten sie es bewußt darauf an, möglichst viele neue Franzosen heranzuziehen. Für Reisende wie mich hatte dies einen entschiedenen Vorteil: Überall, wo ich hinging, würde ich Leute finden, mit denen ich mich verständigen konnte, obwohl ich nicht besonders gut Französisch sprach. Niger gewann zwar im Jahr 1960 die Unabhängigkeit, doch die Amtssprache ist noch immer das Französische, und auch die Landeswährung ist eng mit dem französischen Franc verknüpft.

Eigentlich hatte ich erwartet, daß in einem frankophonen Land rechts gefahren wird, in Niamey jedoch schienen viele Fahrer die Straßenmitte oder sogar die linke Fahrbahn zu bevorzugen. Sie nutzten geschickt jede Lücke aus, die sich ihnen auftat, und verließen sich ganz auf ihre Hupe, um sich einen Durchgang zu erzwingen. Für Radfahrer galt anscheinend nur eine einzige Verkehrsregel: Mal sehn, wer zuerst nachgibt! Die meisten Straßen waren ungepflastert und voller Schlaglöcher, und überall quollen Staubwolken auf. Zu dem lärmigen Gewirr trug auch der nichtmotorisierte Verkehr das Seine bei: Herden von Schafen und Ziegen, frei oder an Stricken gezogen, blökten in lautstarkem Protest; drahtige Esel, fast unsichtbar unter ihrer Last, weigerten sich halsstarrig weiterzugehen, obwohl ihre Treiber sie mit großen Knüppeln traktierten; Männer und Frauen mit mächtigen Lasten auf dem Kopf reihten sich wagemutig in den Verkehrsstrom ein und blieben mitten darin stehen, wann immer sie das Bedürfnis verspürten, lange Begrüßungen auszutauschen. Zum Glück konnte sich nichts mit allzu großer Geschwindigkeit fortbewegen, sonst hätte ich wohl ständig in Lebensgefahr geschwebt. So aber war die Lage bloß riskant. Niemand schien je die Geduld zu verlieren oder aggressiv zu werden, und alle, mit denen ich Blickkontakt aufnahm, riefen mir ein »Ça va?« oder »Bonjour« zu. Trotz der vielen Bettler, die zum Teil ihren festen Standplatz an Verkehrsampeln oder vor Banken und Ladengeschäften hatten, schwebte eine Atmosphäre von Unbeschwertheit über der Stadt, eine Fröhlichkeit, die so ganz anders wirkte als alles, was ich in Ostafrika erlebt hatte. Und ebenso wie der erste Blick auf den Fluß stimmte mich auch diese Fahrt durch das geschäftige Treiben von Niamey glücklich, und ich freute mich auf meine bevorstehende Reise.

Das war auch gut so, denn mein erster voller Tag hier versprach wenig Aufregendes oder Entspannendes. Ich mußte mehrere langwierige Besuche auf verschiedenen Amtsstellen hinter mich bringen, bevor ich rechtlich befugt war, in Afrika zu weilen oder in irgendeine Richtung weiterzureisen. Bereits bei meiner Ankunft am Vortag war ich den üblichen chaotischen bürokratischen Prozeduren eines Drittweltflughafens ausgesetzt worden, wobei mehrere Seiten meines Reisepasses abgestempelt und eingehend überschrieben wurden. Nun mußte ich außerdem bei der Fremdenpolizei vorsprechen, damit dort zum Beweis, daß ich tatsächlich in Niamey angekommen war, weitere Seiten mit Stempeln und den erforderlichen Zusatzvermerken versehen werden konnten, die mir erlaubten, meinen Weg fortzusetzen. Ich war nur froh, daß ich daheim einen Paß im Jumbo-Format beantragt hatte.

Der herrische junge Polizeibeamte, der den Gummistempel handhabte, schien gar nicht erbaut, als er meinen Erklärungen entnahm, daß ich noch nicht genau wußte, wann ich weiterreisen und wohin ich mich in Niger zuerst wenden wollte. Der eigentliche Reiz einer Reise per Fahrrad besteht ja gerade in der Freiheit, seine Pläne jederzeit über den Haufen werfen zu können und sich treiben zu lassen, wie es einen gelüstet. Er meinte, in diesem Fall dürfe ich die Stadt nicht verlassen, und klappte sein Stempelkissen mit einer endgültigen Geste zu. Während ich überlegte, wie ich aus dieser Zwickmühle herauskommen könnte, schlug er mir vor, in der Zwischenzeit ein weiteres Gebäude aufzusuchen, um mir dort eine Genehmigung zum Fotografieren und meinen Touristenausweis für Weiße zu beschaffen, und zurückzukommen, sobald ich ein Reiseziel ins Auge gefaßt hatte.

Auch mein weiterer Gang durch die Bürokratie war kein voller Erfolg. Ich erhielt die Auskunft, daß Touristenausweise für Weiße sowie Fotogenehmigungen weder erhältlich noch erforderlich seien. Als ich erwiderte, daß die Polizei das Gegenteil behaupte, nickte der geduldige junge Mann hinter dem Schalter verständnisvoll und erklärte mir, daß diese Papiere soeben erst abgeschafft worden seien und es wohl noch Monate dauern werde, bis die Mehrheit der Polizisten im Land von dieser Tatsache in Kenntnis gesetzt worden sei. Da er einen sympathischen Eindruck machte, fragte ich ihn, ob er einen Brief aufsetzen könne mit der Bestätigung, daß die Ausweise nicht mehr nötig seien. Er verneinte, bot mir aber an, einen von mir verfaßten Brief zu unterschreiben. Das Ergebnis gab kein sehr überzeugendes Dokument ab, doch ich steckte es zu den anderen nützlichen Papieren und hoffte das Beste.

Ich hatte bereits am Vortag die Gelegenheit gehabt, einige meiner inoffiziellen *carnets de passage* zu benutzen, als mir der Zollbeamte auf dem Flughafen einfach nicht abnehmen wollte, daß ich ernstlich gedachte, mit meinem nagelneuen hellroten Evans nach Timbuktu zu radeln. Er war überzeugt, ich hätte ihn mit der erklärten Absicht nach Niger verfrachtet, um ihn hier mit Gewinn zu verkaufen, und forderte einen hohen Einfuhrzoll. Da ich meine Sache auf französisch vertreten mußte, war es doppelt schwierig, ihn von diesem Gedanken abzubringen. Als alles Reden nichts nützte, zog ich einen Brief der Royal Geographical Society hervor, worin der Leser (in viel korrekterem Französisch, als es mir von der Zunge ging) gebeten wurde, ihrem Mitglied auf seiner Reise längs des Niger behilflich zu sein, da dieselbe einzig und allein den seriösen Zweck verfolge, die Routen der großen Forschungsreisenden aus dem neunzehnten Jahrhundert zu erkunden. Als ich dem eindrucksvoll aufgemachten Dokument noch einige Schutzumschläge von früheren Büchern beilegte, die mich auf dem Fahrrad in anderen Teilen dieser Welt zeigten, war meine Aufrichtigkeit schließlich besiegelt, und der Beamte machte sich an den langwierigen Prozeß, mehrere Seiten meines Passes mit dem Beweis auszustatten, daß sein Land meine Anwesenheit billigte.

So blieb nur noch die Schwierigkeit, ihn dazu zu bewegen, mir die Buchumschläge zurückzugeben, denn er wollte sie behalten, um seine Bürowand damit zu schmücken. Ich war zwar entzückt von der unerwarteten Vorstellung, in einem afrikanischen Zollbüro zum Pin-up-Girl zu werden, glaubte jedoch, daß mir die Buchhüllen auf der Reise nochmals von Nutzen sein könnten. Schließlich erklärte er sich einverstanden, bis zu meinem Rückflug auf sein *cadeau* zu warten. Meine erfolgreichen Überredungskünste standen nicht ganz im Einklang mit dem Bild von Wahrhaftigkeit, das zu vermitteln ich mich so sehr bemüht hatte, weil ich nämlich beabsichtigte, Afrika von einem Hunderte von Kilometern entfernten Flughafen in Mali wieder zu verlassen.

Mali – oder genauer gesagt sein Konsulat in Niamey – war denn auch mein letztes Besuchsziel an diesem Tag. Im Gegensatz zu Niger war für die Einreise nach Mali ein Visum erforderlich. Der Reiseführer hatte mich bereits vorgewarnt, daß dabei mit weiteren Erschwernissen zu rechnen sei, weil die Behörden nur ungern ein Visum von mehr als einmonatiger Gültigkeitsdauer ausstellten. Es ließ sich zwar in der Hauptstadt Bamako verlängern, doch dorthin würde ich erst in etwa vier Monaten, am Ende meiner Fahrt, gelangen.

Die mühselige Suche nach dem Konsulat von Mali bot mir weitere Gelegenheiten, mein Französisch zu üben. Als ich endlich zu einem schäbigen Häuschen in einer düsteren Straße hinter dem Markt gewiesen wurde, befürchtete ich schon, meine Sprachkenntnisse seien noch schlechter, als ich gedacht hatte. Ich konnte kaum glauben, daß ein Konsulat an einem so unansehnlichen Ort beheimatet war. In einem winzigen Innenraum saß ein ältlicher, ziemlich verhutzelter Konsul mit seiner Lady würdevoll auf einem kleinen Sofa, während rundherum Männer mit Farbkübeln, Bücherstapeln und einem Sammelsurium verschiedenartigster Gegenstände herumhasteten und meines Erachtens ziemlich unbeholfen Ordnung in das Chaos zu bringen versuchten. Diesmal überließ ich nichts dem Zufall, sondern bedachte ihn sogleich mit dem Königlich-Geographischen Brief, sämtlichen Buchumschlägen und obendrauf meinem Riesenreisepaß. Er reichte eins nach dem andern seiner Gefährtin weiter und meinte darauf, es würde ihn freuen, mir »von Wissenschaftler zu Wissenschaftler« ein vom Tag meiner Einreise gültiges Dreimonatsvisum auszustellen. Falls ich mein Arabisch für ausreichend hielt, sei ich auch eingeladen, in seinen vielen Büchern zu diesem Sachgebiet über den Niger und Timbuktu nachzulesen. Der eigentliche Visumseintrag in meinen Paß mußte warten, bis seine korpulente Sekretärin von ihrer Siesta zurückgekehrt war, und verzögerte sich ein weiteres Mal, als alle Anwesenden ihre Roben zusammenrafften und sich einen Platz auf dem übersäten Fußboden suchten, wo sie sich zum Nachmittagsgebet niederwerfen konnten. Ein letzter Aufschub ging auf Kosten des Konsuls, der ein riesiges arabisch-französisches Wörterbuch konsultierte, wonach er mein Visum gewissenhaft mit eigener Hand überschrieb. Er zeigte mir das Resultat mit einem Anflug von Stolz: Halb gedruckt, halb in Kursivschrift stand da das Wort »Exceptionnel« mit einem kleinen Kreis statt eines I-Punkts. Später fragte ich mich, ob er wohl ein Trinkgeld erwartet hatte. Während mir die Sekretärin das Wechselgeld aushändigte, gab sie mir jedenfalls deutlich zu verstehen, daß ich ihr gern ein kleines *cadeau* machen dürfe, doch ich ging davon aus, es sei im Preis, den ihr der Honorarkonsul genannt hatte, sicher schon inbegriffen.

Das *cadeau* war ein Thema auf dieser Reise, das dringend einer Klärung und einer gewissen Strategie bedurfte, damit mich die ständigen Forderungen nicht in des Teufels Küche brachten. Überall ertönte es »Donne-moi un cadeau« oder sogar »Il faut donner moi un cadeau«. Die Bewohner des Sahel zählen zu den Ärmsten der Welt; überall gab es Bettler – Blinde, Krüppel, Leprose mit zerfressenen Händen, Füßen und Gesichtszügen, nebst all den vielen, die zwar körperlich unversehrt, aber notleidend waren. Mich dünkte, daß ein Tourist aus dem reichen Westen gar keine andere Wahl hatte, als zu spenden, selbst wenn es am Elend nichts änderte. Es war mir um meiner selbst willen wichtig, aus einem Grundgefühl von Gerechtigkeit und Anstand. Zudem war Niger ein vorwiegend von Muslimen bewohntes Land, wo es üblich war, Almosen zu spenden, und wo es unverständlich gewesen wäre, nichts zu geben. Schwierig war bloß, daß die Forderungen unersättlich waren, meine Reisebörse hingegen sehr begrenzt. Schließlich beschloß ich, einen täglichen Betrag festzusetzen, den ich glaubte mir leisten zu können, und wenn ich ihn ausgegeben hatte, einfach zu sagen: »Tut mir leid, ich habe heute schon gegeben.« In der Praxis ging das selten so unkompliziert vonstatten, aber ich war überrascht, wie gut es funktionierte.

In jener Nacht feierte ich meinen Teilsieg über die Bürokratie mit einer Mahlzeit im Gartenrestaurant eines Hotels in der Innenstadt. Das Essen war einfach – Fleischspießchen über Holzkohle gebraten –, aber hormonfrei und köstlich. Immer wieder fiel die Elektrizität aus, und das Stimmengemurmel erstarb, wenn plötzlich die afrikanische Nacht angeknipst wurde und riesengroße Sterne aus dem tiefen Blau hervorhüpften und ebenso unvermittelt wieder verschwanden, sobald das Neonlicht zu neuem Leben aufzuckte. Bis aufs Skelett abgemagerte Katzen miauten sanft, wanden sich zwischen den Füßen der Gäste durch oder saßen da wie ägyptische Statuen, den überlangen Schwanz um die Pfoten gewickelt und einen kleinen Schwanzspitzenkringel in die Höhe gereckt, der von Zeit zu Zeit leicht zuckte. Die hageren jungen Kellner in ihren weißen Jacketts und Handschuhen standen in scharfem Kontrast zu den plumperen Figuren und weicheren Gesichtszügen der zwanglos gekleideten Hotelgäste und teilten mit den Katzen einen Hauch von zeit- und müheloser Überlegenheit.

2
———

Niamey

Etwa um halb fünf Uhr wurde das Krähen der Hähne von Niamey immer lauter und schriller und wetteiferte mit dem ersten Ruf des Muezzins zum Morgengebet. Die Stadt wimmelte von frischem Vieh und Geflügel: Tauben in großen Weidekörben; Hühnchen und Perlhühner, die an den Beinen zusammengebunden waren oder kopfüber wie große Federbüschel von den Lenkstangen der Fahrräder hingen; Ziegen, Schafe und Rindvieh, die in Herden, zu zweien oder zu dritt die Hauptstraßen hinuntertrotteten und angesichts der ungewohnten, lärmigen Umgebung verwirrt blökten und muhten. Sobald sie verkauft waren, blieben sie bei ihren neuen Besitzern in den Höfen oder auf dem Gehsteig, bis der Tag heranrückte, wo sie geschlachtet werden sollten. In der Zwischenzeit wurden die Tiere zwischen den Herdfeuern und den offenen Straßengräben, die sehr bequem zum Wegwerfen von Abfällen und zum Reinigen der Töpfe angelegt waren, aber fürchterlich rochen, gefüttert und getränkt. Saftige Bratspieße mit Fleischstücken ihrer einstigen Gefährten würzten die Luft um sie herum, während sie sich an das Leben in der Stadt gewöhnten. Im Verein mit den vielen Lasteseln und -kamelen stimmten alle diese Kreaturen mit ihrem Geschrei in den Chor der Morgendämmerung ein, bis das letzte beteuernde »Gott ist groß, und Mohammed ist sein Prophet« aus voller Kehle endlich verklungen war und die Hähne die Bühne wieder für sich hatten. Als das Konzert zu Ende war und ich so dalag und Kraft für den heutigen Tag sammelte, war ich seltsamerweise von dem ausgeprägten Gefühl erfüllt, soeben am Frühgebet in einer anglikanischen Kirche teilgenommen zu haben, und mein Kopf summte von den Worten des großen Lobgesangs: »Oh, all ihr Vögel unter dem Himmel ... oh, alles Getier auf Erden ... ihr Winde Gottes ... du Sonne und Mond ... ihr Menschenkinder ... oh, all ihr Werke des Herrn, der Herr segne euch. Lobet und preiset ihn immerdar.«

Obwohl Niamey mit Ausnahme des Niger keine besonderen Sehenswürdigkeiten aufwies, hätte ich mit Vergnügen längere Zeit hier verweilen können. Für eine Hauptstadt, die in den letzten Jahren rasant gewachsen war, wirkte Niamey noch immer angenehm übersichtlich – ein Ort, an dem Fremde sich einigermaßen leicht zurechtfinden konnten und wo trotzdem genügend Abwechslung herrschte, um ihre Entdeckerfreude zu befriedigen. Die Stadt bestand zum Großteil aus einstöckigen Lehmziegelhäusern und ungepflasterten Straßen, durchsetzt von einem Gesprenkel mondäner Banken, Büroblöcke und Luxushotels westlichen Zuschnitts, die rund um das Stadtzentrum verstreut lagen – Zeugen eines kurzlebigen Booms, der schnell wieder verklang, nachdem der Preis des kürzlich in Niger entdeckten Urans auf den Weltmärkten zusammengefallen war. Wie die zur selben Zeit erbaute Brücke war jetzt jedes dieser hohen neuen Gebäude zu einem Wahrzeichen geworden, das sich seltsam blaß, kantig und fremdartig über seine Umgebung erhob. Die Anlage der Stadt zeigte kein deutlich erkennbares Grundmuster. Sie hatte sich von den baumbestandenen Boulevards der ursprünglichen kleinen französischen Kolonialsiedlung auf dem Plateau über dem Ostufer einfach nach allen Seiten hin ausgedehnt. Trotzdem erweckte sie einen wohltuenden Eindruck von Zusammenhalt und Kontinuität, was meiner Meinung nach vor allem den breiten Straßen und den vielen hohen, schattigen Bäumen zuzuschreiben war, die selbst den elendesten Vierteln einen Hauch von Eleganz verliehen. Der eigentliche Grund, weshalb ich mich in Niamey so wohl fühlte, bestand jedoch darin, daß ich mir schnell einen großen Freundes- und Bekanntenkreis aufgebaut hatte und so dem Gefühl der Einsamkeit entging, das Alleinreisende in einer fremden Stadt so oft überfällt.

Wegen meines auffälligen Fahrrads, mit dem ich durch die Straßen fuhr, kannten mich mit der Zeit viele Leute, die immer an der gleichen Stelle bei ihren Ständen oder neben einem kleinen Haufen mit Landesprodukten saßen und deren Grüße und das Lächeln des Wiedererkennens ein warmes Gefühl in mir aufsteigen ließen, hier willkommen zu sein. Es gab auch Querschnittsgelähmte mit handgetriebenen Dreirädern, die sich mit Vorliebe am Eingang zum Museum, beim Reisebüro und überall dort aufhielten, wo sich am ehesten Ausländer finden und überreden ließen, Ansichtskarten, Reiseführer und ähnliches zu kaufen. Diese Männer zeigten besonderes Interesse an *la bicyclette rouge* und lieferten mir, wenn ich abseits von ihrem üblichen Arbeitsstandort auf sie stieß, auf den sandigen Hauptstraßen zuweilen ein Rennen. Weil sie dabei so sehr wetteiferten und im Verletzen von Verkehrsregeln noch mutiger waren als ich, blieb das Ergebnis in etwa ausgeglichen, obwohl Evans natürlich bei weitem das schnellste Gefährt war.

Jeder Fußbreit Boden auf den Gehsteigen der Innenstadt diente als Standplatz für jemanden, der Westlern etwas zu verkaufen versuchte. Am aufdringlichsten waren die verschleierten, in Roben gehüllten Tuareg-Männer mit ihren mittelalterlichen Waffen, ihrem Schmuck und den *gris-gris* genannten Amuletten. Es dauerte jeodoch nicht lange, bis auch sie mich wiedererkannten und begriffen hatten, daß mit mir kein Geschäft mit Souvenirs zu machen war. Ich atmete auf, als diese kriegerischen Gestalten davon abließen, mich zu verfolgen, ein wunderschön gebogenes Messer oder ein scharfes Schwert zu schwingen, und dabei hartnäckig und eindringlich ihr »Für Sie sehr gute Preis« zu intonieren.

Wenn ich im Supermarkt mit seinen vielen importierten und sündhaft teuren Luxuslebensmitteln einkaufte, einem Wahrzeichen von Niamey, das allen Expatriierten bestens bekannt war, hatte Evans seinen regulären Aufpasser. Ich hatte zwar ein Schloß dabei, doch als ich es zum ersten Mal anbrachte, meinten zwei Straßenjungen: »Ein Dieb kann Ihr Rad trotzdem leicht stehlen«, wobei sie anschaulich zwei Männer mimten, die es aufhoben und auf ihren Köpfen wegtrugen. Der Betrag, den sie verlangten, um als Wächter zu walten, schien mir ein kleiner Preis für meinen

Seelenfrieden; aber als ich mit meinen Einkäufen wieder zum Vorschein kam, sah ich, daß sie sich getrollt und ihren Platz einem Leprösen überlassen hatten. Jedesmal, wenn ich wieder zum Supermarkt fuhr, tauchte derselbe leprakranke Mann neben mir auf und hielt sich wachsam in Evans' Nähe auf, sobald ich herauskam. Er nahm stets kommentarlos an, was ich in seinen fingerlosen Handstummel legte. Obwohl wir meist ein paar Nettigkeiten austauschten – er hatte irgendwo eine englische Wendung aufgeschnappt, von der er besonders angetan war: »A vair good day, Mistah« –, gab er sich den Anschein eines vielbeschäftigten Mannes, der auch noch andere Kunden betreuen mußte.

Meist trank ich morgens gegen zehn Uhr mit Abou, einem sehr hübschen Fulbe-Mädchen, auf der Terrasse irgendeines Hotels ein Glas Zitronentee. Abou arbeitete bei der Luftverkehrsgesellschaft UTA, mit der ich hergeflogen war. Ich hatte sie an meinem Ankunftstag in Niamey kennengelernt, als ich ihr Büro aufsuchte, um Einzelheiten meiner Reise abzuklären. Alle Mitarbeiter waren sehr freundlich zu mir und zeigten großes Interesse an meiner Radtour durch den Sahel. Einige von ihnen luden mich zum Essen ein und stellten mich ihren Freunden vor. Auf diese Weise lernte ich einige der wohlhabenderen und einflußreichen Nigrer kennen und fand auch Zugang zur Gemeinde der hier lebenden Ausländer. Sie bestand vorwiegend aus Amerikanern und Franzosen, obgleich fast alle anderen Nationalitäten ebenfalls vertreten waren. Größtenteils arbeiteten sie in der Megawelt der internationalen Hilfswerke. Den engsten Kontakt hatte ich jedoch zu Abou. Als Tochter eines Ex-Diplomaten war sie sehr weit herumgekommen und sprach neben einem halben Dutzend weiterer Sprachen ausgezeichnet Englisch. Ich genoß nicht nur unser Beisammensein und ihre spitzen Bemerkungen über Niger, sondern lernte sie auch als talentierte und kreative Kontaktperson schätzen. Um in Niger etwas zu erreichen, mußte man die richtigen Leute kennen – Abou schien alle und jeden zu kennen, und die Ratschläge, die sie mir während unserer morgendlichen Teepausen gab, waren ungeheuer wertvoll für mich.

Zwischen zwölf und sechzehn Uhr hatte die City geschlossen.

Jedes Fleckchen Schatten beherbergte sein Grüppchen hingestreckter Gestalten und dösender Tiere. Die Luft schien zu einem soliden Medium geronnen zu sein. Wer ein Zuhause oder ein Hotelzimmer hatte, hielt zu dieser Zeit meist eine Siesta, doch ich war vom Reiz des Neuen noch immer viel zu fasziniert, um mich hinzulegen. Am Westufer des Flusses verlief eine Strandpromenade. Ich fand bald heraus, daß eine Fahrt unter den Bäumen dieses schattigen Weges die ideale Lösung war, um der Hitze und dem Staub des Nachmittags zu entfliehen. Das Radfahren hat ja gegenüber dem Spazierengehen unter anderem den Vorteil, daß einen dank der schnelleren Geschwindigkeit immer ein leichtes, erfrischendes Lüftchen umweht.

Die von der einzigen Brücke flußaufwärts führende Strecke wurde bald zu meinem Lieblingsort. Hier, wo der Strandweg in eine verzettelte Reihensiedlung mit primitiven, zwischen kleine Gärten gestellte Hütten mündete, fand ich eine völlig andere Welt vor. Dichtbepflanzte Beete mit leuchtend grünem Salat standen in auffallendem Kontrast zu den grauen Bruchbuden und den Müllhaufen. Diese Gärten wurden von Flüchtlingen aus dem benachbarten Burkina Faso bestellt. Immer war dort jemand an der Arbeit und besprizte die Pflanzen mit glitzernden Wassergüssen. Kleine Jungen in zerschlissenen Tuniken, denen die Aufgabe zufiel, die Kalebassen mit Wasser vom Fluß zu füllen, lehnten zwischen zwei Gängen mit unbewußter Grazie an den wackeligen Zäunen, einen Arm über dem Kopf, die Hand locker um den Draht gewickelt, ein nackter Fuß zur Entspannung auf das Knie des anderen Beins gesetzt. Halbnackte Kleinkinder purzelten zwischen den Abfallhaufen herum, brachen unvermittelt in ein strahlendes Lächeln aus und riefen mir beim Vorbeiradeln ein scheues »Ça va?« zu. Wenn ich anhielt, kam meist eins von ihnen auf mich zu und schob vertraulich eine kleine, schmuddelige Hand in die meine. Der Ort war voller Gegensätze: Schönheit Seite an Seite mit Schmutz, und über allem ein Gefühl des Friedens, wie ich es sonst nirgendwo in der Stadt empfand.

Flußabwärts führte der Weg von der Brücke schließlich zu einem Schlachthof und einer Gerberei. Es war nicht nur der fürchterliche Gestank, der mich zur Einsicht bewog, daß es vollauf reichte, einmal in diese Richtung gefahren zu sein; das eigentliche Problem war vielmehr, daß viele Männer und Jugendliche der Stadt an diesem Flußabschnitt ihr tägliches Bad nahmen und ihre Kleider auswuschen. Ich hatte dies nicht gewußt, hätte mir aber auch sonst nicht viel dabei gedacht, da die Männer gleich unterhalb der Brücke, nur wenige Meter vom ständig vorbeifließenden Verkehr entfernt, in aller Öffentlichkeit badeten und dabei den Blicken der Touristen ausgesetzt waren, die auf den Hotelterrassen aßen und tranken. Es schien auch hier nicht anders zu sein. Sie standen knietief im Wasser, seiften genüßlich Körper und Kopf ein, bis sie von einem dicken, weißen Schaum bedeckt waren, tauchten darauf den Kopf unter Wasser und prusteten dabei wie Flußpferde. Sie schienen das alles sehr vergnüglich zu finden und beeilten sich keineswegs, wieder an Land zu kommen, sondern standen noch lange im Wasser herum und klatschten ihre Kleider sauber, während Frauen und junge Mädchen nahe vorbeispazierten, ohne Notiz von ihnen zu nehmen. Ihre Nacktheit brachte sie augenscheinlich nicht im geringsten in Verlegenheit, so daß es mir nie in den Sinn gekommen wäre, sie könnten Fremden ihre Anwesenheit verübeln. Die Männer von Niamey hatten jedoch eindeutig eigene Vorstellungen von Sittsamkeit. Möglicherweise wurden sie seit ein paar Jahren von Touristen belästigt, die sich mit der Kamera an sie heranpirschten, so daß sie nun jeden Westler, ob Mann oder Frau, verdächtigten, sich ausschließlich hier aufzuhalten, um Nacktfotos von ihnen zu machen. Zufälligerweise hatte ich an jenem Tag keinen Fotoapparat bei mir, sonst hätte auch ich sicher gern ein Bild geknipst. Es gab keinen einzigen unter den Badenden, den jungen wie den alten, dessen Körper nicht wunderschön geformt war, und vor dem Hintergrund des Flusses hätten sie eine feine klassische Studie abgegeben. Einige der Männer glaubten offenbar, dies müsse meine erklärte Absicht sein, weil ich jenen Weg eingeschlagen hatte, und ließen keinen Zweifel aufkommen, was sie davon hielten. Ein alter Mann rannte sogar nackt auf die Straße und schüttelte seine Fäuste gegen mich, als ich vorbeifuhr, so daß ich mich auf dem Rückweg zur Brücke gezwungen sah, ein paar Gänge zuzulegen und meinen Kopf starr in die andere Richtung zu wenden.

Etwa eine Woche nach meiner Ankunft saßen Abou und ich beim Tee auf der Terrasse und diskutierten, wie Evans und ich am besten zum »W«-Nationalpark an der Südgrenze von Niger gelangen könnten. Der Park verdankt seinen Namen dem ausgeprägten dreifachen Bogen, den der Nigerstrom dort schlägt. Ich hatte seit jeher vorgehabt, ihn aufzusuchen, als plötzlich vom Minister für Tourismus, einem weiteren Bekannten Abous, eine Einladung auf den Tisch flatterte, der dortigen offiziellen Eröffnung der Tourismussaison beizuwohnen. Sie sollte mit großem Trara, Festbewirtung und Unterhaltung zum Wohl der vielen Minister, ausländischen Diplomaten und führenden Geschäftsleute von Niger über die Bühne gehen, und es wäre schade gewesen, eine so günstige Gelegenheit auszulassen.

Die Feier war für den übernächsten Tag angesetzt. Es war unpraktisch, mit Evans hinzufahren. Der Eingang zum Park lag zwar nicht mehr als hundertdreißig Kilometer entfernt, doch der Weg führte über arg zerfurchte Naturstraßen, auf denen sich ein Fahrrad nur langsam fortbewegen kann, wenn Lenker und Maschine nicht völlig durchgerüttelt werden sollen. Außerdem mußte ich bei meiner Ankunft einigermaßen respektabel aussehen, was nach einer Radreise auf den ungeteerten Straßen Nigers ein Ding der Unmöglichkeit war, weil jedes vorbeifahrende Fahrzeug dicke, schwere Staubwolken aufwirbelte, die mich im Nu in eine Kreuzung aus Landstreicherin und Grubenarbeiterin verwandelt hätten.

Ich allein hätte mühelos eine Mitfahrgelegenheit bei einem Minister oder einem der Geschäftsleute gefunden, denn Abou kannte die meisten von ihnen. Das Problem war Evans. Ich wollte ihn unbedingt mitnehmen, damit ich gemächlich durch den Busch nach Niamey zurückradeln konnte. Es ging mir nicht nur darum, rund eine Woche lang etwas vom grüneren Teil der Sahelzone zu besichtigen, sondern ich wollte auch eine Probefahrt mit dem vollbepackten Evans unternehmen, um zu schauen, wie er sich auf rauhem Gelände verhielt. Sollte sich irgendein Teil von ihm seiner

Aufgabe nicht gewachsen zeigen, ließ sich der Schaden vielleicht beheben, wenn ich zurück in Niamey war. Sobald ich jedoch der Hauptstadt endgültig den Rücken gekehrt und den Weg nach Timbuktu eingeschlagen hatte, konnte ich nicht mehr damit rechnen, technische Hilfe zu finden, und mußte mich ganz auf meine eigenen rudimentären Fähigkeiten verlassen.

Ministerielle Fahrzeuge schienen jedoch nicht dafür ausgestattet, Fahrräder zu transportieren, selbst jene nicht, die mit Vierradantrieb ausgerüstet waren, wie es das afrikanische Terrain erforderte. Erst nach mehreren Besuchen und zahlreichen Telefonaten erhielt Abou aus dritter Hand die Zusicherung, daß ich mich dem deutschen Direktor einer europäischen Hilfsagentur anschließen könne, der den deutschen Botschafter hinunterchauffierte. In ihrem Landrover sei noch massenhaft Platz, hieß es. Ich sollte mich am folgenden Morgen um halb sieben bei der Agentur einfinden. Ein Begleiter werde mich bei der Katholischen Mission abholen, damit ich ja nicht verlorenging. Für mich klang das alles höchst effizient, denn ich war noch völlig naiv, was Arrangements in Westafrika betraf.

Da die Abreise unmittelbar bevorstand, mußte ich mich sputen. Die karge kleine Zelle, die mein Zuhause geworden war, verwandelte sich zeitweilig in ein Chaos, als ich mein Gepäck kontrollierte und sorgfältig alles in (wie ich hoffte) staubdichte Plastikbeutel verpackte. Ich würde eine Zeitlang ein Wanderdasein führen. Überleben und Komfort hingen davon ab, was ich bei mir hatte, und es war wichtig, genau zu wissen, wo jeder Ausrüstungsgegenstand verstaut war, damit ich ihn mit einem Minimum an Zeit- und Energieaufwand nötigenfalls auch im Dunkeln finden konnte.

Ich hatte insgesamt sieben Gepäckstücke. Zwei große Satteltaschen paßten hinten seitlich an den Gepäckträger, zwei kleinere wurden vorne angebracht. Eine kleine Werkzeugtasche ließ sich bequem erreichbar unter dem Sattel befestigen, während der schmale, zylinderförmige Sack mit den Zeltstangen und der Zeltunterlage auf dem Gepäckträger zu liegen kam. Vorne am Lenker hing eine Tasche mit Schulterriemen, in welcher alle meine Wertsachen steckten und die ich jedesmal losschnallen wollte, wenn ich das Fahrrad auch nur einen Moment lang unbeaufsichtigt ließ. Ich hatte viel Zeit darauf verwendet, ihr Inneres zu modifizieren und mit Fächern auszustatten, um Ordnung in die vielen kleinen Dinge zu bringen, die ich häufig benötigte – Taschenlampe, Kompaß, Taschenmesser, Notizmaterial, Sonnenschutzcreme, Sonnenbrille usw. Sie hatte auch mehrere Geheimfächer mit Reißverschluß für Geld, Reisepaß und Papiere. Am Morgen hatte ich die Bank von Niamey aufgesucht und bei der Entdeckung, wie ungerecht die Belastung beim Einwechseln von Reiseschecks war (für zwanzig Pfund wurde ebensoviel Kommission verlangt wie für mehrere hundert), alle meine Schecks auf einmal eingelöst. Jetzt war ich im Besitz dicker Bündel zentralafrikanischer Francs, die auf die Geheimfächer verteilt wurden. Solange ich es nicht versäumte, diese Tasche abzuschnallen, wenn ich irgendwo haltmachte, und sie überallhin mitzunehmen, stand ich wenigstens nicht mittellos da, falls Evans gestohlen werden sollte.

In der hinteren rechten Satteltasche verstaute ich den Hauptteil meiner Campingausrüstung: ein Leichtzelt, die dreiviertellange selbstaufblasbare Luftmatratze sowie ein kleines keilförmiges Moskitonetz für den Fall, daß in einem Raum zum Übernachten keins vorhanden war. Das größte Gesundheitsrisiko in diesem Teil Afrikas ist immer noch die Malaria, und am besten schützt man sich vor ihr, wenn man sich möglichst nicht von Mücken stechen läßt. In der Außentasche steckte leicht erreichbar der Taschenfilter zur Aufbereitung von Trinkwasser, eine weitere wichtige Vorsichtsmaßnahme, wenn man gesund bleiben will. Zehn Rollen Farbfilm wurden in den Schlafsack verpackt, um sie möglichst kühl zu halten.

Zuunterst in die linke Satteltasche kamen zwei Garnituren Ersatzreifen und zwei Reserveschläuche. Darüber lag jener Teil meiner Garderobe, den ich gerade nicht anhatte: eine dunkelblaue Hose aus kunststoffverstärkter Baumwolle, zwei Hemden, ein leichtes Baumwollblouson, Socken, Unterwäsche, Sandalen und eine Nylonwindjacke. Das Hemd, die Hose und die Unterwäsche, die ich am Leib trug, rotierten mit der zweiten Garnitur und wurden möglichst jeden Tag ausgewaschen. Das dritte Hemd war dafür vorgesehen, daß ich bei formellen Anlässen mindestens in einem respektablen Kleidungsstück erscheinen konnte. Ich bewahrte die saubere Wäsche in einem verschnürbaren Beutel auf, der im Zelt ein handliches Kissen abgab. Die Außentasche enthielt meinen Waschbeutel, ein »Reisehandtuch« aus Nylon, das fast nichts wog und sich dafür als praktisch nutzlos erwies, sowie einen großen Waschlappen, den ich anstelle des Handtuchs verwenden mußte.

Die linke vordere Satteltasche diente der Verpflegung. Sie enthielt einen kleinen Benzinkocher, zwei leichte Aluminiumkochtöpfe, einen Wasserkessel, einen Plastikkrug, zwei Löffel und Gabeln sowie Plastikbehälter für Kaffee, Tee und Salz und wasserfeste Streichhölzer. Hier war auch noch etwas Platz für einige wenige Lebensmittel, die ich unterwegs einkaufen wollte.

In der Satteltasche vorne rechts waren Landkarten, Reiselektüre, einschlägige Seiten aus Reiseführern und Nachschlagewerken sowie Reservenotizbücher untergebracht, dazu ein Sonnenhut, ein Moskitokopfnetz, das ich überstülpen konnte, falls ich von Schwärmen bösartiger Insekten angegriffen wurde, ein Beutel mit Arzneimitteln, der Antibiotika, Malariapillen, Vitamintabletten, Aspirin und Salben enthielt, und ein weiterer Beutel mit einem Verbandskasten mit Nahtmaterial, Wundpflaster, sterilen Gazekompressen und einigen Injektionsnadeln. Wie ich erfahren hatte, waren letztere in Afrika höchst ratsam, weil ein hohes Aidsrisiko bestand, wenn man eine Spritze oder Infusion mit einer Nadel erhielt, die bereits mehrmals zuvor verwendet worden war. Das Problem, wie ich im Falle eines schweren Unfalls in bewußtlosem Zustand jemanden wissen lassen konnte, daß ich eigene Nadeln bei mir hatte, war jedoch noch ungelöst. In dieser Satteltasche steckte außerdem ein weiterer kleiner Beutel mit allerlei Krimskrams wie Sicherheitsnadeln, Ersatzschnürsenkeln, Batterien, Nylonschnur und Wachspfropfen für die Ohren, die sonst nirgendwo Platz fanden.

Zwei Plastikflaschen für meinen Wasservorrat paßten in den Halter am Rahmen, ein paar weitere stopfte ich unter die Klappen der Satteltaschen. Die Temperaturen, bei denen ich mich abstrampeln mußte, erforderten ein Minimum von neun Liter Wasser am Tag, um die verlorene Körperflüssigkeit zu ersetzen. Da ich nur für etwa zwei Liter Platz fand, mußte ich den Rest unterwegs in den Dörfern auftreiben. Solange mein Wasserfilter funktionierte, war die Aufbereitung kein Problem.

Ich hatte auch ein paar Dinge bei mir, die nicht eigentlich lebensnotwendig waren: einige Abschiedsgeschenke und etwas Luxus, den ich mir gönnen wollte, unter anderem einen Liter guten Scotch in Halbliter-Plastikflaschen. Besonders beim Campieren in der Wildnis ist ein kleiner Schluck vor dem Zubettgehen ein Universalheilmittel gegen fast alle bekannten Übel – so wenigstens haben es mir meine schottischen Vorfahren festen Glaubens überliefert. Und wenn es auch sonst nichts nützte, so half es wenigstens, am Ende eines langen, anstrengenden Tages auf dem Rad meine schmerzenden Muskeln zu entspannen.

Ich besaß ein Amulett aus Jett, dem Stein der Reisenden, das für eine sichere Heimkehr sorgen soll, wenn man es von einem Freund geschenkt erhält. Es bestand aus drei Teilen, die an einem Ring hingen, einem Kreuz, einem Herz und einem Anker, die Symbole für Glaube, Liebe und Hoffnung. Ich sah keinen Grund, an seiner Wirksamkeit zu zweifeln, denn bis jetzt hatte mich auf meinen Reisen noch nie ein ernstliches Mißgeschick ereilt. Ich hatte es zum Schutz an der Innenseite meiner Umhängetasche festgepinnt. In Niamey fand ich heraus, daß es noch zu etwas anderem nützlich war. Immer wenn ich an den Verkaufsständen der Zauberer vorbeiging, die inmitten ihres Warenlagers aus Löwenschädeln, Adlerflügeln, Resten getrockneter Pelztiere, zu Pulver zerstoßenen Schlangen und hundert anderen, unkenntlichen Ingredienzien für ihre Zauberkünste saßen, bestürmten mich die Herren, mir von ihnen ein *gris-gris* herstellen zu lassen, um mich gegen böse Geister zu schützen. Sobald ich mein Jett-Amulett herauszog und ihnen zeigte, daß ich bereits ein christliches *gris-gris* besaß, kniffen sie in der Regel die Augen zusammen und sahen sehr nachdenklich aus, und ich bin fast sicher, daß sie mir meinen Talisman abgekauft hätten, sofern ich in eine finanzielle Notlage gekommen wäre.

Das Miniaturfernglas, ein im voraus erhaltenes Weihnachtsgeschenk von meinem Mann, steckte in einem handlichen Futteral an meinem Gürtel, wo es jederzeit griffbereit war, wenn ich die vielen exotischen Vögel, die ich auf meiner Reise zu sehen hoffte, von nahem betrachten wollte. Auf der anderen Körperseite bildete meine neue Kamera mit eingebauter Doppellinse das Gegengewicht. Und schließlich war da noch eine Tüte mit kandiertem Ingwer, die mir eine meiner Freundinnen geschenkt hatte, weil sie wußte, daß ich leicht seekrank wurde. Ingwer sollte laut ihrer Mutter ein ausgezeichnetes Heilmittel gegen dieses Übel sein. Das einzige Meer, das ich überqueren mußte, um in Paris meinen Flug zu erreichen, war jedoch der Ärmelkanal gewesen, und da die zweistündige Überfahrt vollkommen ruhig verlaufen war, hatte ich dieses Geschenk völlig vergessen, bis ich in der Mission mein Gepäck ordnete. Ohne recht zu wissen, was ich damit tun sollte, steckte ich es zu den Kochutensilien und dachte erst viel später wieder daran, als ich seinen wahren Wert entdeckte.

Sobald ich mit Packen fertig war, setzte ich mich eine Weile hin, bis ich sicher war, daß ich mich an alles erinnern konnte. Darauf wischte ich den Staub der Stadt von Evans ab, damit er am Morgen für den deutschen Botschafter respektierlich aussah, und legte mich schlafen, weil ich morgen früh aufstehen mußte. Wie ich so unter meinem Netz eingesponnen dalag, konnte ich kaum hörbar zwischen dem ewigen Zirpen der Zikaden die schwachen Klänge von Trommeln, Xylophonen und Gesang hören, während aus der riesigen alten Akazie direkt vor meiner Tür das trockene Geraschel von Eidechsen zu vernehmen war, die in der heißen afrikanischen Nacht geschäftig herumhuschten.

3

Ein Hauch von Paradies

Der Tag fing schlecht an. Der nette Mensch, der auf die Idee gekommen war, der Landrover der Deutschen sei genau das Richtige, um das Fahrrad der Engländerin aufzuladen, hatte es leider unterlassen, die Deutschen davon in Kenntnis zu setzen. Die Stimmung wurde nicht besser, als ich mich dem Vorschlag widersetzte, Evans auf dem Dach des Landrovers festzubinden, weil ich wußte, daß er dort lange vor unserer Ankunft zu Schrott zerschlagen würde. Was zuerst nur als leise Ungeduld seitens der Deutschen spürbar war, begann Züge nationaler Rivalität anzunehmen – deutsche Fahrräder, so schien es, reisten immer auf dem Dach mit, ohne Schaden zu erleiden. Erst als ich demonstrierte, wie leicht sich Evans' Satteltaschen abnehmen und das Vorderrad aushängen ließ, beugten sie sich der englischen Exzentrik. Nach einer kleinen Umstellung im Wageninnern fand alles seinen Platz, ohne den Passagierkomfort über Gebühr zu beeinträchtigen.

Sobald wir den Niger überquert hatten und nach Süden fuhren, machte sich der Fahrer daran, die verlorene Zeit aufzuholen. Ich mußte das aufrecht stehende Rad festhalten, damit es nicht bei jedem Schlag ans Autodach bumste. Schon bald begannen wir, eine endlose Reihe von Wagen zu überholen, deren Stander auswiesen, daß ihre Insassen, weiße wie schwarze, den Festlichkeiten entgegenfuhren. Der Botschafter und sein Freund entspannten sich zusehends und ließen Komplimente über die Qualitäten eines Landrovers im Vergleich zu japanischen Geländefahrzeugen fallen. Ein Hauch von europäischer Solidarität machte sich breit, und die Atmosphäre wurde etwas wärmer.

Doch es sollte kein Tag für die Deutschen werden. Auf einmal begann unser Auto zu rucken, der Motor stotterte kurz, dann rollten wir aus und hielten an. Der Fahrer klappte blitzschnell die Motorhaube auf und stocherte darunter herum, wir anderen stiegen aus und vertraten uns unschlüssig die Beine. Alle Wagen, die wir soeben überholt hatten, fuhren an uns vorbei und bedachten uns mit stickigen Staubwolken. Nicht ein einziger hielt an.

Der Fahrer verkündete, die Zündspule sei defekt, wir würden nach Niamey zurückkehren und uns eine neue beschaffen müssen. Da der Landrover jedoch nicht ansprang, hatte keiner von uns eine Ahnung, wie dies zu bewerkstelligen wäre. Ein Strom von Fahrzeugen fuhr in Richtung Park an uns vorbei. Ihre Insassen bemühten sich, nicht selbstgefällig zu wirken, was ihnen aber nur schlecht gelang. Ein Wagen mit einem schwarzen militärischen Gentleman, der über und über mit Tressen und Medaillen behängt war, hielt tatsächlich an. Zum Ärger unseres Fahrers bestand er darauf, daß sein eigener Chauffeur den Motor inspizierte. Sobald die Diagnose bestätigt war, fuhren sie kommentarlos weiter und ließen uns im selben Zustand wie zuvor zurück.

Eine weitere halbe Stunde verstrich. Dann tauchte der amerikanische Botschafter mit seiner Gesellschaft in einem schwarzen, schimmernden Safarifahrzeug von der Größe eines kleinen Busses auf. Ich hielt mich wegen des Staubs etwas abseits und hörte nicht, was gesprochen wurde. Später berichteten mir die Deutschen, daß die Amerikaner uns alle mitnehmen wollten, doch sie hätten abgelehnt, weil sie wußten, daß ich Evans nie auf dem Dach hätte mitfahren lassen. Ich fand es sehr edel von ihnen, daß sie mich und Evans nicht einfach im Stich ließen, hatte aber den leisen Verdacht, dies sei bloß eine willkommene Ausrede gewesen, weil sie nicht von Amerikanern gerettet werden wollten.

Unsere mißliche Lage nahm erst ein Ende, als der Minister für Straßenverkehr, ein Mann mit beneidenswerten Augenwimpern, in einem gepflegten Suzuki-Kombi vorfuhr und alles mit viel Charme und diplomatischem Geschick in wenigen Minuten organisiert hatte. Wir sollten mit ihm zum Fest mitfahren, während der Fahrer der Deutschen etwas Geld erhielt, um sich zur Stadt zurück abschleppen zu lassen, worauf er sich mit dem reparierten

Landrover wieder bei uns im Park einfinden würde. Mir blieb nichts anderes übrig, als mich zu fügen, obwohl es mir nicht sehr behagte, mich gleich zu Beginn meiner Reise von all meinen Habseligkeiten trennen zu müssen, und mir die Vorstellung, wie der unglückselige Evans hinten im Landrover hin und her geworfen würde, ohne daß ihn eine hilfreiche Hand festhielt, einige Sorgen bereitete.

Mehrere Stunden später kamen wir erhitzt, verkrampft, durstig und staubbedeckt beim Empfang im Hotel am Eingang zum Wildpark an und mußten zusehen, wie gerade die letzten der so heißersehnten Erfrischungen – Kaffee, kalte Getränke und Sandwiches – abgeräumt wurden. Man war bereits mit dem Zeitplan in Verzug, und die Gäste wurden angehalten, sich für die offizielle Begrüßung zu versammeln.

Hundertfünfzig schwarze und weiße Würdenträger waren eine viel zu große Zahl, als daß alle unter dem bereitgestellten Baldachin Platz gefunden hätten. Auf beiden Seiten quollen die Leute in die blendende Mittagssonne hinaus. Die in säuberlichen Reihen aufgestellten Stühle gerieten ins Wanken und wurden zusammengedrängt, weil die hinten Stehenden nach vorne drängten. Es war schwierig, das Protokoll für die Sitzordnung zu begreifen. Viele Botschafter und Minister saßen hinten auf harten Stühlen, wogegen Leibwächter und persönliche Assistenten die Sessel vorne auf den Ehrenplätzen belegten. Die schwarzen Gäste waren bei weitem am eindrucksvollsten. Wer nicht in Militäruniform steckte, trug eine der traditionellen langen, üppigen und wunderschön gemusterten Roben und auf dem Kopf einen kleinen, runden Pillboxhut, der die hohe Statur unterstrich. Ihre Frauen waren ebenfalls großgewachsen, im Gegensatz zu den prächtigen Mannsbildern jedoch sehr füllig, wie es hier Mode war. Sie trugen noch auffälliger gemusterte Peignoirs mit farblich abgestimmten und kunstvoll um den Kopf gewickelten Tüchern. Die hervorstehenden Falten und Plissees ließen sie noch größer erscheinen und glichen ihre Üppigkeit wieder aus, so daß sie wie stattliche Galeonen wirkten, die durch die Menschenmenge segelten. Es gelang ihnen mühelos, sich freie Bahn zu verschaffen, und so belegten sie sehr viel mehr Sitze, als ihnen eigentlich zustanden. Verglichen mit all dieser Farbenpracht wirkten die Weißen seltsam blaß, und weil kaum einer von ihnen wirklich schick angezogen war, fühlte ich mich in meiner Fahrradkluft für einmal nicht fehl am Platz.

Drei Tanzgruppen mit eigenen Orchestern wetteiferten um die Gunst des Publikums, während wir darauf warteten, daß die Veranstaltung eröffnet wurde. Eine Gruppe junger Mädchen tanzte mit eindrucksvoller Vitalität. Sie waren einheitlich in hellgelbe Baumwolltücher gekleidet, die von den Achselhöhlen bis hinunter zur Wadenmitte eng um den Körper geschlungen und über und über mit großen, erhabenen Porträts des Präsidenten von Niger bedruckt waren. Über jeder der quicklebendigen Brüste und über jedem Hintern runzelten und verzerrten sich die gestrengen, schweren Gesichtszüge unter der spitzen Mütze in beseligender Parodie. Allzuschnell erschienen Soldaten und scheuchten die Tänzerinnen weg. Hinter einer Vorhut weiterer Soldaten, die Sessel schleppten, trafen die wichtigsten schwarzen Führer ein. Sobald die hohen Herren Platz genommen hatten, legten die drei Musikkapellen los und intonierten jede eine leicht unterschiedliche Version der nigrischen Landeshymne. Als die Zuschauer endlich begriffen hatten, was da gespielt wurde, rappelten sie sich hoch und nahmen bis zum letzten Ton eine zutiefst ehrfürchtige Haltung ein, denn der Baldachin war so niedrig, daß nur die Allerkleinsten darunter aufrecht stehen konnten.

Darauf folgten ein paar kurze und entsprechend optimistische Ansprachen über die kommenden Landeswahlen – es gab nur eine einzige Partei, also mußte sich niemand groß anstrengen. Unserem gedruckten Programm ließ sich entnehmen, daß wir jetzt die Wahl zwischen einem Rundgang durch den Park und einem spektakulären Pirogenrennen auf dem Fluß hatten. Die Deutschen und ich, die wir noch immer über kein eigenes Transportmittel verfügten, sollten im Sedan des amerikanischen Botschafters Platz nehmen. Die Hand zur Freundschaft war ein zweites Mal ausgestreckt worden und wurde diesmal ergriffen. Unser Grüppchen hatte einstimmig für den Fluß votiert, der angeblich nur etwa fünfzehn Minuten entfernt war, doch nach einer Stunde steckten wir noch immer mitten in einer endlosen Kolonne offizieller Fahrzeuge, die sich unter einer Staubglocke fortwälzte und den Dschungel in meilenweitem Umkreis von Vierbeinern und Vögeln entvölkerte. Nach der langen Herreise hatten alle die Nase voll vom Fahren. Die drei zusätzlichen Passagiere ließen das an sich geräumige Wageninnere recht beengend erscheinen, dafür profitierten wir vom zweifachen Segen einer Klimaanlage und eisgekühlter Cola.

Das Spektakel und der Parkrundgang hatten offenbar wieder zusammengefunden, denn nach zwei Stunden Fahrt durch den entvölkerten Wald kam der Konvoi am Ufer des braunen, schnell fließenden Niger zum Halt. Die Fahrer rangelten um Parkplätze, während die Passagiere vor der schwierigen Entscheidung standen, im Dschungel einem dringenden Bedürfnis nachzukommen, einen der beschränkt vorhandenen Sitzplätze beim Start zu ergattern oder sich einem Buffet mit Bier und Mineralwasser zuzuwenden. Ich verpaßte die beiden letzteren Möglichkeiten, denn ich hatte soeben die ersten Wildtiere des Tages erspäht, einen schwarzen Falken und einen prächtigen Geier, die hoch oben in den Bäumen saßen. Bis ich mein Fernglas herausgezogen und sie mir gründlich angeschaut hatte, war das Pirogenrennen schon fast vorbei. Die muskulösen, schwitzenden Mannschaften wetteiferten mindestens ebensosehr wie die gelähmten Dreiradfahrer in Niamey. Sie legten sich mit ihren Paddeln mächtig ins Zeug und trieben die schmalen Boote mit solcher Geschwindigkeit gegen das Ufer, daß sie erst hoch oben zum Stillstand kamen und die dort sitzenden Würdenträger auseinanderscheuchten.

Das ganze Spektakel dauerte samt Gratulationen und der Preisverleihung für die siegreichen Mannschaften in Form von Bargeld nur etwa eine Viertelstunde, worauf sich der kurze Blick auf den Zauber des Dschungels und auf den Fluß, der zwischen grünen Ufern dahinströmte, wieder verdüsterte, als der Konvoi zu einem verspäteten Mittagsimbiß zum Hotel zurückrollte.

Obwohl wir als letzte im Speisesaal ankamen, weil die Amerikaner befunden hatten, sich gründlich zu waschen sei wichtiger, als etwas zu essen, war der erste Gang wegen der vielen Gäste und des ungeübten, aus der Umgebung rekrutierten Bedienungspersonals noch voll im Schwung. Dem Botschafter wurde sogleich ein Teller mit Gurken und Tomaten vorgesetzt, doch seine Gattin riet ihm davon ab und erinnerte ihn daran, daß er das letzte Mal danach tagelang krank gewesen sei. Er schob mir den Teller mit der Bemerkung zu, seine Frau habe in solchen Dingen meist recht, wobei er beruhigend hinzufügte, daß es mir wahrscheinlich nicht schaden würde. Ich war viel zu hungrig, um abzulehnen, obwohl das Alternativgericht, Reis mit Bohnen (das er offensichtlich essen durfte), weit nahrhafter aussah. Darauf folgten große Platten mit Kuskus und Ziegenfleisch, und meine Befürchtungen, daß ich von nun an mit einem permanenten Loch im Bauch herumlaufen müsse, zerstreuten sich langsam. Weil ich beim ersten Gang einen Blitzstart hingelegt hatte, wurde mir auch etwas von dem Büchsenfruchtsalat serviert, der, wie sich herausstellte, nicht für alle Gäste reichte.

Für die Ungläubigen stand Wein auf dem Tisch, für Muslime Sprudel. Der Zugang zu ersterem hing jedoch ganz davon ab, neben wem man plaziert war. Ich hatte Glück. Die Amerikaner hatten zwar dem Alkohol abgeschworen, solange sie in Afrika weilten, doch die Deutschen auf meiner anderen Seite waren sehr geschickt darin, sich die Flasche zu angeln. Als unser Trupp schließlich den Speisesaal verließ, war die Stimmung sehr viel gelöster. Am glücklichsten waren wohl die Deutschen und ich, denn das erste, was wir beim Herausgehen sahen, war unser zu neuem Leben erweckter Landrover.

Die Freude, wieder mit Evans vereint zu sein (mit einem Evans allerdings, der unter einer dicken Staubschicht beinahe unkenntlich war), wurde noch größer, als ein Franzose hinzutrat und ihn voller Bewunderung anblickte, während ich die Satteltaschen und das Vorderrad wieder anbrachte. Ich hatte den Blick in seinen Augen schon oft zuvor gesehen: Aus ihm sprach die unverhüllte Sehnsucht nach jener Freiheit, die ein Fahrrad symbolisiert, vor allem dann, wenn es mit allem Drum und Dran für ein sorgenfreies, unabhängiges Leben beladen ist. Was war ich doch für ein Glückspilz – allein schon deshalb, weil mir keine lange, eintönige Rückfahrt durch die staubverhangene Landschaft bevorstand und ich mir alles in Muße und nach eigenem Gutdünken ansehen konnte. Aber schön eins nach dem anderen. Jetzt, nachdem der Festrummel vorüber war, stand als erstes auf dem Programm, den Park genauer unter die Lupe zu nehmen.

Ein Aufenthalt im »W«-Nationalpark als Gast einer Mitarbeiterin des Peace Corps (eine Einladung, die mir die Frau des amerikanischen Botschafters erwirkt hatte) bot beachtliche Vorteile. Besucher durften sonst nur per Auto und mit einem Führer im Schlepptau durch das Wildreservat streifen, damit sie auch ja nicht vom Weg abwichen. Weil ich mich jedoch bereits im Innern des Parks befand und die Eingangspforten nicht mehr passieren mußte, konnte ich ohne Begleitung und zu Fuß herumgehen und brauchte mich nicht an die vorgezeichneten Wege zu halten. Emily, die Peace-Corps-Volontärin, zeigte mir lediglich einige der Hauptrouten und überließ alles weitere meiner eigenen Phantasie.

Sobald ich das schmutzige kleine Dorf hinter mir gelassen hatte, das rund um das Hotel aus dem Boden geschossen war, spürte ich mit einem Mal die machtvolle Schönheit des Landes, und ein kurzes, intensives Glücksgefühl überfiel mich wie ein physischer Schock. Dennoch schien »Schönheit« eine merkwürdige Beschreibung für diese schroffe, helle Welt aus Felsen und Gestrüpp zu sein, die sich über endlose, wirr verstreute Hügel und Täler in die Ferne erstreckte. Der dicht bewachsene Dschungel von vorhin war wie weggefegt. Dies hier war eine Landschaft mit kahlen, verkrümmten Akazien und dornigen Sträuchern mit Millionen von Stacheln, die rissen und kratzten. Darunter war ein roter Lateritboden, den die trockene Luft und die unbarmherzige Sonne zu einer zerklüfteten, steinharten Oberfläche verkrustet hatten, die den Füßen übel mitspielte und durch die sich alles Gewächs zuerst mühsam einen Weg ans Licht bahnen mußte. Eine Landschaft, aufs Wesentlichste reduziert, mit einer Schönheit von skelettartiger Strenge, die allem Wachstum feindlich gesinnt war und nur die anspruchslosesten Lebensformen gedeihen ließ.

Beim Wandern über diese zermürbende Erde konnte ich fühlen, wie die sengende Hitze die Flüssigkeit aus mir sog. Nach etwa einer Stunde gelangte ich zum Rand eines steilen Abhangs. Unter mir, in einer schüsselförmigen Vertiefung, sah ich plötzlich eine Vision des Paradieses – ein sattes Dunkelgrün mit einem von felsigen Klippen umringten großen, stillen Teich. Etwas beklommen suchte ich mir einen Weg hinunter. Der Ort war wie verzaubert. Halb erwartete ich, daß irgendein Ungetüm oder ein Engel mit flammendem Schwert erschien und mir den Weg verwehrte. Das kühle, schwere, zähflüssige Wasser wurde von dicht belaubten Bäumen beschattet, in denen unzählige Vögel saßen. Als das anfängliche Gefühl von Ehrfurcht nach einer Weile etwas abgeklungen war, konnte ich einen Flußadler ausmachen, der dem amerikanischen Wappentier, dem Weißköpfigen Seeadler, fast aufs Haar gleicht. Ich entdeckte mehrere Reiherarten, unter anderem auch einen der sehr seltenen und enorm großen Riesenreiher, einen großen, braunen Schattenvogel oder »Hammerkopf«, der seinen treffenden Namen seiner ausgeprägten Kopfform verdankt, einen wie ein Juwel funkelnden Rotkehligen Bienenesser, mehrere Mönchsgeier, einen kleinen Strandläufer und einige zarte, feingliedrige Felstauben. Es gab noch unzählige andere Arten, die sich selbst mit Hilfe von Emilys Vogelbuch nicht bestimmen ließen, darunter Schwärme spatzenartiger Vögel, welche am Rand des Wassers herumalberten.

Der Teich war Mittelpunkt eines lebendigen Gewimmels. Überall auf dem Wasserspiegel breiteten sich Ringe aus, wo Fische unablässig nach den nur Zentimeter über ihnen schwebenden Insekten hochschnellten. Rundherum waren Pavian- und Antilopenspuren säuberlich in den weichen, schwarzen Uferschlamm geprägt und weiter oben Pfotenabdrücke von Löwen wie Gipsabgüsse in den getrockneten Lehm gedrückt. Ein plötzliches wütendes Geflatter und Gespritze am entfernten Ende des Teichs und ein rascher Blick auf eine große, krokodilähnliche Gestalt hätten mich wohl weit mehr erschreckt, wenn ich nicht vorgewarnt gewesen wäre, daß es sich nur um eine harmlose Monitor-Riesenechse handeln konnte. Das Ereignis war aber trotzdem höchst aufregend.

Dieser Teich war ein wichtiges Wasserloch für den Wildpark. Als Teil des Tapoa, eines Nigerzuflusses, diente er auch dann noch als Trinkwasserquelle für die Tiere, wenn der restliche Fluß längst ausgetrocknet war. Die letzten paar Monate, bevor der Regen einsetzte, konnte man hier mehr Wild antreffen als irgendwo sonst im Park. Jetzt jedoch waren erst zwei Monate seit dem Ende der Regenzeit verstrichen. Es gab noch viele andere Wasserstellen, und das Wild war weit verstreut.

Wenn ich die Umgebung des Teichs erforschen wollte, mußte ich zum Wasser hinunter, weil dichte, dornige Vegetation und steile Felsen den Ufersaum blockierten. Während ich mit Hose und Schuhen unterm Arm durch eine seichte Enge watete, wurde mir plötzlich bewußt, wie gut es sich anfühlte, wenn kühler Schlamm zwischen meinen Zehen emporquoll und meine Haut, vom klumpigen Staub befreit, wieder zum Leben erwachte. Von da war es nur noch ein kleiner Schritt, bis ich mein Hemd ebenfalls abstreifte und in die Mitte des kleinen Sees hinausschwamm. Während ich in der dicken, braunen Brühe trieb, durchquerte ein ausgelassenes Rudel Paviane die niedrigen roten Klippen am gegenüberliegenden Ufer, und eine Herde Hirschantilopenweibchen mit ihren Jungtieren entfernte sich durch einen Baumgürtel nach oben.

Als ich Emily später meine Erlebnisse berichtete, meinte sie, daß ich beim Schwimmen ein Risiko eingegangen sei, denn im Fluß könne man sich leicht eine Bilharziose zuziehen. Diese heimtückische Krankheit wird von winzigen Würmern hervorgerufen, die durch die Füße in den Blutkreislauf gelangen und sich darauf in der Beckengegend vermehren. Sie wird durch den Urin einer infizierten Person übertragen, benötigt jedoch eine spezielle Art von Wasserschnecken als Zwischenwirt für den Parasiten und kann nur auftreten, wenn ein Kranker dort ins Wasser pinkelt, wo diese Schnecken leben. Da die Einheimischen das Wasserloch sehr selten aufsuchten, wähnte ich mich einigermaßen sicher. Überdies läßt sich die Bilharziose heute relativ leicht behandeln, sofern die entsprechenden Medikamente verfügbar sind. Ich hätte es allerdings trotzdem nie gewagt, in der wilden, felsigen Schlucht gleich unterhalb des Hotels zu baden, wo alle Jungen aus dem Dorf täglich schwimmen gingen.

Emily war die erste Peace-Corps-Volontärin, die ich kennenlernte, und es interessierte mich sehr zu hören, wie diese Organisation funktionierte. Sie schien in etwa der ursprünglichen Zielsetzung des englischen Voluntary Service Overseas zu entsprechen: jungen Menschen die Gelegenheit zu bieten, ein gewisses Verständnis für die Kultur eines Landes der Dritten Welt zu gewinnen und in bescheidenem, örtlich begrenztem Rahmen ein wenig mitzuhelfen. Der VSO war seit längerem zu der Einsicht gelangt, daß die Dritte Welt viel eher qualifizierte Hilfe als bloß guten Willen benötigte, und rekrutierte Leute aus entsprechenden Berufssparten wie beispielsweise Maurer und Klempner. Das Peace Corps dagegen war seiner anfänglichen, eher amateurhaften Ausrichtung treu geblieben und operierte mit einem sehr kleinen Budget. Man erwartete von den Volontären, in möglichst ähnlichen Verhältnissen wie die Gemeinschaft ihrer Gastgeber zu leben, und ging davon aus, daß beide Seiten von diesem Kulturaustausch profitieren würden. Die meisten Außenstehenden wußten über die Organisation als Positivstes anzuführen, daß sie kaum Schaden anrichtete und zumindest den Amerikanern helfen konnte, ihren Horizont in Geschichte und Geographie zu erweitern; die schärfsten Kritiker warfen ihr vor, sie sei eine Beleidigung für die Intelligenz der Einheimischen, unter denen die Volontäre lebten, denn kein vernünftiger Mensch, am allerwenigsten die Dorfbewohner selbst, würde freiwillig unter solchen Bedingungen leben, wenn er sich Besseres leisten könnte.

Zwei Nächte lang schlief ich unter meinem Moskitonetz in Emilys winzigem Zuhause. Die Tage verbrachte ich mit Streifzügen durch das Paradies des Wildparks – ein nicht ganz so vollkommen geratenes Paradies, wo überall Dornen und Stacheln lauerten, die an Kleidern und Haut zerrten und den Unachtsamen schnell auf den Boden der Wirklichkeit zurückbrachten. Es gab hier nicht dieselbe riesige Anzahl und Vielfalt an Großwild, wie man sie in den ostafrikanischen Wildreservaten findet, doch zu meiner Riesenfreude hatte ich die Ehre, zum allerersten Mal einer Löwin zu begegnen. Ich erzählte niemandem etwas von diesem Vorfall, sonst wäre womöglich einer auf die Idee gekommen, daß es zu gefährlich sei, allein herumzuwandern. Die Begegnung ließ auch gar keine Angst aufkommen, sondern fühlte sich im Gegenteil eher wie die Vision vom friedlichen Zusammenleben aller Kreaturen Gottes an. Die Löwin lag ausgestreckt inmitten ihrer vier halbwüchsigen Jungen im Halbschatten einer Lichtung auf der staubigen Erde. Es mag gut sein, daß weder sie noch ich irgendwelche Gefahr verspürten, weil der an dieser Stelle etwa fünf Meter breite Tapoa zwischen uns lag. Es dauerte ein paar Minuten, bis sie sich verzogen, und so konnte ich mich an diesen herrlichen Geschöpfen nach Herzenslust sattsehen. Selbst dann zeigten sie überhaupt keine Eile. Sie gähnten erst ein-, zweimal, worauf sie sich träge erhoben, langsam und ausgiebig streckten und schließlich kehrtmachten und sich gemächlich ins nahe dichte Gehölz trollten.

Meist stieß ich auf Horden von dreißig bis vierzig Pavianen, die am Flußufer patrouillierten und andauernd beschäftigt waren. Es machte Spaß, ihnen zuzuschauen, vor allem den Jungtieren, die sehr viel handfesten Humor zeigten und die alten Affen am Schwanz zogen oder ähnlichen Schabernack trieben. Auch sie schienen sich nicht bedroht zu fühlen, solange der Wasserlauf zwischen uns lag. Es gab auch zahlreiche Antilopen, vorwiegend Hirschantilopen, sowie einige kleine Gazellen, die ich nicht identifizieren konnte. Sie waren alle sehr scheu und ließen niemanden nahe an sich herankommen.

Obwohl mich der Anblick dieser Vierbeiner (und besonders der Löwen) faszinierte, waren es die Vögel, die mir am meisten Vergnügen bereiteten, denn es gab sie in einer so erstaunlichen Vielfalt, wie ich sie sonst nirgendwo zuvor gesehen hatte. Mit meinem wunderbaren kleinen Fernglas konnte ich sie erstmals in allen Einzelheiten studieren. Am prunkvollsten waren die Langschwanzstare, große Vögel mit fast meterlangen Schwanzfedern und einem Gefieder, das wie schillernde Seide glänzte und je nach Lichteinfall von Purpurrot zu Smaragdgrün wechselte. Ich sah rotschnäblige Nashornvögel, deren kleiner, schwarzweißer Körper viel zu zart für das Gewicht des großen, roten Schnabels wirkte und die in einer Serie ruckartiger Schleifen wie ein abtrudelndes

Flugzeug von Baum zu Baum flogen. In den Mangrovensümpfen rannten langbeinige Lilientreter über die großen gelben und weißen Blütenteppiche, die weite Strecken des Flusses bedeckten. Während ich sie beobachtete, sah ich auch mein erstes und einziges Krokodil unter der Vegetation verschwinden. Ein Vogel, den ich fürchten lernte, war das Perlhuhn, ein auffälliges, unkenhaftes Geschöpf, das in großen Schwärmen geschäftig herumhastete und mit einer Kakophonie lauter, krächzender Warnschreie jedem in Hörweite meine Anwesenheit verriet. Wenn diese Gschaftlhuber in der Nähe waren, konnte ich die Hoffnung begraben, ein anderes Tier zu sehen.

Die stark unterschiedliche Topographie des Parks war ganz vom Wasser geprägt. In einigen Tälern formten hohe, mit Lianen behangene Bäume ein riesiges Dach über einer dämmerigen, grünlich beleuchteten Welt sich windender Wasserläufe und vereinzelter noch nicht ausgetrockneter Tümpel. Die Hügel zwischen den Tälern schienen auf den ersten Blick nur aus kahlem, von der Sonne gebackenem Laterit zu bestehen, doch sie waren mit zähen, verkrüppelten Akazien und trockenen, grasartigen und kleinwüchsigen Pflanzen gesprenkelt, alle mit bösartigen Stacheln bespickt. Der breite Landgürtel, durch den der Niger fließt, ist im Atlas als trockene Savanne verzeichnet. Es sind Tausende Quadratkilometer äußerst verletzbaren Grenzertragsbodens, die, überaus anfällig für Erosion, über keine adäquate Wasserspeicherung für die zur Ernährung der Bevölkerung benötigten Mais- und Hirsekulturen verfügen. Obwohl diese Bevölkerung mit zwischen fünf und fünfundzwanzig Bewohnern pro Quadratkilometer bisher zu den am dünnsten gesäten in der ganzen Welt zählte, war das bereits mehr, als das Land ertragen konnte, zudem wuchs sie beständig an. Ich wußte, daß ich damit rechnen mußte, auf weite erodierte Landstriche zu stoßen, und zwar um so häufiger, je weiter ich nach Norden reiste, weil das Klima dort immer heißer und trockener wurde.

Der Park hatte mir einen Blick auf einen Teil des Sahel ermöglicht, wo die Natur noch fähig schien, mit ihren spärlichen Wasserreserven auszukommen, sofern sie sich selbst überlassen blieb.

Die Bäume spendeten dem niedrigen Buschwerk Schatten, und dieses beschützte seinerseits den Erdboden und verhinderte seine Erosion. Diese Umwelt gab zwar ein karges Bild ab, trug jedoch einen Sinn für Harmonie in sich und war durchaus in der Lage, Leben zu erhalten und zu fördern. Doch für den Menschen war in diesem Leben kein Platz. Nur weil er ausgeschlossen war wie Adam und Eva, die aus dem Paradiesgarten vertrieben wurden, hatte sich dieser kleine Teil des Sahel seinen natürlichen Zustand weitgehend bewahrt.

Jetzt war es an der Zeit, weiterzufahren und mir ein Bild von den Menschen im Süden von Niger zu machen, die in ihrer trockenen, hügeligen Savanne lebten. Emily hatte mir ein paar Empfehlungen an Entwicklungshelfer am Weg mitgegeben. Ich hatte vor, auf Umwegen nach Niamey zurückzukehren, um diesen ersten Teil meiner Reise abzurunden. Eins war sicher: Das Tempo eines Fahrrads erlaubte mir, sehr viel mehr zu sehen als den gelegentlichen Blick auf Bäume hinter einer Staubwolke, wie es auf dem Hinweg mein Los gewesen war.

4

Streifzüge durch den Busch

Ich machte mich früh auf den Weg, weil ich mein Tagesziel noch vor der größten Hitze zu erreichen hoffte. Mit Ausnahme der riesigen, bis zu drei Meter hohen Termitenhügel, die wie unförmige Poller in unregelmäßigen Abständen am Straßenrand postiert waren, gab es keine abrupten Veränderungen in der Landschaft, als der »W«-Nationalpark hinter mir lag. Soweit das Auge reichte, standen auf beiden Seiten in etwa sechs bis zehn Meter Abstand ziemlich hohe Akazien, darunter lag ein dünner Teppich aus trockenem, stacheligem Gras und dornigen Sträuchern. Immer wieder kletterte die Straße lange Hügelzüge empor, von deren Kamm aus sich die mit Akazien bestandenen Ebenen in die weite blaue Ferne erstreckten. Von nahem wirkten die freistehenden Bäume mit ihren winzigen Blättern, welche der sengenden Sonne die kleinstmögliche Oberfläche darboten und sich so ihre kostbare Feuchtigkeit bewahrten, sehr kahl; aus der Vogelperspektive jedoch sah es so aus, als sei das Land mit einem riesigen Wald bedeckt. Menschen sah ich keine.

Auf der Naturstraße konnte ich mit etwas Rückenwind mit fünfzehn bis zwanzig Stundenkilometer dahinrollen, bis wieder eine Strecke mit dem gefürchteten »Wellblech« auftauchte und ich schleunigst abbremsen mußte, wenn ich nicht bis auf die Knochen durchgeschüttelt werden wollte. Je weiter ich kam, desto schlimmer wurde die Fahrbahn. Noch immer war keine Menschenseele zu sehen. Die Leere störte mich nicht im geringsten. Ich war von der belebenden Heiterkeit erfüllt, endlich wieder unterwegs zu sein. Unbewußt horchte ich auf das Surren der Zahnräder und auf die vielen kleinen Geräusche, die ein Fahrrad verursacht und die seinem Besitzer anzeigen, daß alles rundläuft. Um mich herum entfaltete sich ein seltsames, neuartiges Land, und jeder Baum, jeder Vogel war wie ein Geschenk, das mich in Staunen versetzte.

Als nach etwa drei Stunden Staub und Hitze an meiner Energie zu zehren begannen und das ungetrübte Vergnügen etwas dämpften, hielt ich bei einem der seltenen Schattenflecken unter einem breitblätterigen Baum an, um Tee zu kochen und die Tüte mit Teigbällchen zu essen, die ich einer alten Dame im Dorf abgekauft hatte, bevor ich am Morgen aufbrach. Die mit ein wenig Zucker bestreuten kleinen, fettigen Kugeln aus Eierkuchenteig hatten nur geringen Nährwert, aber sie gaben mir neue Kraft. Ich genoß das Ritual, den kleinen Benzinkocher anzuzünden und meine beschränkte Küche in Betrieb zu setzen, obwohl dies gar nicht so einfach war, weil es auf dem mit Dornen übersäten Schotterboden keinen Platz zum Sitzen gab und ich mich in einer Stellung auf die Fersen hocken mußte, in der sich meine Beinmuskulatur schnell verkrampfte. Ich stieß den ersten Kessel voll kochendem Wasser unachtsam mit dem Fuß um und mußte wieder von vorn anfangen – ein schweres Mißgeschick, denn jeder Tropfen war kostbar, weil ich nie wußte, wo ich wieder Nachschub kriegen konnte. Ich hätte literweise Tee trinken können, denn das mitgeführte Wasser war bald unangenehm warm geworden. Ich zwang mich, jede halbe Stunde davon zu trinken, um die verlorene Flüssigkeit zu ersetzen, doch es half wenig, meinen Durst zu löschen. Die geringe Luftfeuchtigkeit bewirkte zwar, daß der Schweiß sofort eintrocknete und mithalf, den Körper kühl zu halten, doch der Körper konnte dabei leicht austrocknen, ohne daß man es merkte.

Am frühen Nachmittag überquerte ich den Dyamongou, einen weiteren Nebenfluß des Niger. Dieser lag rund vierzig Kilometer westlich und verlief parallel zu meiner Route. Nach der Brücke folgte die Abzweigung zum Städtchen Tamou, und ganz in der Nähe lag der Ort, den ich anvisierte: eine grüne Oase im trockenen Buschland, das »Projet des Aveugles«.

Monsieur Paul oder *le patron*, wie er genannt wurde, war schon auf den ersten Blick als einer jener typischen Engländer zu erkennen, die ihre Herkunft nie und nimmer verleugnen können. Seine rundliche, unansehnliche Figur steckte in langen, formlosen Shorts, und mit seiner schweißbedeckten hellrosa Haut, die sich nie ebenmäßig bräunen würde, wie lange er auch in den Tropen weilte, war er ein Musterexemplar für den Spitznamen »Rotohr«, den die schwarze Bevölkerung Westafrikas den Weißen gegeben hat. Pauls Enthusiasmus, seine Energie und seine Hingabe machten es auch leicht verständlich, warum ihm die Leute, mit denen er zusammenarbeitete, soviel Zuneigung entgegenbrachten.

Von ihm erfuhr ich, weshalb die Gegend, durch die ich den ganzen Morgen geradelt war, so menschenleer erschien. Die Flußblindheit, eine von der Sandfliege übertragene Krankheit, hat in den letzten dreißig Jahren einen Großteil des urbaren Landes entvölkert. Sobald die Parasiten ihr schädliches Werk angerichtet haben, besteht keinerlei Aussicht auf Heilung mehr, denn die Rückseite der Augen ihrer Opfer ist buchstäblich weggefressen worden. Zuweilen erblindeten sämtliche Einwohner eines Dorfes und starben, weil keiner mehr sehen und die elementarsten Verrichtungen erledigen konnte. Auch wenn ein paar wenige verschont blieben, konnten sie den Zerfall eines Dorfes nicht aufhalten. Das Leben im Sahel ist selbst unter günstigsten Bedingungen ein täglicher Überlebenskampf und kann sich ohne die gemeinschaftliche Anstrengung aller nicht erhalten. Wer gesund geblieben war, hatte die Gegend schleunigst verlassen. Die Flußblindheit ist auch heute noch nicht ausgerottet, läßt sich jedoch behandeln, sofern der Krankheitszustand früh genug diagnostiziert wird. Das Besprühen der Flußoberflächen hilft zudem, die Ausbreitung der Fliege unter Kontrolle zu halten.

Paul arbeitete für ein Hilfsprojekt zugunsten dieser Blinden, das Dörfer wieder instand setzte, vor allem jene, wo noch Leute hausten, die ihr Augenlicht verloren und nur geringe Aussichten hatten, ein menschenwürdiges Dasein zu führen. Es wurde von einer protestantischen Organisation aus Deutschland finanziert und hatte zum Ziel, durch direktes Vorbild und praktischen Unterricht die Anbaumethoden zu verbessern. Dies entsprach genau der Rolle, welche im mittelalterlichen England und Europa die

Klöster übernommen hatten, wo religiöse Bekehrung Hand in Hand mit einer drastischen Verbesserung der Bodenbewirtschaftung einherging. Soweit ich feststellen konnte, enthielt Pauls Mandat kein missionarisches Element. Wie einst das Kloster war hier seine Farm das Operationszentrum, das er in den fünf Jahren, die er hier wohnte, in der Wildnis aufgebaut hatte. Sie glich so sehr einem englischen Landgut aus dem fünfzehnten Jahrhundert, daß man meinte, das Rad der Zeit habe sich zurückgedreht. Alles wirkte so in sich geschlossen, so durchdacht und gepflegt, aber auch so reizvoll, wie es im Westen mit seinen modernen Landwirtschaftsmethoden heute nur noch selten anzutreffen ist. Teils lag dies daran, daß hier Effizienz mit kostengünstiger und einfacher Technologie gepaart war, damit alles leicht nachgeahmt werden konnte, und ausschließlich Materialien verwendet wurden, die im näheren Umkreis verfügbar waren. Infolgedessen war jedes Gebäude harmonisch mit seiner Umgebung verbunden, was ihm einen zusätzlichen Reiz verlieh. Sogar die Kaninchen waren in einem genial konstruierten Wohnkomplex im Schatten eines turmhohen Mahagonibaums untergebracht. Er war im Stil der hiesigen runden, mit Stroh bedeckten Lehmhütten gebaut, die man auf Karnickelgröße reduziert und miteinander verbunden hatte, so daß Weibchen, Rammler oder ganze Hasenfamilien je nach Bedarf umziehen konnten. Ich hatte noch nie so fette, zufriedene Kaninchen gesehen. Ähnlich stand es auf der ganzen Farm: wohldurchdachte Unterstände für Herden gesunder Schafe, Ziegen und Rinder, blitzblanke, sinnreich konstruierte Vorratsräume für Getreide, Heu und Stroh, alle aus lokalen Materialien erstellt, ummauerte Gemüsegärten, ein Kräutergarten und sogar ein Taubenschlag. Überall standen hohe, schattige Bäume und blühende Sträucher, unter denen emsige Hühner scharrten und fette Moschusenten herumwatschelten, deren Bäuche beinahe den Boden berührten. Es war eine wahre Lust, nach den allgegenwärtigen Akazien endlich wieder eine solche Vielfalt verschiedener Baumsorten zu sehen. Paul hatte selbst zahlreiche neue Bäume gepflanzt, sagte mir jedoch, er habe sich in erster Linie für diesen Ort entschieden, weil hier bereits so viele Arten vorhanden waren.

Ein mächtiger buckliger Bulle wurde einzig zu dem Zweck gehalten, Wasser aus einem ungeheuer tiefen Brunnen hochzuziehen, um den Bedarf für das Farmland und die verschiedenen Häuser zu decken. Es war ein unterhaltsames Schauspiel, am frühen Abend auf der Veranda zu sitzen und diesem prächtigen Geschöpf zuzuschauen, dem sich niemand außer seinem Betreuer nähern durfte, wie es lammfromm den Weg hinauf und wieder hinunter geführt wurde. An seinem Zaumzeug war das eine Ende eines mehrere hundert Meter langen Seils befestigt, mit dessen Hilfe ein trommelförmiger Behälter von zweihundertfünfundzwanzig Liter Inhalt langsam zur Spitze des hohen Turms hochgezogen wurde, wo ein Auslösemechanismus bewirkte, daß sich der Boden der Trommel öffnete und ihr Inhalt sich mit einem wohltuenden Zischen in den Wassertank ergoß.

Eine unkompliziertere Version dieses einfachen, aber genialen Bewässerungssystems wurde in den frisch angelegten Gemüsegärten rund um das Städtchen Tamou verwendet, wo Blinde arbeiteten. Hier wurde der mit Seil und Winde hochgezogene Eimer automatisch gekippt und leerte sich in einen von vier Kanälen, den der Benützer auswählte. Darauf floß das Wasser in einen kleinen Betonteich, aus welchem die Gießkannen gefüllt werden konnten. Das Gemüse – Kartoffeln, Mohrrüben, Zwiebeln und Blattgemüse – sowie die Wassermelonen und Papayas wurden in kleinen Beeten gezogen. Ihre Ränder waren durch einen niedrigen Erdwall erhöht, den die Füße der Blinden ertasten konnten und der es ihnen ermöglichte, den Wasserstrahl genau auf die Pflanzenreihen zu richten. Der alte blinde Mann, welcher die Winde bediente, war sehr erpicht darauf, uns sein Können und seine Unabhängigkeit zu demonstrieren. Seine Einstellung stand in scharfem Kontrast zu der Resignation vieler Blinder in Niger, denen ich begegnet war und die sich an einem Stecken festhielten und von einem kleinen Jungen zum Betteln herumführen ließen.

Ein blinder junger Gärtner, der einmal eine Missionsschulbildung erhalten hatte und ein ganz eigenartiges Englisch sprach, ergriff die Gelegenheit meiner Visite beim Schopf, legte sein Werkzeug nieder und übte sich in seinen linguistischen Fertigkeiten. Fast eine geschlagene Stunde lang mußte ich mir seine Lebensgeschichte anhören, die mit »Als mir der Herr im Jahr 1972 gnädig meinen Erretter Jesus Christus offenbarte...« begann und im selben weitschweifigen, salbungsvollem Stil endlos weiterging, so daß ich bald den Faden verlor. Sie schien jedoch weniger von Jesus als von allerlei dunklen Vorkommnissen mit Zauber und Hexerei zu handeln, die ihn in seine jetzige Lage gebracht hatten. Als ich Paul über diese Bekehrung ausfragte, meinte er, der christliche Anstrich sei wohl automatisch aufgeschnappt worden, denn die Afrikaner seien sehr sprachbegabt. Obwohl in Niger nominell der Islam vorherrsche, seien animistische Religionen auf dem Land noch immer sehr verbreitet. Dies gelte besonders für die verstreuten traditionellen Dörfer hier unten im Süden, wo kein einziges Übel, nicht einmal der Tod, als Folge natürlicher Ursachen betrachtet werde, sondern stets auf Schwarzer Magie oder Hexenkunst beruhe. Jedes Dorf hatte seinen Wahrsager, der in der Regel jeweils vor Beginn der täglichen Aktivitäten in Trance fiel. In diesem Zustand machte er mit einem Stock Zeichen auf die Erde, die er nach dem Erwachen deutete und aufgrund deren das tägliche Leben im Dorf geregelt wurde.

Der blinde Junge arbeitete unter *Le Vieux*, einem *ancien combattant* – einem der vielen Nigrer, die in der französischen Armee gedient hatten. Er hatte im letzten Krieg ein Bein verloren, und seine winzige Kriegsinvalidenrente machte ihn nun, gemessen an den örtlichen Verhältnissen, zu einem reichen Mann, während ihm sein Titel Achtung und Auszeichnung verschaffte, wie es auch in Frankreich der Fall ist. Er wird periodisch auf Kosten der französischen Regierung nach Paris eingeladen, damit ihm ein neues künstliches Bein angepaßt werden kann, und freut sich jedesmal riesig auf diesen Ausflug, weil er sich, wie er mir erzählte, in der Hauptstadt mittlerweile sehr gut auskenne und das weltoffene Leben dort genieße. Dabei zeigte er mir stolz die schön gearbeitete Prothese, die im Farbton sorgfältig auf seine Hautfarbe abgestimmt war. Paul hätte liebend gern gewußt, was mit den gebrauchten passierte, denn er war überzeugt, daß sie sich leicht für andere, weniger glückliche Einbeinige modifizieren ließen.

Als Paul mich das erste Mal herumführte, fragte ich mich insgeheim, ober er es wohl je übers Herz bringen würde, wieder von hier fortzugehen, weil er mit allem auf der Farm, jedem einzelnen Haustier, jedem Vogel und jedem Baum, so verbunden war. Er hatte ja alles mit eigenen Händen aus der öden Wildnis aufgebaut. Es traf mich daher wie ein Schlag, als er beiläufig erwähnte, er werde in zwei, drei Jahren von hier weggehen. Erst jetzt begriff ich, wie hingebungsvoll er sich seiner Arbeit widmete und was ihn im Grunde motivierte, in Afrika zu leben. In den zwei Tagen, die ich in seiner Gesellschaft verbrachte, erkannte ich mehr und mehr, was für ein ungewöhnlicher Mensch sich hinter seinem liebenswürdigen, lockeren Äußeren verbarg.

Anfänglich hatte er keine besondere Neigung verspürt, als Freiwilliger in Übersee zu arbeiten. Als Sohn eines Farmarbeiters in den Midlands war er der erste Junge seines Dorfes gewesen, der je eine Universität besuchte, denn er war ein überdurchschnittlich heller Kopf. Das mit besten Noten abgeschlossene Studium in Ingenieurwesen in London sollte zu einem Doktortitel weiterführen; das Stipendium dafür war ihm bereits zugesprochen worden, als Paul ein Erlebnis hatte, das sein Leben grundlegend verändern sollte. Er hatte mit Freunden einen »gemütlichen Sonntagmorgen« am Trafalgar Square verbracht, wo sie gegen den Krieg in Vietnam protestierten. Als sie mitsamt ihren Plakaten, noch ganz von sich eingenommen, den Zug bestiegen, der sie zu ihren möblierten Zimmern in Südlondon zurückbrachte, wurden sie von einer alten Frau mit Verachtung überschüttet: Sie seien wie alle Studenten, bloß große Worte, aber keine Taten! Nach diesem scheinbar harmlosen, aber entscheidenden Zwischenfall war noch kein Monat verstrichen, als Paul auch schon als Freiwilliger in Ghana arbeitete und lernen mußte, mit zwölf Pfund im Monat auszukommen wie viele Afrikaner auch. Er stellte sich mit anderen Bedürftigen an, wenn von der UNO gratis Trockenfisch und Mehl abgegeben wurden, und erlitt mehrere Anfälle von Bilharziose und Malaria – alles Erfahrungen, die seiner Meinung nach kein schlechter Start für Leute waren, die den Menschen in Afrika helfen wollten. Er begann als Lehrer in einem Technikum, stieg zum Schulleiter auf und interessierte sich allmählich immer mehr für Projekte mit Blinden. Heute hat er eine Ghanesin zur Frau und drei kleine Kinder und sagt, daß er es sich finanziell nie leisten könnte, nach England zurückzukehren, selbst wenn er wollte. Er will sich eines Tages auf einer eigenen Farm in Ghana zur Ruhe zu setzen.

Die Musterfarm des »Projet des Aveugles« war das Ausbildungszentrum für fähige und begeisterte junge Afrikaner, die in den neu errichteten Buschdörfern arbeiten sollten. Zur Zeit meines Besuchs waren einige dieser Lehrlinge anwesend. Sie zählten zur Familie, und die gemeinsamen Mahlzeiten, bei denen alle um den großen Tisch versammelt waren, erinnerten ebenfalls an eine Szene auf einem englischen Bauernhof aus längst vergangenen Zeiten. Sobald sie ihre Ausbildung abgeschlossen hatten, würde jeder der jungen Männer im Busch leben und für fünf oder sechs Dörfer verantwortlich sein. In einem Dorf hatte er seinen festen Wohnsitz, bei den anderen machte er die Woche über mit dem Fahrrad die Runde, um nach und nach die Dorfbewohner mit verbesserten Anbaumethoden und anderen neuen Fertigkeiten vertraut zu machen, die er hier gelernt hatte. Das Projekt erstreckte sich über eine riesige Fläche Land. Die Dörfer lagen derart weit auseinander, daß sich alle Beteiligten ganz schön abstrampeln mußten, wenn sie jede Woche ein halbes Dutzend Siedlungen aufsuchen wollten. Viele waren erst vor kurzem entstanden, weil neue Leute in diese Gegend gezogen waren, um hier nach etwas Land zu suchen, wo sie ein kümmerliches Dasein fristen konnten. Das Leben in diesem Landesteil war in ständiger Bewegung. Einige der ehemaligen Siedler kehrten zurück, und viele Menschen befanden sich in einem Prozeß des Übergangs von nomadischer zu seßhafter Lebensweise, während andere irgendwo dazwischen steckengeblieben waren. Paul wollte die Lehrlinge am nächsten Morgen mit dem Lastwagen in einige der näher gelegenen Dörfer führen und lud mich ein, hier zu übernachten und mitzukommen. Ich nahm sein Angebot mit Freuden an.

Wir brachen sehr früh auf, hinten auf dem offenen Lastwagen plaziert. Die Sonne begann ihr Licht über die Landschaft zu ergießen, und in der Luft lag noch die kurze Frische der Morgendämmerung. Es führten überhaupt keine Straßen durch diese ausgedehnte Buschlandschaft rings um uns, nur kleine, von Menschenfüßen und vereinzelten Lasttieren ausgetretene Pfade. Sie verschwanden zuweilen spurlos oder teilten sich in ein verwirrendes Chaos auf. Der Laster hob sich, legte sich schräg auf die Seite und holperte über den unebenen, aufgeborstenen, kreuz und quer von zahlreichen Bachbetten durchfurchten Boden. Jetzt lagen sie trocken und ließen nichts von dem unüberwindlichen Hindernis ahnen, das sie in den drei Monaten der Regenzeit bildeten, wenn zwischen Juni und Oktober das ganze Gebiet vollständig abgeschnitten war. Die Ziegen, die wir geladen hatten, versuchten blökend festen Stand zu fassen. Ihre scharfen kleinen Hufe gruben sich in unsere Füße, welche wir weit auseinandergespreizt hatten, um das Gleichgewicht zu bewahren, während wir uns krampfhaft am Geländer festklammerten.

Abseits der Naturstraße, auf der ich bisher gefahren war, entdeckte ich Gegenden, wo die Landschaft eigenartigerweise etwas an einen ländlichen englischen Park in stark vergrößertem Maßstab erinnerte. Dieser Eindruck rührte vermutlich von den prächtigen, weit auseinander stehenden Bäumen und der sanft gewellten Landschaft her. Die Grasdecke war zäh, wirkte aber im Vergleich zu anderen Gebieten sehr üppig. Einzelne Baumarten wie Mahagoni und Deodarazeder kannte ich bereits; andere der vielen stattlichen Riesen konnte ich zwar nicht mit Namen nennen, doch sie waren mir von meinen Besuchen in Kew Gardens vertraut. Viele der exotischen Vögel hier waren jedoch in englischen Parks nicht zu sehen: der Rotkehlige Bienenesser zum Beispiel und die phantastischen Paradiesvögel mit ihren schwarzweißen Leibern von Spatzengröße, an denen ein prächtiger, fast meterlanger Schwanz hing. Wie der riesige Schnabel des Nashornvogels schien auch dieses Schwanzgefieder viel zu schwer zum Fliegen, und die Paradiesvögel plumpsten denn auch immer wieder plötzlich in atemberaubendem Sturzflug außer Sicht.

Die Dörfer waren durch riesige Flächen unbewohnten Buschs weit voneinander getrennt. Sie waren fast alle erst kürzlich errichtet worden und wirkten sehr klein und primitiv – eine Ansammlung winziger, strohbedeckter Hütten in einer Lichtung zwischen frisch abgeernteten Hirsefeldern. Ihre Bewohner waren in der Hauptsache Gurmantsche, hätten jedoch ebensogut dem Stamm der Djerma oder Fulbe angehören können, die nebst anderen hier lebten. Für jemanden wie mich, die nur auf der Durchreise war und die alles noch so fremdartig anmutete, waren die Unterschiede zwischen ihnen sehr geringfügig und nicht auf den ersten Blick zu erkennen. Die Ackerbauern dieser Gegend waren seit Jahrhunderten demselben Muster gefolgt und alle paar Jahre weitergezogen, um auf frischem Boden anzusäen, was für diesen Grenzertragsboden sehr bekömmlich war und ihm ermöglichte, sich wieder zu regenerieren. Bei einer rasch anwachsenden Bevölkerung wird eine solche Praxis jedoch immer weniger möglich, und die Menschen hier paßten sich langsam einem weniger nomadenhaften Leben an. Mit Hilfe von Pauls Projekt verfügten sie jetzt über zuverlässige Brunnen und begannen, Gemüsegärten anzulegen und ihren Viehbestand zu mehren. Trotzdem glichen ihre Siedlungen noch immer eher Durchgangslagern als dauerhaften Dörfern.

Über einige der Grasdächer auf den Hütten schlang sich ein Gewirr von Kalebassenreben. Diese wichtige Feldfrucht wurde in getrocknetem und halbiertem Zustand hart wie Holz. Die größten Flaschenkürbisse dienten als ausgezeichnete Schüsseln, die kleineren mit langem Hals gaben Schöpfkellen und Löffel für breite Mäuler ab. Zusammen mit den hohen Wasserkrügen aus Ton waren sie die einzigen Gefäße, die die Menschen hier besaßen. In den vom Rauch der Herdfeuer geschwärzten Hütten standen nur ein paar niedrige geflochtene Betten.

Die neuen Brunnen waren mit einer speziellen, vom Projekt entwickelten und selbst hergestellten Sorte Tonziegel ausgelegt und ziemlich roh, wirkten in dieser Umgebung jedoch erstaunlich modern. Sie waren zum Mittelpunkt des Dorflebens geworden und von lachenden und schwatzenden Frauen und Mädchen umringt, die Wasser schöpften. Ohne die Brunnen hätte sich wohl kaum ein seßhaftes Leben entwickeln können, denn nur selten fand sich ein weiteres Anzeichen von Wasser. Zwar lag jedes Dorf in der Nähe eines Wasserlaufs, doch diese Nigerzuflüsse waren zur Zeit alle ausgetrocknet. Bis zu den nächsten Regenfällen in sieben oder acht Monaten führten sie kein Wasser mehr. Der Grundwasserspiegel liegt hier sehr tief, und weil die einheimischen Brunnen nicht ausgekleidet waren, stürzten sie besonders in der Regenzeit leicht ein. Paul hoffte, daß seine effizienten Low-Tech-Brunnen bald von anderen Dörfern nachgeahmt würden.

Im Rahmen des Projekts verkaufte man den Dorfbewohnern auch stabile, leichte Eselskarren, um sie zu ermuntern, ihre überschüssigen Produkte nach Tamou auf den Markt zu bringen und sich so etwas Bargeld für Arzneimittel, Kleider und dergleichen zu beschaffen. Es wurde als wesentlich erachtet, keine allzu große Abhängigkeit von Almosen zu erzeugen, daher mußten die Karren mit Jungziegen und Hirse bezahlt werden. Diese Ziegen dienten wiederum dazu, den Viehbestand in anderen Dörfern aufzustocken. Den ganzen Morgen wurden im einen Dorf verstört blökende Tiere auf unseren Lastwagen geladen und in einem anderen wieder abgesetzt. Manchmal gerieten sie durch das ungewohnte Ereignis derart in Panik, daß sich ihre Halfter zu unentwirrbaren Knäueln verknoteten und sie einander beinahe erdrosselten, so daß sie in aller Eile losgeschnitten werden mußten. Zum Glück konnten wir sie vor der langen Rückfahrt alle wieder ausladen und statt ihrer mit etwas handlicheren Hirsesäcken und zwei riesigen Wassermelonen heimfahren, die wir für ihre Besitzer in Tamou verkaufen sollten.

In allen Dörfern bildeten die dumpfen Schläge von Stößeln in großen, hölzernen Mörsern die Hintergrundmusik bei unserem Besuch. Barbusige Frauen gingen ihrer lebenslangen Aufgabe nach, Hirse zu zerstoßen. In einem einzigen Mörser konnten drei oder vier Frauen unter geschickter Ausnutzung des leichten Rückstoßes ihre langen, abgerundeten Stangen auf und ab schwingen, ohne je einen Schlag auszulassen. Die jüngsten unter ihnen waren oft kaum älter als acht; mit zwanzig hatten sie von der harten, unbarmherzigen Arbeit, die mehrere Stunden täglich das Los aller Frauen war, bereits deformierte Hände. In der Nähe der Dörfer wuchsen viele der seltsamen Affenbrotbäume, die auf den ersten Blick auf dem Kopf zu stehen und ihre Wurzeln in den Himmel zu recken scheinen. Im Gegensatz zu all den anderen belaubten Bäumen waren ihre Äste völlig kahl, da man sie vor kurzem abgeerntet hatte. Baobabblätter, zu einer klebrigen, schleimigen Soße verarbeitet und zusammen mit der zerstoßenen und gekochten Hirse gegessen, bilden das Grundnahrungsmittel der Sahelbewohner – ein Gericht, das ich zu meiner Schande nie hinunterbrachte.

So arm diese Dörfer auch waren, beherbergten doch einige von ihnen Fulbe-Nomaden, die gleich daneben ihr Lager aufgeschlagen hatten. Anders als ihre seßhaften Verwandten zogen diese Fulbe noch immer in einem großen jährlichen Turnus herum. Sie bebauten selbst kein Land, doch Dörfer wie diese ließen die Tiere der Nomaden gerne auf ihren frisch abgeernteten Feldern weiden, damit sie den Boden düngten, während sie die Stengel abfraßen. Die Dörfler vergüteten den Nomaden diesen Dienst mit Hirse, und wenn sie nicht mehr bezahlten, wurden die Herden weitergetrieben. Die Fulbe sind schlanker als die Gurmantsche. Sie haben feinere Gesichtszüge und eine hellere Hautfarbe, und ihre Frauen bewegen sich mit geschmeidiger Würde. Sieht man von ihren Herden ab, erscheinen ihre Besitztümer noch viel kärglicher als das wenige, was ich bei mir hatte – ein paar Kalebassen für Milch, eine oder zwei lange, geflochtene Leinen, an welche die Jungtiere angebunden wurden, während ihre Mütter die Felder abweideten, und Zelte, die praktisch nur aus leicht vom Boden abgesetzten Betten und einem spärlichen Baldachin als Dach bestanden. Obwohl hier alles nur ganz knapp zum Überleben reichte, atmete die Lebensweise der Fulbe einen Hauch von Romantik. Im wesentlichen unterschied sie sich nicht sehr stark von jener, die schon die Patriarchen zur Zeit des Alten Testaments geführt hatten und die sich über so viele Jahrhunderte hinweg halten konnte. Allein schon die Vorstellung, daß es infolge der Zwänge des zwanzigsten Jahrhunderts bald unwiederbringlich mit ihr zu Ende gehen könnte, verlieh ihr eine schmerzhafte Dringlichkeit. Um die Nomaden herrschte eine Atmosphäre, die nur schwer zu beschreiben ist – etwas Gebieterisches und Edles, als ob ihnen ihr Leben, das immer an einem Faden hing, eine gewisse Freiheit und eine Verwandtschaft mit der Erde vermitteln würde, welche die Mehrzahl der Menschen längst verloren hat.

5

Lehmhütten und Hirsefelder

Die Straße, die mich am folgenden Tag nach Say führen sollte, war viel schwieriger zu bewältigen als alles bisher. Der Boden war sandig oder steinig, zuweilen beides zugleich. Gräßliches Wellblech trug ein weiteres dazu bei, daß ich Evans selten auf zehn bis fünfzehn Stundenkilometer hochbringen konnte und oft noch sehr viel langsamer vorankam. Zudem führte der erste Teil der Strecke bergan, bis ich das ausgetrocknete Flußbett des Goroubi erreichte. Nach einer kurzen, leichten Talfahrt wartete ein saftiger Anstieg auf mich, und als ich endlich oben war, gab ich auf, kochte Tee und vervollständigte meine Notizen.

Im Rückblick auf die vergangenen Tage mußte ich immer wieder an die Buschdörfer denken, die ich besucht hatte, an die Buben und jungen Männer in ihren aus modernen Kleidungsstücken zusammengesteppten Lumpen, wie sie den Lastwagen beäugt und nach unseren Kleidern geschielt hatten. Sie hatten keine Chance, je eine Schule zu besuchen, keine Aussicht, ihr Los zu verbessern. Und dennoch ist heute die Kommunikation so weit fortgeschritten, daß selbst tief im Busch Informationen über die große, weite Welt zu ihnen durchsickerten. Vielen muß ihr Leben als eine ausweglose Falle vorgekommen sein. In diesem Zusammenhang fällt es nicht schwer, die ständig zunehmende Landflucht zu verstehen, die in ganz Afrika eingesetzt hat, denn der Schmutz der Slumsiedlungen erschien im Vergleich zur Armut eines Lebens in jenen kleinen Dörfern längst nicht mehr so abstoßend.

Say hingegen, eine altehrwürdige Stätte islamischer Gelehrsamkeit, wäre wohl kaum die Stadt gewesen, die ich mir ausgesucht hätte. So dachte ich wenigstens, als ich erfolglos versuchte, in den staubigen, von Unrat übersäten Straßen meine Kontaktperson ausfindig zu machen und mich dabei immer mehr in einem Klüngel von Jungen verhedderte, die *cadeaux* forderten. Das einzige Restaurant hatte zu, und weil heute kein Markttag war, gab es auch auf der Straße nichts Eßbares zu kaufen. Ich beschloß, die vierzig Kilometer zu meiner nächsten Kontaktadresse in einem Ort namens Guéladio weiterzufahren. Da es bereits halb vier Uhr war, mußte ich mich schleunigst auf den Weg machen, daher kehrte ich dem Niger, der den Ostrand von Say berührt und den ich dort wiederzufinden gehofft hatte, den Rücken und fuhr in westlicher Richtung durch das Tal des Goroubi, den ich vor kurzem überquert hatte.

Diese Route war sehr viel schöner und auch dichter bevölkert als die bisherige: eine Gegend mit sanft gewellten Hügeln, wo alle vier bis fünf Kilometer ein Dorf stand und viele Leute auf den Feldern arbeiteten oder am Straßenrand entlanggingen. Die Frauen trugen helle, bunte Kleider. Sie waren mit Perlen, Münzen und Kaurimuscheln geschmückt, und häufig hing ihnen eine große, alte Silbermünze mitten in die Stirn. Es war jammerschade, daß ich mich so beeilen mußte, denn die Menschen hier wirkten sehr freundlich und riefen mir im Vorbeifahren zu, doch ich wußte, daß ich es sonst nie vor Einbruch der Nacht bis Guéladio schaffen würde, und ich hatte ja kein Licht am Fahrrad. Immerhin konnte ich mir den Gruß merken, den ich hier so oft hörte, und statt *bonjour* schon bald im Djerma-Dialekt *fo fo* oder *ng gwiya* zurückrufen, was schon recht viel afrikanischer klang.

Der erste und einzige Lastwagen, der mir begegnete, wurde von meinem angehenden Gastgeber gesteuert, einem älteren amerikanischen Peace-Corps-Volontär namens Aaron. Man hatte ihn auf die Präfektur in Say zitiert, um sich für die Wahlen am kommenden Wochenende sein Gefährt »auszuleihen«, eine kleine Gefälligkeit, die allen Westlern in dieser Gegend abverlangt wurde, sofern sie sich nicht irgendwie herausreden konnten. Als er die fremde westliche Frau auf dem Fahrrad erblickte, hielt er geistesgegenwärtig an, weil er sich dachte, daß ich vielleicht zu ihm wollte. Er händigte mir freundlicherweise den Schlüssel zu seiner

Hütte aus und bat mich, es mir bis zu seiner Rückkehr dort bequem zu machen. Ich hatte zu diesem Zeitpunkt noch immer fünfundzwanzig Kilometer Weg vor mir. Die Sonne war bereits kurz vor dem Untergehen, doch zum Glück war die Straße nicht allzu schlecht. Mit dem Wind im Rücken sauste ich los. Todmüde, schmutzstarrend und kurz vor dem Verhungern erreichte ich um sechs Uhr Guéladio. Ich war froh, daß ich noch vor der Dunkelheit angekommen war.

Es ist nie leicht, sich in einem fremden Haus zurechtzufinden. Wenn dieses Haus überdies nur eine mit Stroh bedeckte runde Hütte aus über ein Holzgerüst verstrichenem Lehm ist, mitten in einem dunklen Hof liegt und wenig aufweist, was als moderner Komfort gelten könnte, wird die Sache naturgemäß noch schwieriger. Ein steifer Schluck aus meinem kostbaren Whiskyvorrat tat not, um mich in Schwung zu bringen, worauf ich die Sturmlaternen und den Butangaskocher ausfindig machte und beides im Nu angezündet hatte. Eine halbe Packung Hühnersuppe mit Nudeln und eine Dose Sardinen aus Marokko ergaben zwar keine königliche Mahlzeit, doch zusammen mit etwas altbackenem Brot von Aaron stopften sie wenigstens das Loch in meinem Magen, das seit Tagesanbruch immer größer geworden war.

Auf einem Rundgang durch das große Geviert stöberte ich die Waschgelegenheit auf. Sie bestand aus einem Krug und einem Eimer Wasser und lag hinter einer Lehmziegelmauer in einer Ecke neben einem raffiniert konstruierten Toilettensitz, der über einer tiefen Grube thronte. Während ich unter den Sternen mein Bad nahm und das willkommene Wasser sorgfältig über mich ausgoß, so daß es langsam vom Scheitel zu meinen Knöcheln hinuntertröpfelte und den eingetrockneten Schweiß und die Streifen aus rotem Staub herunterwusch, nahm ich rundherum die vielen Geräusche des Dorfes wahr: das dumpfe Schlagen der Stößel, das Geblöke der nachts eingepferchten Tiere, Gespräche, Gelächter und Trommeln. Die Flammen der Herdfeuer bildeten flackernde Lichtlachen in der Dunkelheit, und die hellen Stimmen von Kindern, die von einem Lichtfleck zum andern rannten, spiegelten ihre Erregung über das Herabsinken der afrikanischen Nacht. Es erinnerte mich an meine Kindheit, an die Spiele draußen nach Einbruch der Dämmerung, als es noch keine Straßenlaternen gab, die den Zauber zerstörten.

Gegen neun Uhr erschien mein Gastgeber. Es war ihm geglückt, sein Fahrzeug den Klauen der Wahlhelfer des Gouverneurs wieder zu entreißen. Das Gas war gerade ausgegangen, das Paraffin in den Lampen ging zur Neige. Ich konnte vor Erschöpfung kaum die Augen offenhalten. Aaron bestand darauf, daß ich das einzige Bett benutzte, während er sich mit einer Campingmatte auf dem Fußboden begnügte, und ich war viel zu müde, um dagegen zu protestieren.

Erst als das Tageslicht hereinsickerte, konnte ich die ungewöhnliche Einrichtung meiner Behausung gebührend würdigen. Von außen unterschied sich die kleine Strohhütte in keiner Weise von all den übrigen rundherum in der Gemeinde. Innen jedoch sah alles ganz anders aus. Bedruckte Kattunvorhänge und Blendleisten umrahmten rohe Fensterlöcher ohne Scheiben, College-Wimpel, Plakate und Drucke mit Moralpredigten über die Nöte der Dritten Welt verhüllten die Lehmwände. Auf den Kasten und Packkisten, die als Möbelstücke dienten, lagen Zierdeckchen, auf dem nackten Erdboden Flickteppiche. Auf jeder verfügbaren Fläche waren Ornamente, gerahmte Fotografien und allerlei Schnickschnack postiert, so daß es schwierig war, sich zu bewegen, ohne etwas umzustoßen. Trotz des Staubs, der unablässig hereinwehte und sich in einem körnigen Film über alles ausbreitete, hatte sich Aaron ein überladenes kleines Vorstadtinterieur geschaffen. An einem Ort, wo jedes andere Heim nichts enthielt, was nicht rein zweckdienlich war, und auch diesbezüglich nur das Allernötigste aufwies, mußte das überaus exotisch wirken. Es überraschte mich keineswegs zu hören, daß Aaron Mühe hatte, sich seine Privatsphäre zu bewahren. Andauernd platzten Nachbarn herein. Sie waren angeblich nur auf ein Schwätzchen aus, doch ihre Blicke schossen die ganze Zeit im Raum hin und her und ruhten ungläubig auf all diesen Reichtümern, wobei sie wiederholt und nachdenklich auf den Fußboden spuckten. Ich konnte gut verstehen, daß eines von Aarons dringlichsten Anliegen der Bau einer Empfangshalle in einigem Abstand zum Haus war, wo sich alle diese Gäste versammeln und nach Herzenslust auf den Boden spucken konnten, doch ich bezweifelte, daß dieses Vorhaben bei seinen Nachbarn Anklang finden würde.

Aaron war auf dem Sprung zu einer Konferenz nach Niamey, deshalb blieb mir nur wenig Zeit, um seine Gesellschaft zu genießen und mir erzählen zu lassen, was ihn nach Afrika verschlagen hatte, wo sich doch die meisten seiner Altersgenossen ihres Ruhestands erfreuten. Er war früher Gärtner in Maine gewesen. Als Präsident Kennedy das Peace Corps auf die Beine stellte, hatten seine Frau und er sich von dessen Zielen und Idealen so sehr inspirieren lassen, daß sie beschlossen, sich beide für die Mitarbeit zu bewerben, sobald ihre Kinder erwachsen waren. Leider war seine Frau inzwischen gestorben, und Aaron mußte seine Aufgabe allein ausführen. Er half Gemüsegärten anlegen, versuchte, die hygienischen Bedingungen zu verbessern, und warb ganz allgemein für ein besseres Verständnis zwischen den beiden Kulturen. Ich weiß nicht, inwieweit er dabei Erfolg hatte – in Afrika sind Veränderungen ein langwieriger Prozeß –, doch gemessen daran, wie viele Einheimische nach seiner Abreise zur Hütte kamen, um sich nach seiner Rückkehr zu erkundigen und die Befürchtung zu äußern, daß ich womöglich hergeschickt worden war, um ihn zu ersetzen, schien man ihn hier sehr zu schätzen, wogegen andere, jüngere Volontäre oft bloß geduldet wurden. In einem Land, wo graue Haare in Ehren standen, kam ihm sicher auch sein Alter zugute, doch seine Beliebtheit war wohl vor allem darauf zurückzuführen, daß er auf eine einfache, praktische Art ein tief religiöser Mann war. Aaron war nicht nur vom Wunsch beseelt, denen zu helfen, die weniger Glück im Leben hatten als er, sondern auch von einem echten Glauben an die Gleichheit und den Wert aller Menschen erfüllt – einem Glauben, der, wie mir auf meinen Reisen immer deutlicher bewußt wurde, bei dieser Art von Tätigkeit sehr viel seltener war, als man eigentlich erwarten dürfte.

Aaron stellte mir bis zu seiner Rückkehr seine Hütte zur Verfügung, damit ich in Ruhe die Gegend auskundschaften konnte. Zudem beauftragte er Bouba, seine rechte Hand, mir bei allen

Unternehmungen zur Seite zu stehen. Dieser Jugendliche hätte sich bei einem weniger toleranten Menschen wohl kaum lange gehalten, denn es war ihm weit mehr daran gelegen, seine privilegierte Stellung als Vertrauensmann zu festigen, als seinen Pflichten nachzukommen, für die er bezahlt wurde. Dazu gehörte unter anderem, die Pflanzen zu gießen und die streunenden Ziegen aus dem Areal zu verjagen, bevor sie die letzten traurigen Stummel der frisch gepflanzten Bäume abknabberten. In einer Hinsicht war er jedoch der ideale Gefährte für mich: Er hatte eine große Leidenschaft für Aarons Mountainbike entwickelt und kannte alle Pfade, die durch den Busch führten. Aarons Vorschlag, mich zum Markttag in die Nachbarstadt Torodi zu begleiten, wurde begeistert aufgenommen, und so starteten wir zu einer der vergnüglichsten Fahrten meiner ganzen Reise durch den Sahel.

Von seinem Gepäck entbunden, zeigte Evans, was in ihm steckte, so daß ich dem kräftigen jungen Bouba auf seinem langsameren Rad beinahe ebenbürtig war. Wir fuhren hintereinander über schmale Pfade, die sich zwischen Feldern und Baumgruppen durchschlängelten, flache, steinige Hohlwege hinunterführten und kleine Hügel umkurvten. Nur dort, wo sich der Weg in tiefen, weichen Sand aufgelöst hatte, holte Bouba auf seinen breiteren Reifen einen deutlichen Vorsprung heraus, doch mir war es nur recht, ihm hinterherzufahren, weil ich so der Szenerie rundherum mehr Aufmerksamkeit widmen konnte. Es war im wesentlichen dieselbe trockene Landschaft, durch die ich seit Tagen geradelt war: eine Symphonie ockerfarbener Schattierungen, zwischen denen plötzlich Farbe aufblitzte, wenn ein Mann in einer leuchtenden Robe oder einem roten Hemd über die Felder ging. Auf allen Seiten erstreckten sich abgeernteten Hirsefelder, auf denen sich hin und wieder Ziegen und Rindvieh an den Stoppeln gütlich taten. Dörfer tauchten weit häufiger auf als in der Gegend, die ich mir mit Paul angesehen hatte, und sie schienen um ein weniges wohlhabender zu sein. Der auffälligste Unterschied lag in der intensiveren Bepflanzung und in der Bodenerosion, welche diese nach sich zog und die Erde vielerorts in feinen Sand verwandelte.

Je mehr wir uns Torodi näherten, desto mehr wimmelte es auf

den Wegen von Menschen, die von allen Seiten dem Markt zustrebten. Bald sahen wir uns gezwungen, abzusteigen und uns in eine Prozession einzureihen, die an die Pracht eines mittelalterlichen Festzugs erinnerte. Neben uns wurde ein weiteres Fahrrad geschoben, an dessen Lenkstange kopfüber große Bündel quicklebendiger, kreischender Perlhühner hingen. Auf der anderen Seite führte ein junger Mann – einer von vielen, die in ihrem ungewöhnlich extravaganten westlichen Anzug eine ausnehmend gute Figur machten – eine einzelne Ziege an einem Strick, die ihre Hufe so zierlich wie ein Pudel in einem Pariser Park aufsetzte. Hinter uns stupste vorsichtig ein Esel, in dessen seitlich festgebundenen Packkörben Nomadenkinder mit großen, runden Augen mitritten. Kleine Jungen in zerschlissenen, erdfarbenen Tuniken balancierten große Teilstücke geflochtener Zaunmatten auf ihren Köpfen. Sie hielten sich eng am Wegrand und ließen ihre Augen in alle Richtungen umherschweifen, damit ihnen auch ja nichts entging, ohne dabei unnötigerweise einen Muskel zu bewegen, der ihre unhandliche Last aus dem Gleichgewicht gebracht hätte.

Auf dem Markt konzentrierte sich eine verwirrende Farbenpracht. Die Kinder mochten noch so ärmlich gekleidet sein und ebensooft nackt herumlaufen, doch die Frauen trugen alle prächtige gemusterte Roben oder lange Wickelröcke und Oberteile in starken Kontrastfarben mit dazu passenden Tüchern, die sie sich in raffinierten Formen um den Kopf geschlungen hatten. Die meisten älteren Männer hatten gehäkelte Baumwollmützen oder Pillboxhüte auf und lange, einfarbige Gewänder an, doch ein paar wenige trugen wie die Frauen Roben mit ebenso kräftigen Mustern. Die Verkäufer saßen dichtgedrängt auf Matten auf dem Boden, wo sie ihre wenigen Artikel vor sich ausgebreitet hatten, so daß es schwierig war, sich einen Weg zu bahnen. Über ihnen hingen Matten an Stangen, um sie und ihre Waren vor der Sonne zu schützen.

Von Autoreifen über Töpfe mit Vaseline bis zu winzig kleinen Häufchen mit hellrotem Paprika und Büscheln getrockneter Kräuter wurde eine Vielfalt von Dingen feilgeboten, doch merkwürdigerweise fand ich nur wenig, was ich brauchen konnte. Ich hatte den kleinen Essensvorrat, mit dem ich losgefahren war, beinahe aufgebraucht und wäre um fast jede Sorte von Früchten und Gemüse froh gewesen. In Niamey, nur fünfundsechzig Kilometer entfernt, waren sie in Hülle und Fülle vorrätig gewesen, aber hier gab es nichts. Die meisten Eßwaren wurden entweder gleich lebend als Vieh und Geflügel oder aber in Form von Getreide und »Würze« gehandelt. Allerlei Blätter, Pulver, Beeren, Gewürze und Pfefferschoten dienten als Beilage für die monotone Hirsekost. Meine einzigen Einkäufe waren ein Kilo Erdnüsse, die, wie ich allmählich befürchtete, mein Grundnahrungsmittel im Sahel werden sollten, sowie ein paar winzige Zwiebeln und vier verrunzelte Limonen.

Die lange Fahrt durch den Busch nach Torodi und zurück hatte mich erschöpft. Ich wollte den folgenden Morgen neben dem Eingang zur Hütte verbringen, an meinen Reiseaufzeichnungen arbeiten und in Aarons wenigen Büchern stöbern. Die zudringlichen kleinen Buben und dreisten jungen Frauen, die mich über den Holzzaun beäugten, vereitelten jedoch mein Vorhaben. Sie hüpften auf und ab und hoben einander hoch, damit sie mich besser sehen konnten. Es war unmöglich, sie einfach zu ignorieren, denn sie hörten nicht auf, mir zuzurufen, bis ich ihr *fo fo* erwiderte, worauf sie entzückt von neuem zu rufen begannen, um weitere Reaktionen zu provozieren. Es war zu heiß, um mich ins Innere der Hütte zurückzuziehen, und weil ich sah, daß ich am kürzeren Hebel war, versuchte ich, ein Gespräch mit ihnen anzuknüpfen, doch die Mädchen konnten kein Französisch und waren nur an meinen wenigen Schmuckstücken interessiert. Hätte ich sie gewähren lassen, hätten sie mir im Handumdrehen meinen Ehering vom Finger gestreift und das Kettchen mit dem goldenen Kreuz vom Hals gezogen. Ans Arbeiten war nicht mehr zu denken, daher spazierte ich mit den kleinen Jungen, die viel weniger auf Beute aus waren, in der Stadt herum.

Guéladio bestand aus einer Ansammlung von *concessions* – Grundstücken in unterschiedlich fortgeschrittenem Verfallszustand, die grob mit Mattenwänden eingezäunt waren und von engen, mit Müll übersäten Gassen durchkreuzt wurden. Einige waren recht groß und boten mehreren Hütten Platz, andere wiederum so klein, daß sie nicht einmal umzäunt wurden und nur etwas freien Raum um ein primitives Obdach aufwiesen, in welchem oft bis zu ein Dutzend Menschen hausten. Entscheidend für die Qualität dieser *concessions* war die Anzahl der Bäume, die darin wuchsen und in deren Schatten die täglichen Arbeiten verrichtet werden konnten. In den Städten wie auch draußen im Busch spielte sich das Leben weitgehend im Freien ab. Mit Ausnahme der Regenzeit dienten die Hütten nur als Vorratsräume und zum Schlafen. Es gab hier keine öffentlichen Dienstleistungen, nicht einmal Zapfstellen für Wasser. Dieses mußte von den verbliebenen Pfützen im Fluß oder von einer Anzahl ziemlich verdächtig aussehender Brunnen am Ortsrand hergetragen werden. Nur schätzungsweise eines von dreißig Kindern besuchte die winzige Schule, darunter kein einziges Mädchen. Das einzige Anzeichen von Fortschritt war die neugebaute Kooperative, ein großer, moderner Schuppen, in dem ein Dutzend Hirsesäcke lagerte, und eine angebaute *boutique*. Sie war mit sechs Paar Plastiksandalen, ein paar Streichholzschachteln und einigen Kugelschreibern bestückt, sonst war nichts zu sehen.

In der Nähe des Stadtzentrums lag ein kleiner, eingezäunter Platz. Ich dachte mir, daß das die Moschee sein mußte, glaubte jedoch nicht, daß es in Guéladio viele praktizierende Muslime geben konnte, denn mir blieb nicht nur der Ruf zum Morgengebet um vier Uhr früh erspart, sondern von Bouba hörte ich auch, daß der *chef* dreißig Frauen hatte und die anderen Männer so viele, wie sie sich eben leisten konnten, wogegen Muslime strikt auf maximal vier beschränkt sind.

Die meisten Erwachsenen verließen tagsüber die Stadt. Sie besorgten ihre Felder, hüteten das Vieh, sammelten Brennholz, holten Wasser und erledigten die hundert kleinen Dinge, die eine Gemeinschaft von Selbstversorgern in Trab halten. Boubas Freunde dagegen schienen über unbegrenzte Freizeit zu verfügen. Sie schwärmten in die Hütte, kochten sich andauernd Kaffee und nahmen alles in die Finger, was ihnen ins Auge stach, selbst wenn es zufällig das Buch war, das ich gerade las. Ich mußte mich ein zweites Mal geschlagen geben. Ich ging zur heißesten Nachmittagsstunde ins Freie und wanderte ein paar Kilometer durch eine unbewohnte Gegend, bis ich im Schutz einer Gruppe dünner Bäume am Rand ausgedehnter Hirsefelder einen Ruheplatz fand.

Der trockene, steinige Erdboden war mit hartem, schwarzem Viehdung gesprenkelt, doch die wenigen Pflanzenstengel, die noch herumstanden, hätten nicht einmal eine Ziege angelockt. Trotz dieser Anzeichen von Bodenkultivierung schien das Land nicht wirklich urbar zu sein. Es erstreckte sich von meinem Sitzplatz aus fremdartig in die Weite, in eine schier endlose trockene Savanne mit beträchtlich weniger Bäumen, als ich am ersten Reisetag gesehen hatte. Über allem wehte der Harmattan, ein starker, trockener, sengender Nordwind, der von der Sahara herkommt. Im Schatten war es gut achtunddreißig Grad warm, aber die Sonne schien nicht so grell, daß eine Sonnenbrille nötig gewesen wäre, und den Schatten fehlten wegen der Unmenge von Staub in der Luft die scharfen Konturen. Ich konnte beinahe fühlen, wie nicht nur meinem Körper, sondern auch dem Land selbst die Feuchtigkeit entzogen wurde.

Die Agronomen und Naturschützer, die ich in Niamey getroffen hatte, waren fast einhellig der Ansicht, daß sich Niger in einem desolaten Zustand befand und Mensch und Natur sich letztlich verbündet hätten, um dieses Grenzertragsland unwiederbringlich zu zerstören. Die letzten Jahrzehnte hatten dem Sahel so schwere Dürreperioden beschert, daß erstmals seit Menschengedenken der Niger eine Weile zu fließen aufgehört hatte. Diese Naturkatastrophen gingen Hand in Hand mit einer Bevölkerungsexplosion, die es erforderlich machte, jede verfügbare Anbaufläche zu bepflanzen und ohne Rücksicht auf eine Regeneration des ausgelaugten Bodens damit fortzufahren. Die unvermeidliche Erodierung, die einer derart zerstörerischen Bodenbewirtschaftung folgte, konnte nur durch ein radikales Umdenken gebremst werden, doch die elementarsten Bedürfnisse einer ständig wachsenden Zahl hungriger Bäuche machten alle Versuche zunichte, so revolutionäre Ideen wie Konturpflügen, Brachfelder und ähnliches mehr einzuführen. Nur wenige Experten sahen noch irgendeine langfristige

Zukunftsperspektive für ein Land, wo die Erosion schon so weit fortgeschritten war. Das Gespenst, das sie heraufbeschwörten, war das einer riesigen Völkerwanderung.

Ich bekam solche schicksalsschwangeren Prognosen über Nigers Zukunft von Ausländern wie auch von Nigrern selbst immer und immer wieder zu hören. Ein weltmännischer Ex-Minister äußerte völlig im Ernst: »Dieses Land ist kaputt. Man wird einen anderen Platz für uns finden müssen, wo wir leben können.« Genau hier lag offenbar der Kern des Problems. Wenn in früheren Zeiten Dürreperioden die Weiden zerstört und die Brunnen ausgetrocknet hatten, konnten die Leute weiterziehen, um auf anderen Landstrichen ihre Herden weiden zu lassen oder Getreide anzubauen. Bevor der Boden völlig erschöpft war, blieb er sich selbst überlassen; er konnte brachliegen, bis der Dürrezyklus zu Ende ging, und seine Fruchtbarkeit von sich aus erneuern. Heute ist die Bevölkerung jedoch so weit angewachsen, daß man nirgendwohin mehr ziehen kann, und das empfindliche Gleichgewicht zwischen den Ackerbauern, den Nomaden und dem Land selbst ist unwiederbringlich zerstört. In dem verzweifelten und aussichtslosen Kampf, die rapide anwachsende Menschenzahl zu ernähren, ist immer mehr vom Grenzertragsboden des Sahel kultiviert worden. Das menschenleere hügelige Buschland, das unzähligen Generationen von Nomaden als Weideland für ihre Viehherden diente, wird mit galoppierender Geschwindigkeit verschlungen. Wenn die Bäume einmal abgeholzt und die Sträucher ausgegraben sind, wenn wiederholtes Pflügen bewirkt hat, daß die Erdkrume die Abhänge hinunterrutscht und vom Regen weggewaschen wird, bläst der heftige trockene Wind über das wenige, was von ihr noch übriggeblieben ist, und vollendet das Zerstörungswerk. Der neu geprägte und gefürchtete Ausdruck »Desertifikation« ist eine exakte Bezeichnung für diesen Prozeß: Das Land wird von innen heraus in eine Wüste verwandelt.

Während ich so dasaß und über diese düsteren Prophezeiungen nachgrübelte, brachte der Spätnachmittag jenen unvermittelten scharfen Temperaturwechsel mit sich, wie er nur in den Tropen auftritt, bevor es schließlich Nacht wird – die biblische »Kühle des

Abends« –, und ich spürte, wie mir plötzlich leichter ums Herz wurde. Auf einmal erschienen wie aus dem Nichts Menschenreihen in der leeren Landschaft und wandten sich Unterständen aus geflochtenem Gras zu, die unauffällig am Rand der Felder verstreut lagen. Ich hätte gern gewußt, ob dies wohl temporäre Wohnstätten waren, wie sie die schottischen Highlander einst im Sommer benützt hatten. Frauen mit silbernen Spangen an den Armen und Fußknöcheln, hoch aufragenden Stapeln von Gefäßen auf dem Kopf und Kindern im Schlepptau näherten sich mir auf den verschlungenen Wegen. Auf einmal merkte ich, wie ich eine Münze in die Hand einer Frau gleiten ließ – aus dem einzigen Grund, weil es plötzlich so wundervoll erschien, daß in dieser trockenen Gegend noch immer Leben existierte. Ich gab aus einem Gefühl von Glück, nicht aus Mitleid, und das kleine Geschenk wurde mit einer Dankesgeste mit zusammengelegten Handflächen angenommen. Die Frauen scharten sich um mich, aber sie waren nicht so ausgelassen wie die Mädchen in der Stadt. Niemand erwartete etwas von mir, ebensowenig wie ich von ihnen, als hätte sich dieses Thema mit der kleinen Gabe von selbst erledigt. Wir konnten ganz ungezwungen beisammenstehen, unsere gegenseitige Neugier befriedigen und die kurze Begegnung auskosten. Ohne eine gemeinsame Sprache vergewisserten sie sich, daß ich von Guéladio hergekommen war und mich auf dem Rückweg befand, bevor sie schließlich weiterzogen. Der ganze Vorfall hatte nur wenige Minuten gedauert, und trotzdem spürte ich zum ersten Mal, daß ich einen echten Kontakt zu den Menschen dieses Landes aufgenommen hatte, und mein Glücksgefühl wurde noch intensiver. Wer herumreist, wird unvermeidlich in die Rolle des Fremden gedrängt, der draußen steht und hereinschaut. Gelegenheiten wie diese, wo alle Schranken und alles Trennende für einen kurzen Augenblick gefallen sind und man einfach als ein menschliches Wesen angenommen wird, sind selten und sehr kostbar.

Das letzte, was ich beim Zurückwandern sah, war ein Vater, der seinen kleinen Sohn neben einer Hütte badete und sorgfältig Wasser über den kleinen, glänzenden Körper ausgoß. Gott weiß, wie weit dieses Wasser hergetragen worden war, an einem Tag, der wohl nur wenig Zeit zur Muße gewährt hatte. Jetzt wurde es wie ein Trankopfer über das Kind ausgegossen. Diese Szene war mir ein Symbol für die außergewöhnliche Kraft der menschlichen Familie, sich unter den widrigsten Umständen zu behaupten, und trug immens viel zu meinem frisch verspürten Glücksgefühl bei. Wie bei meinem ersten Blick auf den Niger wurde mir auf einmal wieder bewußt, wie froh ich war, in Afrika zu sein.

6

Auf dem Fluß

Dank einer geteerten Straße und getrieben vom Wunsch, die vielen ausgelassenen Mahlzeiten wettzumachen, legte ich die knapp siebzig Kilometer von Guéladio nach Niamey in flottem Tempo zurück und kam rechtzeitig für ein verspätetes Mittagsbuffet im Grandhotel an. Daß auf diesem ersten Abstecher durch den Busch nichts schiefgelaufen war, war sicher mit ein Grund zum Feiern, doch auch sonst war das Buffet im Grandhotel eine der preisgünstigsten Möglichkeiten in der Stadt, um sich den Bauch vollzuschlagen, wenn man wirklich hungrig war, denn man konnte sich so viel auf den Teller laden und so oft nachschöpfen, wie man wollte. Es dauerte seine Zeit, bis ich spürte, daß alle meine Löcher hinreichend gestopft waren.

Ich hatte noch zehn Tage Zeit, die ich in Niamey verbringen wollte, bevor ich meine nächste Tour in Angriff nahm, welche mich ins Aïr-Massiv hoch oben im Nordwesten des Landes führen sollte. Vier Fünftel von Niger sind Teil der Sahara, doch in der weiten, sandigen Ödnis liegen mehrere Gebirgszüge, deren Oasen für Reisende und Nomaden denselben Zweck erfüllen wie Inseln auf hoher See für Seefahrer. Das Aïr-Massiv ist eine dieser großen Inseln in den wandernden Dünen. Hier leben einige der letzten Tuareg-Nomaden in Niger, die noch immer an ihren traditionellen Lebensformen festhalten, nachdem die verheerenden Dürrezeiten der siebziger Jahre den Großteil ihrer Herden vernichtet und nebenbei ein Heer von Nachtwächtern hervorgebracht hatten, die die Häuser der Entwicklungshelfer bewachten, welche im Gefolge der Katastrophe hergekommen waren, Hilfe zu leisten. Zusammen mit der sich gleich dahinter erstreckenden Wüste

Ténéré zählt das Aïr-Massiv angeblich zu den schönsten Gegenden der Welt. Ich wollte es unbedingt sehen, aber es lag weitab von der Route, der ich nach Timbuktu folgen würde. So mußte ich von Niamey aus wiederum eine separate Exkursion unternehmen und überlegte hin und her, wie sich dies in der zur Verfügung stehenden Zeit am besten bewerkstelligen ließ.

Das Dilemma fand eine unerwartete Lösung, als ich eines Morgens mit meiner Freundin Abou beim Tee auf der Terrasse saß und zufällig ein Freund von ihr vorbeikam, der Touren ins Aïr organisierte. Mano Dayak ist selbst ein Tuareg und stolz auf die Nomadentradition seines Volkes, daher war er vermutlich auch so fasziniert von meinen Radtouren durch sein Land. Er lud mich prompt ein, mich einer Rundreise durchs Aïr anzuschließen, die er für Freunde organisiert hatte. Ein weiterer guter Bekannter von Abou, der bei der Air Niger arbeitete, offerierte mir einen Flug ins neunhundert Kilometer entfernte Agadez, von wo aus die Tour starten sollte. Das Problem, wie ich dorthin und wieder zurück gelangen sollte, war damit gelöst.

Ich mußte mir keine Sorgen machen, wo ich Evans in der Zwischenzeit zurücklassen konnte, denn ich wohnte inzwischen in der Residenz des amerikanischen Botschafters, der mich sehr freundlich eingeladen hatte, zu ihm zu kommen, seine Bibliothek zu benützen und vor den Strapazen der anstehenden Reise ein wenig Luxus zu genießen. Die Klimaanlage und die Hochsicherheitsgitter, Scheinwerfer und bewaffneten Wachen weckten bisweilen etwas Sehnsucht nach der Schlichtheit der Katholischen Mission, doch die Residenz war eine ideale Festung für ein verwundbares Fahrrad.

Das Leben auf dem Plateau, wo die Franzosen ursprünglich ihre Kolonialhauptstadt mit breiten, baumbestandenen Boulevards gebaut hatten, offenbarte mir eine ganz andere Seite von Niamey. Hier verkehrte ich mit Leuten, für welche Niger, eines der ärmsten Länder der Welt, ein Land voller Möglichkeiten war. Größtenteils waren dies Vertreter der höheren Ränge in den vielen verschiedenen internationalen Hilfswerken, die Niger Entwicklungshilfe zukommen ließen. Viele waren Amerikaner, ehemalige

Angehörige des Peace Corps, die sich einen lukrativen Posten gesichert hatten, weil sie zur richtigen Zeit am richtigen Ort gewesen waren. Daneben gab es die ausländischen Geschäftsleute und Generalunternehmer, vor allem Franzosen, sowie das Personal der zahlreichen Botschaften und Konsulate. Großbritannien war nicht vertreten, dafür aber Libyen, das in unmittelbarer Nähe der Amerikanischen Botschaft gerade einen sehr prunkvollen Botschaftskomplex hochzog.

Verglichen mit dem Lebensstandard, den Ausländer hier genossen, lebten Nigrer mit vergleichbarem Status (wie Regierungsminister und dergleichen) weit weniger luxuriös und mußten mit schäbigeren Häusern vorliebnehmen, die in engeren, ungepflasterten Straßen lagen. Ganz ähnlich stand es auch in den ausländischen Unternehmen, wo ein ausgeprägter Unterschied zwischen den Gehältern einheimischer Angestellter und hier ansässiger Ausländer in entsprechenden Positionen bestand. Es schien eine obere Grenze festgelegt zu sein, die kein Nigrer übersteigen konnte. Mehr als einmal wurde mir angedeutet, daß die koloniale Ausbeutung noch längst nicht der Vergangenheit angehöre, sondern unter einem Deckmantel munter weiterbestehe. Auf der anderen Seite hörte ich andauernd, die Probleme des Landes hätten ihren Ursprung in dem mangelnden Organisationstalent der Nigrer und in ihrer Gier nach den materiellen Segnungen des Westens, ohne etwas dafür leisten zu wollen. So fuhr ich jetzt täglich meine Runden, war hier zum Tee eingeladen, aß dort zu Mittag, trank da ein Bier am Fluß, traf eine bunte Vielfalt von Menschen und hörte mir die widersprüchlichsten Ansichten über das Land an, das ich kennenlernen wollte.

Doch trotz der vielen neuen Freunde und all der hervorragenden Bücher des amerikanischen Botschafters über den Sahel zum Schmökern wollte ich mich nicht damit zufriedengeben, bis zu meiner Abreise ins Aïr-Gebirge in Niamey herumzusitzen. Von meinem Schlafzimmerfenster in der Residenz konnte ich sehen, wie sich unten, hinter den Flutlichtern und dem permanent besprengten Rasen, riesenbreit der große, braune Niger erstreckte. Ich hatte ihn noch nicht befahren, mir noch nicht einmal die Füße benetzt, aber je mehr ich von ihm sah, desto mehr sehnte ich mich nach beidem. Ich überlegte mir, ob ich mein Budget so weit strapazieren konnte, um für ein paar Tage eine Piroge zu mieten, wie die schlanken Einbäume der Einheimischen hier hießen, und eine Reise flußabwärts zu unternehmen. Jackie, die Frau des Botschafters, erkundigte sich bei dem Mann, der normalerweise ihre Gäste zu kurzen Rundfahrten mitnahm, doch er erwies sich als viel zu teuer. Wieder einmal kam mir der Zufall zu Hilfe, als ich mit Abou beim Tee saß.

Unter den vielen jungen Männern, die an jenem Tag den Gästen aufdringlich ihre Waren feilboten, war ein junger Haussa, der uns einen Fetzen Papier überreichte. Darauf stand in ziemlich holperigem Englisch die Mitteilung, daß der Überbringer eine Piroge besitze und bereit sei, Leute zu Ausflügen auf dem Niger mitzunehmen. Irgend jemand hatte sie für ihn verfaßt, da er die englische Sprache selbst nicht beherrschte. Dank Abous Verhandlungsgeschick war er jedoch bald mit einem Preis von rund fünfundsiebzig Pfund für eine viertägige Reise zum »W«-Bogen hinunter und wieder zurück einverstanden. In einem Land, wo das durchschnittliche Jahreseinkommen einer Familie weit unter zweihundert Pfund liegen dürfte, schien mir dies eine völlig überrissene Forderung zu sein, doch immerhin lag sie deutlich unter dem üblichen Touristenpreis.

Auf Abous Drängen besichtigten wir erst einmal das Boot, um uns zu vergewissern, ob es auch wirklich existierte – etwas, worauf ich nie von alleine gekommen wäre. Weder Abou noch mir erschien der junge Mann auch nur annähernd vertrauenswürdig, nicht einmal, als er uns eine kleine, ziemlich mitgenommene Piroge zeigte, aber weil ich keine Anzahlung leistete, glaubte ich, kein großes Risiko einzugehen. Es wurde ausgemacht, daß er das Boot mit Proviant versorgen, einen Sitzplatz für mich einrichten und in zwei Tagen mit seinem Partner bereit sein würde, damit wir frühmorgens wegfahren konnten. Nachdem der Entschluß einmal gefaßt war, hörte ich auf, mir auszumalen, was alles schiefgehen könnte, und begann mich statt dessen auf einen erholsamen, friedlichen Ausflug zu freuen, wo ich lautlos im Kielwasser des kühnen Forschers Mungo Park flußabwärts gestakt wurde, ohne allerdings wie dieser am Schluß ein feuchtes Grab in den Wellen zu finden.

Sarah, eine amerikanische Freundin und Entwicklungshelferin, die selbst kürzlich eine längere Reise flußabwärts unternommen hatte, transportierte meine für die Bootsfahrt benötigte Ausrüstung zur Landestelle hinunter. Amadou, der junge Haussa, war sichtlich erleichtert, uns zu sehen – er hatte mir kein bißchen mehr vertraut als ich ihm. Der Unterschied bestand bloß darin, daß ich mich vorbereitet hatte und meine Sachen für alle Fälle parat hielt, wogegen er noch keinen Finger gerührt hatte.

Die schmale, knapp sechs Meter lange und einen Meter breite Piroge sah aus wie eine Kreuzung aus einem Punt und einem Einbaumkanu und lag ausgebleicht und leck zwischen den Binsen in einer kleinen, schmutzigen Bucht. Sie enthielt nichts als ein zerbrochenes Paddel und eine lange, gebogene Stange. Amadou versicherte uns, wenn wir ihm eine halbe Stunde Zeit ließen, sei alles zur Abfahrt bereit. Sarah traute der Sache jedoch nicht. Sie nahm das Heft in die Hand und stellte ihm nochmals dieselben Fragen wie schon Abou bei den Vorverhandlungen: Ob er den Fluß kenne? Ob er wirklich glaube, die achtzig Kilometer bis zum »W«-Bogen hinunter und wieder zurück in vier Tagen schaffen zu können, dies sei doch rein unmöglich? Sie stieß jedoch auf taube Ohren und machte Amadou nur störrisch. Weit ergiebiger war, wie sie das Boot auf Vordermann brachte, wovon sie offensichtlich einiges mehr zu verstehen schien als er. Der »Partner«, ein nett aussehender Jüngling aus Mali namens Omarou, hielt sich schüchtern im Hintergrund und wartete. Er wurde nach einer Ladung Gras ausgeschickt, die er mittschiffs auf dem flachen Boden der Piroge auslegte. Darüber wurde die Matte ausgebreitet, die Sarah vorsorglich mitgebracht hatte. Meine Campingausrüstung steckte größtenteils in einem Rucksack, den sie mir ebenfalls geliehen hatte und der hinter meinem Rücken an eine Ducht gestellt wurde. Mit ihrem breitkrempigen Strohhut als Ersatz für das fehlende Sonnensegel sollte ich es die rund vierzehn Stunden täglich, die wir schätzungsweise auf dem Wasser verbringen würden, eigentlich einigermaßen behaglich haben. Sarah war allerdings überzeugt, daß der Ausflug keinen einzigen Tag währen würde. Ihr Urteil über Amadou – ein »widerlicher Trottel«, der von Booten und vom Fluß so gut wie nichts verstand – zeugte von einem erstaunlichen Grad an Scharfblick, doch sie hatte nicht mit meiner großen Sehnsucht gerechnet, endlich auf dem Niger zu sein, für die ich noch weit Schlimmeres als Amadou in Kauf genommen hätte.

Am meisten Sorgen machten mir die fehlenden Essensvorräte. Die Frau des Botschafters hatte netterweise für mein leibliches Wohl vorgesorgt und mir einen großen Korb mit Leckereien »à l'américaine« mitsamt Papptellern, Plastikbesteck und Servietten mitgegeben, was in bezauberndem Kontrast zu den allgemeinen Strapazen der Reise elegante kleine Picknicks verhieß. Aber ich war ja bloß der Passagier. Die Mannschaft würde für die harte Arbeit, die vor ihr lag, eine ausreichende Ernährung benötigen, doch bis jetzt war nichts von den versprochenen Vorräten beschafft worden. Die beiden hatten nur zwei Schlafmatten, einige Baumwolltücher und eine Garnitur Kleider zum Wechseln bei sich. Amadou meinte, daß sie ja auf dem Weg Lebensmittel einkaufen könnten, was ich nach meinen Erfahrungen im Busch sehr bezweifelte, und Sarah bestätigte, daß in den Dörfern längs des Flusses überhaupt nichts aufzutreiben war. Beim ersten Feilschen hatte Amadou zusätzlich zum Fahrpreis eine bestimmte Summe für ihre Verpflegung verlangt. Dieses Geld bot ich ihm jetzt als Vorauszahlung an, falls Geldmangel es ihnen verunmöglicht hatte, sich hier in Niamey, wo alles leicht erhältlich und äußerst billig war, mit Nahrungsmitteln einzudecken, doch zu meiner Überraschung wurde mein Angebot abgelehnt. Er besitze genug Geld, meinte er arrogant.

Langsam kristallisierte sich ein bestimmtes Muster für unsere Reise heraus. Omarou mußte erneut davonsausen, diesmal zum nächstgelegenen Straßenmarkt. Nach einer halben Stunde kehrte er schweißüberströmt mit einem kleinen Sack Mehl und einer Schachtel Zigaretten in der Hand zurück. Danach legten wir unverzüglich ab. Der schwitzende Omarou stand auf der Plattform im Heck der kleinen Piroge und führte die lange, gebogene Stange, während Amadou es sich im Bug bequem machte und keinen Streich tat, was ihm einen letzten fassungslosen und mißbilligenden Kommentar von Sarah einbrachte, die am Ufer stand und schnell kleiner wurde, während die Strömung uns flußabwärts trug.

Es zeigte sich rasch, daß Amadou nicht die Absicht hatte, auf der Fahrt etwas zu arbeiten, außer ein wenig Wasser zu schöpfen. Er sei Geschäftsmann, meinte er, und habe die Piroge und auch die Dienste von Omarou gemietet. Jetzt, wo dies alles erledigt sei, bestehe seine Aufgabe darin, sich wie ein Tourist gemütlich zurückzulehnen und mir Gesellschaft zu leisten. Mein Protest, daß laut unserer Abmachung zwei Bootsleute vorgesehen und beide nötig seien, wenn wir unser Ziel erreichen wollten, trug mir nichts als die Zusicherung ein, daß er auf der Rückfahrt gegen die Strömung mithelfen werde. Dann könne ich sehen, was für ein feiner Bootsmann er sei, doch vorerst müsse er sich jetzt ausruhen, um sich auf diese Anstrengung vorzubereiten.

Sehr bald erging er sich in einer Schilderung seiner sexuellen Heldentaten mit älteren weißen Frauen und versuchte sich gleichzeitig mit der größten Selbstverständlichkeit die Landkarte, mein Fernglas und das Vogelbuch anzueignen. Nicht daß er etwa vorgegeben hätte, daß ich ihn anzog – er ließ mich nur wissen, daß er nichts dagegen hatte, den Gigolo zu spielen, sofern ich dies wünschte. Nachdem ich ihn schließlich überzeugt hatte, daß ich eine Bootsfahrt und keinen schwarzen Liebhaber im Sinn hatte und seine Annäherungsversuche kein Echo finden würden (was gar nicht so einfach war, da er ein empfindliches Selbstwertgefühl hatte), versuchte er es auf die andere Tour und hielt mir einen längeren Vortrag darüber, weshalb ich für die Reise das Doppelte des vereinbarten Preises zahlen sollte – ein Thema, das er mehrmals am Tag wieder aufgriff.

Weil dieses Land jungen Männern so erbärmlich wenig Chancen bietet und ständig Unheil in der Luft liegt, ist es mir im Rückblick schier unmöglich, Amadous schwungvollen Optimismus und sein Erfolgsstreben völlig zu verdammen. Damals jedoch empfand ich ihn als äußerst unangenehm und irritierend, vor allem auch deshalb, weil ihn nicht nur Gewinnsucht motivierte, sondern auch ein unersättliches Bedürfnis, in jeder Situation zu dominieren. Er war ein junger Mann, der sich selbst von seiner eigenen Kultur abgeschnitten und sich westlichen Werten und Einstellungen zugewandt hatte, für die er nur ein geringfügiges und rein materiell ausgerichtetes Verständnis aufwies. Damit hatte er sich von vornherein in eine Lage manövriert, in der er nur verlieren konnte, weil ihn die Rolle, die er sich ausgewählt hatte, nur lächerlich erscheinen ließ.

Wenn er zu frech oder zu aufdringlich wurde, blieb mir nur ein einziges Mittel, um ihn zum Schweigen zu bringen: Ich drohte ihm, den Ausflug ohne Bezahlung sofort abzubrechen, und begann, meine Sachen zusammenzupacken, um ihm zu zeigen, daß ich es ernst meinte. Dann hielt er eine Zeitlang mürrisch den Mund, und ich konnte in aller Ruhe die Szenerie auf dem Fluß genießen. Dank seiner natürlichen Unverwüstlichkeit dauerten diese stillen, friedlichen Momente jedoch nie lange genug.

Wir steuerten flußabwärts und hielten uns meist eng am Ostufer abseits der stärksten Strömung. Fischadler, Schwarzköpfige Ibisse, Reiher und Kuhreiher waren in ihren jeweiligen Revieren auf Futtersuche. Schwärme schwarz-weißer Eisvögel schwebten in herrlicher Jagdstellung mitten in der Luft, den Körper fast ganz abgeknickt, den rührend unproportional langen Schnabel auf den Wasserspiegel gerichtet, die Flügel in rasender Bewegung, bis sie wie ein Pfeil auf einen Fisch hinunterstachen, blitzartig damit wieder hochkamen und schon wieder weg waren. Der Fluß selbst war ungeheuer breit, von einem goldenen Braun, das nicht eigentlich glitzerte, sondern wie dickes, hinterleuchtetes Flaschenglas von einem reichen Licht gesättigt wurde. Ein niedriger felsiger Abbruch drüben am Westufer stürzte in steilen, geriffelten Klippen zum Wasser hinunter, während auf unserer Seite flache grüne Felder mit rauhem Gras und großen, ausladenden Bäumen lagen.

Am Mittag hielten wir unter einem dieser Bäume an. Wieder war es Omarou, der die ganze Arbeit verrichtete, das Boot vertäute, die Matten ausbreitete und die Sachen für das Mittagessen auslud. Die beiden saßen in einiger Entfernung von mir. Der scharfäugige Amadou, der sich bereits mit so ziemlich allem vertraut gemacht hatte, was ich mit mir führte, bat mich um einen Pappteller, damit er das von Omarou am Morgen gekaufte Mehl mit etwas Wasser vermischen konnte, welches sie mit den Händen aus dem Fluß schöpften. Der daraus resultierende Brei sah unappetitlich aus, doch Omarou hatte stundenlang staken müssen und verschlang gierig, was Amadou für ihn übrigließ, worauf er sich ausstreckte und einschlief.

Nach dem Essen war der Zigarettenvorrat, den die jungen Männer den ganzen Vormittag verpafft hatten, aufgebraucht, daher hielten wir bei einem kleinen Dorf an. Ein kleiner Junge wurde gebieterisch herbeizitiert und ausgeschickt, im Eiltempo neue zu besorgen. Wir selbst blieben im Boot sitzen. Plötzlich überfiel uns ein Schwarm Fliegen, die über dem dunklen, schmutzigen Schlamm an der Anlegestelle herumschwirrten. Frauen standen bis zu den Knien im Wasser und klatschten ihre Wäsche auf Steine, und kleine, magere Mädchen scheuerten Töpfe inmitten einer Flotille von Enten, die herumschwammen und auf Abfälle hofften. Die Mädchen schwatzten beim Schrubben wie alte Klatschweiber, ohne auch nur einen Moment lang ihren Arbeitsablauf zu unterbrechen. Einige der Töpfe waren Aluminiumnachbildungen jener großen, bauchigen, dreibeinigen Eisenkessel, die herkömmlicherweise mit dem Verspeisen von Missionaren in Verbindung gebracht werden. Sie waren vom Feuer tief geschwärzt, doch die sachverständigen kleinen Mädchen, die teils kaum älter als acht oder neun waren, brachten sie mit ein paar Handvoll Grus und Schlamm aus dem Fluß wieder auf Hochglanz. Als sie mit dem Scheuern fertig waren, wateten sie etwas weiter hinaus, um die Töpfe in saubererem Wasser auszuspülen, füllten sie darauf bis zum Rand und ließen sich von einem anderen Kind dabei helfen, sich die schwere Last auf den Kopf zu setzen. Dabei machten sie den dünnen Hals ganz steif, um die Belastung auszuhalten, worauf sie mit durchgestrecktem Rücken wegmarschierten und das Wasser beim Gehen überschwappte und sie bespritzte.

Am späten Nachmittag erreichten wir Kolo, ein großes Dorf auf der Hälfte des Weges nach Say. Mir war schon jetzt klar, daß wir es in den vier Tagen nie bis zum »W«-Bogen hinunter schaffen und bei diesem Tempo mit etwas Glück allerhöchstens die halbe Strecke zurücklegen würden. Amadou, dem ich dies mitteilte, schien sein Vertragsbruch nicht im geringsten zu berühren. Er verkündete ruhig, daß er sowieso beabsichtigt hatte, in Kolo anzuhalten und zu übernachten, weil er hier eine Freundin habe. In ihrem Haus sei für alle Platz, und morgen könne er sie für den Rest der Fahrt mitnehmen – sicher nur deshalb, damit er endlich etwas zu tun hatte.

Ein weiterer Versuch meinerseits, auf französisch wütend zu werden, brachte uns an Kolo und der Freundin vorbei. Unsere ganze Energie war jetzt darauf gerichtet, den Kurs zu wechseln, denn der Wind ließ die Lage am Ostufer langsam ungemütlich werden. Zum ersten Mal an jenem Tag schwang Amadou das zerbrochene Paddel, während wir diagonal über den schnell fließenden, unruhigen Fluß steuerten. Der böige Wind türmte das Wasser zu steilen Wellen auf, die mich zwangen, wie wild Wasser zu schöpfen, um mit den Schwällen, welche sich durch die Lücken zwischen dem Dollbord und den Seitenplanken ergossen, einigermaßen Schritt zu halten. Auf halbem Weg passierten wir ein Fischerdorf auf einer Flußinsel und gönnten uns in seinem Schutz eine willkommene Atempause. Frauen mit auf den Rücken gebundenen Säuglingen droschen mit langen Stöcken Körner, wobei sie jeweils zu dritt den Takt hielten und mitten im Schlag den Griff wechselten. Die Köpfe der Kleinen hingen zur Seite und ruckten bei jedem Schlag nach vorne und wieder nach hinten.

Beim zweiten Teil unserer Flußüberquerung wurden wir alle von der Gischt bis auf die Haut durchnäßt. Was immer uns die Reise noch bescheren mochte, eins war sicher: Die Wasser des Niger hatten mich jetzt gründlich benetzt. Hätten beide Jungen die Piroge gestakt, sich abwechselnd ausgeruht und genügend Nahrung im Magen gehabt, hätten wir bis etwa neun Uhr abends weiterfahren können, wie es für Bootsleute auf dem Niger üblich war. Doch Omarou war bereits sehr müde. Ich hatte im Lauf des Tages Vertrauen zu ihm gefaßt, denn obwohl er noch jung war, verstand er einiges von Pirogen, was an der geschickten Art zu ersehen war, wie er die schlimmsten Lecks in unserem jämmerlichen kleinen Fahrzeug mit einer Handvoll Gras abgedichtet hatte und wie er das Boot mit geringstem Kraftaufwand elegant durchs Wasser führte, die Stange auf und nieder schwang, sie in einer fließenden Bewegung mit seinem Körpergewicht durchzog und sich dabei mühelos im Gleichgewicht hielt. Später erfuhr ich, daß er seit seiner Kindheit mit Pirogen zu tun und in Mali auf ihnen gearbeitet hatte, bis er aus unerfindlichen Gründen nach Niamey gezogen war, um sich hier nach besseren Arbeitsmöglichkeiten umzusehen, und dabei auf Amadou verfallen war. Es war einige Zeit her, seit er das letzte Mal eine Stakstange geführt hatte, und seine Schultermuskeln schmerzten heftig. Er erzählte mir dies alles sehr viel später, als er seine Schüchternheit überwunden hatte und sich wieder so weit an sein Französisch erinnerte, daß er sich mitteilen konnte. Er gestand mir auch, daß er sehr gern wieder nach Hause zurückkehren möchte, und als die Fahrt zu Ende war, drückte ich ihm mit Freuden das Geld für eine Mitfahrgelegenheit auf einem Lastwagen in die Hand, das ich als Trinkgeld für Amadou vorgesehen hatte.

Sobald wir den Fluß überquert hatten, tauchte ein neues Problem auf. Es war abgemacht worden, daß wir nachts im Freien schliefen, die Schiffer in der Piroge, ich in meinem Zelt. Als jedoch der Abend näher rückte, merkte ich immer deutlicher, daß meine beiden jungen Männer überzeugt waren, im Busch wimmle es nur so von bösen Geistern. Die Vorstellung, eine Nacht abseits von menschlichen Behausungen zu verbringen, jagte ihnen fürchterliche Angst ein. Amadou gestand mir treuherzig, daß er nur zugestimmt habe, um den Handel zu besiegeln, und gehofft hatte, ich würde mich umstimmen lassen, sobald wir unterwegs waren. Jedenfalls fehlte ihnen jetzt das Nötige, um sich selbst zu versorgen, und mir war klargeworden, daß wir irgendein Dorf finden mußten, wo sie sich verpflegen und ein Obdach finden konnten.

Gegen sechs Uhr, als die Stimmung bereits ein bißchen gedämpft war und wir dringend eine Erfrischung nötig hatten, tauchte tatsächlich ganz nahe am Flußufer ein Ort auf. Es war ein kleiner Weiler aus vier quadratischen Lehmziegelhäusern mit etwa fünfzehn Erwachsenen, ein paar Kindern und allerlei Haustieren. In der rasch hereinbrechenden Dämmerung sah alles sehr reizvoll aus. Die Frauen machten sich daran, über den offenen Feuern das Abendessen zuzubereiten, die jüngeren Kinder gruppierten sich in freudiger Erwartung um sie herum, während die älteren die Tiere an ihrem Platz für die Nacht festbanden. Ein alter Mann hieß mich mit hochgestreckten Händen in einer patriarchalischen Segensgebärde mit einem »Bonne arrivée, bonne arrivée« willkommen. Sein Haus war auch mein Haus.

Während sich Rebhühner unbeholfen in die dicht belaubten Bäume hinaufschwangen, die über das Wasser hinaushingen, und sich mit viel Hektik und größtmöglichem Gekreisch dort oben zum Übernachten einnisteten, schlug ich mein Zelt auf, wobei ich darauf achtete, daß es weit genug von dem dick mit einer Kotschicht überzogenen Boden unter ihnen zu stehen kam. Es war im Handumdrehen aufgestellt. Sein Eingang zeigte in Richtung Wasser, auf dem sich am Morgen die ersten Strahlen der aufgehenden Sonne spiegeln würden. Die Rebhühner über mir machten immer noch viel Wirbel. Ich saß im Eingang der straffen, kleinen blauen Nylonkuppel und war entzückt, eine Weile wieder ganz für mich allein zu sein. Dann entzündete ich den Benzinkocher und machte etwas Suppe warm. Ihr Duft lockte Amadou und Omarou heran, die mir gerne helfen wollten, sie auszutrinken. Bevor sie alles verdrücken konnten, wurden sie zu einem der Herdfeuer gerufen, wo es Hirseteig mit Gombosoße zu essen gab, und ich konnte den Rest meiner Mahlzeit in Frieden genießen.

Erst als ich ins Zelt geschlüpft und den Reißverschluß zugezogen hatte, um den Mücken zu entgehen, wurde mir bewußt, was für einen ausgezeichneten Schutz es mir auf dieser Reise bot. Ich hatte es ausgesucht, weil es mit seinen großen Moskitonetzflächen leicht und luftig aussah und dank seiner gerundeten Form frei stehen konnte, so daß Heringe nur nötig waren, um zu verhindern, daß es weggeweht wurde. Ich merkte auch, daß sich durch das Moskitonetz praktisch der ganze Nachthimmel und alles, was rund um mich herum vorging, betrachten ließ, wenn ich wie jetzt nur das Innenzelt benutzte. Weil das Netz schwarz war, wirkte es zudem wie ein Schleier, durch den man von außen nur bei hellem Sonnenlicht hineinsehen konnte. Sobald es dämmerte, war ich sozusagen unsichtbar und konnte das Leben im Dorf beobachten, ohne daß sich die Leute durch meine Anwesenheit gehemmt fühlten.

In jener Nacht fielen mir jedoch fast die Augen zu, denn das lange Sitzen in der Sonne und der emotionale Streß, mich ständig mit dem perfiden Amadou herumschlagen zu müssen, hatten mich völlig erschöpft. Er und Omarou waren weggegangen. Sie waren auf ihrer ständigen Suche nach Zigaretten, von denen sie anscheinend immer nur zwei oder drei aufs Mal kaufen konnten. Die Familien saßen noch um ihr Feuer und redeten und lachten leise. Irgendwo wurde gesungen und eine Trommel geschlagen, wie es in Afrika überall der Fall zu sein scheint, und mit diesem Gedanken und dem riesigen Panorama funkelnder Sterne über mir, die im Einklang mit dem Takt der Trommel pulsierten, schlief ich ein.

Mein Schlaf war von geringfügigen Unterbrechungen gestört, vom Kratzen und Scharren kleiner Kreaturen wie Frösche und Mäuse, die ihren nächtlichen Verrichtungen nachgingen. Jedesmal, wenn ich kurz auftauchte, wurde mir bewußt, wie froh ich war, die Klimaanlage, Gitter und Scheinwerfer der Residenz gegen das Sternenlicht, den Geruch des Flusses und diese kleinen Besucher eingetauscht zu haben. Sobald ich mich vergewissert hatte, daß keiner von ihnen einen Weg ins Zelt fand, konnte ich mir den Schlafsack enger um die Ohren hochziehen, um mich gegen ein leises Frösteln in der Luft zu wappnen und zufrieden und geborgen wieder in Schlaf zu sinken. Als ich am nächsten Tag die Augen öffnete, war die Sonne noch nicht ganz über das gegenüberliegende Ufer hochgestiegen. Es war ein verzauberter Morgen. Der Fluß lag völlig unbewegt, und die Luft war kühl und frisch wie an einem vollkommenen Maitag in England.

Meine Hoffnung, das Frühstück zu beenden, bevor die Jungen erschienen, erfüllte sich nicht. Amadou war bald zur Stelle und bettelte um »den Rest Ihres Kaffees, um uns Kraft zu geben«, bevor ich noch den ersten Schluck getrunken hatte. Um halb acht waren wir wieder unterwegs. Jeder Baumstrunk und jeder Stein, der genügend Platz bot, trug seinen einsamen Fischreiher oder ein kleines Knäuel Silberreiher, die alle mit konzentrierter Zielstrebigkeit über ihren Fischgründen lauerten. Durch die seichten Stellen staksten zartgliedrige Stelzvögel mit langen, schmalen Schnäbeln, deren eines nach hinten abgewinkeltes Bein jeweils mitten in jedem vorsätzlichen und langgezogenen Schritt zögernd innehielt. Kurz vor neun Uhr blies der Wind von Nordost und kräuselte die Wasserfläche zu einem Gewirr kleiner Wellen auf. Unzählige Falken und Weihen durchstreiften jetzt den Himmel, und die kleinen Vögel waren achtsam geworden. Plötzlich entstand ein Tumult, als ein Fischadler etwas Zappelndes im Wasser packte, das wie ein Aal oder eine kleine Schlange aussah. Er ließ es fast sofort wieder fallen und stürzte sich dann erneut darauf, begleitet von einem Schwarm anderer Raubvögel.

Um zehn Uhr machten wir an einer gräßlichen Landestelle halt. Sie war voller Unrat und bot keinen Schutz vor dem heftigen Landwind, der unaufhörlich körnigen Sand über das Boot wehte. Amadou und Omarou verschwanden, um nach Vorräten Ausschau zu halten. Bald jedoch vergaß ich meine mißliche Lage, weil ich einer Schulklasse bei ihrem Waschritual zuschauen konnte. Die Kinder rieben sich das Flußwasser mit kreisförmigen Bewegungen im Gesicht herum wie Katzen, die sich den Kopf säubern, und drückten sich am Schluß mit Daumen und Zeigefinger die letzten Tropfen von der Nase. Danach trugen sie in schweren verzinkten Eimern Wasser zu den etwas weiter weg liegenden Gärten, Rechen und Hacke in der einen Hand, während die andere den Eimer stützte.

Meine Gefährten erschienen nach einer Dreiviertelstunde mit einer Nescafédose voll Öl, das sie mit dem Mehl vermischen wollten, einem Paket Kekse und einem fettigen Papier mit Teigbällchen. Vom amerikanischen Popcorn und den Kleinigkeiten abgesehen, die ich ihnen zugesteckt hatte, war dies ihre erste Mahlzeit am Tag, und sie machten sich heißhungrig über die Teigkrapfen her. Am meisten verlangte es sie jedoch nach Zigaretten, von denen sie nie genug auftreiben konnten. Bei einem Dorf nach dem andern mußten wir anhalten. Kleine Jungen wurden auf die Suche geschickt und kehrten ebensooft mit leeren Händen zurück, worauf Amadou zusehends mürrischer und unerträglicher wurde.

Inzwischen hatte ich mich damit abgefunden, daß wir den »W«-Bogen nie erreichen würden. Der Fluß selbst und das Leben auf ihm, über ihm und rund um ihn herum war derart faszinierend, daß es mir vollauf genügte, einfach hier zu sein, ohne ein bestimmtes Ziel vor Augen zu haben. Zur Mittagszeit waren wir in Say, der Stadt, die ich auf meinem Rückweg nach Niamey durchquert hatte, ohne viel Gefallen an ihr gefunden zu haben. Das Hafenviertel war hier besonders farbig, denn wir erreichten es zu einer Tageszeit, als ein breites Spektrum aller Lebewesen, die am Nigersaum ihr Dasein fristeten, zum Wasser gekommen war, um ein Bad zu nehmen, etwas auszuwaschen oder zu trinken. Reihen von Ochsen suchten sich einen Weg zwischen ans Ufer gezogenen Pirogen und wirbelten mit ihren Hufen den Schlamm auf. Einige standen bereits widerkäuend mit sanft hin und her schwingenden Schwänzen knietief im Wasser. Esel tranken vorsichtig am Rand, als ob es ihnen widerstrebte, sich die Hufe naß zu machen. Enten auf Futtersuche wühlten kopfüber in großen, mit Grütze verkrusteten Kesseln, die zum Einweichen ins seichte Wasser gestellt worden waren. Dicke, über und über mit Seifenlauge bedeckte Kleinkinder wurden zum Abspülen immer wieder unter Wasser getaucht, ohne daß jemand die geringste Notiz von ihrem herzzerreißenden Geheul genommen hätte. Einige wenige Männer, die im knietiefen Wasser badeten, hielten ihre Genitalien schamhaft zwischen die Schenkel gepreßt, wenn sie sich mit glänzender Haut erhoben und in vielen kleinen Fontänen Wasser zwischen den Zähnen herausspritzen ließen. Überall gab es junge Mädchen, deren kompliziertes Sozialleben sich meiner Überzeugung nach vorwiegend im Fluß abspielte. Die mir am nächsten stehenden spielten sich mir zuliebe ein wenig auf, bis ein scharfes Wort von den Frauen sie in die Schranken wies. Kleine Plastikbeutel mit blauem Waschpulver steuerten ihren Anteil zu der suppigen Mixtur rund um die flachen Waschsteine bei, auf denen Frauen, die keine Säuglinge und Kleinkinder zu waschen hatten, Kleider ausklatschten. Auch für die Frauen schien die Zeit, die sie im Niger verbrachten, der Höhepunkt des Tages zu sein. Von den wenigen erwachsenen männlichen Badenden und von ganz kleinen Jungen abgesehen, war das Flußufer eine vorwiegend weibliche Domäne.

Am Nachmittag brach eine Meuterei aus – in direktem Verhältnis zur Distanz, die wir zwischen uns und Say legten. Möglicherweise hatte Amadou dort eine weitere Freundin, doch so oder so zogen die beiden jungen Männer die Stadt ganz eindeutig dem Busch vor und hofften, mich überreden zu können, möglichst in der Nähe von Say zu bleiben, um in aller Ruhe die Nacht dort zu verbringen. Ich dagegen wollte so weit als möglich flußabwärts gelangen, bevor wir wieder umkehrten, und wünschte keinesfalls, in der Umgebung von Say zu campieren. Ich tat daher mein Bestes, um diesen erneuten Versuch abzuwehren, die Reise zu ihrem Vorteil zu manipulieren. Wir fuhren auch wirklich weiter, aber es wurde ein langsames, ermüdendes Unterfangen mit häufigen längeren Zwischenhalten, um ein menschliches Bedürfnis zu befriedigen. Zum ersten Mal auf der ganzen Reise beschlossen sie jetzt auch, dem inneren Ruf zum Nachmittagsgebet zu folgen, und gingen an Land, um ein paar oberflächliche Kniefälle auszuführen. Als ich schließlich keine Kraft mehr hatte, ihnen Widerstand zu leisten, fanden wir ein unansehnliches Dorf zum Campieren, worauf Amadou und Omarou auf einmal, mit neuer Vitalität erfüllt, verschwanden und nach Say zurückmarschierten.

Die Rückfahrt flußaufwärts war ein ganz anderes Erlebnis, denn wir mußten uns unseren Weg größtenteils durch Kanäle im Röhricht suchen, das sich stellenweise bis zu hundert Meter ins Land erstreckte. Hier war die Strömung beinahe nicht mehr spürbar und das Vorwärtskommen viel leichter. Auf einigen dieser morastigen Stellen wuchs Reis. Die meisten Pirogen, die wir antrafen, waren hoch beladen damit und sahen aus wie schwimmende Heustöcke. Omarou fand seinen Weg durch versteckte Wasserwege, indem er einfach diesen Booten folgte oder Anweisungen von den Schnittern am Ufer zugerufen erhielt. Immer wieder fanden wir uns mitten in einem Feld großer, blauer, wächserner Wasserlilien wieder. Alles war so schön, wie man es sich nur erträumen konnte. In schärfstem Kontrast dazu stand Amadous Gejammer, das ständig an Umfang und Lautstärke zunahm, weil er gezwungen war, sein Ruder in die Hand zu nehmen, um Omarou bei anspruchsvolleren Abschnitten zu helfen. Ich hatte ihnen mehr als die Hälfte meines Essens abgegeben, um sie bei Kräften zu halten, aber Zigaretten hatte ich leider keine.

Bis wir einen Ort zum Bleiben für die letzte Nacht gefunden hatten, wurde Amadous Verlangen nach einem Glimmstengel so akut, daß er sich mürrisch in sein Schneckenhaus zurückzog, kein Wort mehr mit uns sprach und sich weigerte, irgend etwas zu tun. Ich übernahm sein Paddel, um dem erschöpften Omarou beizustehen. Einige Männer, die am Ufer Binsen schnitten, hatten uns den Weg zu einer Stelle gewiesen, wo ein Pfad zu einem Dorf hinaufführte. Mit vereinten Kräften brachten wir die Piroge dorthin. Amadou schmollte weiterhin, und so mußten wir die ganze Ausrüstung ohne seine Hilfe den steilen Abbruch hinauftragen. Viele der Dörfer waren auf erhöhtem Boden errichtet worden, um den Stechmücken und den anderen geflügelten Quälgeistern zu entrinnen, die sich auf dem Wasser vermehrten. Der Ort war kaum ein Dorf zu nennen. Er bestand nur aus einer Anzahl nicht eingezäunter Anwesen, die verstreut zwischen ärmlichen Feldern auf einer trockenen, sandigen Ebene lagen. Das Gehöft des Dorfoberhaupts, wo wir wohnen sollten, umfaßte drei Grashütten, deren eine als Vorratsraum diente und extra ausgekehrt wurde, worauf er mich aufforderte, hineinzugehen und sie zu inspizieren. Als ich ihm erklärte, daß die Hütte für die Jungen sei und ich mein Zelt aufschlagen wollte, wurde Ehefrau Nummer drei, ein sehr junges, hübsches Mädchen, angewiesen, den Platz zu kehren, den ich dafür vorschlug. Tief gebückt schritt sie rückwärts und zog dabei mit einer Handvoll Zweige ein säuberliches fächerförmiges Muster in den Sand. Ihr ältlicher Ehemann beobachtete sie dabei scharf und zeigte sich erst nach dem dritten Versuch mit dem Ergebnis zufrieden.

Wie jedesmal war die Verwandlung des kleinen, schlaffen Nylonbündels in eine straffe kleine Kuppel ein Ereignis, das alles rundherum zusammenlaufen und in Rufe des Erstaunens ausbrechen ließ. Mit Ausnahme einiger alter Spezis wurde jedermann bald von meinem Gastgeber verscheucht. Er hatte anscheinend nur darauf gewartet, sein Englisch vorzuführen, das er sich in längst vergangenen Zeiten angeeignet hatte, als er ausgezogen war, um in Nigeria Arbeit zu suchen. Er war entzückt, endlich ein passendes Publikum für eine der vermutlich höchst seltenen Darbietungen seiner Sprachkünste gefunden zu haben. »You sin« (»Sie Sünde«), sagte er zu mir und strahlte dabei übers ganze Gesicht. Und weil ein Ausdruck der Verblüffung über mein Gesicht gehuscht sein mußte, wiederholte er noch eindringlicher »You sin, you sin« und wies dabei auf die untergehende Sonne und auf meinen Unterarm, worauf ich mit Erleichterung merkte, daß er mir nur sagen wollte, ich sei sehr braun. Er fuhr mit seinem dürftigen kleinen Repertoire fort und unterlegte jedes Wort, an das er sich erinnerte, mit passender Mimik und Gestik, damit es gebührend Anklang fand. Glücklicherweise überspielte er damit auch gleich die peinliche Situation, als Amadou eintraf und rüde und ohne zu grüßen stracks in die Hütte eilte.

Als sich die Dunkelheit herabsenkte, lag ich in meinem Zelt und sah zu, wie die kleine Familie vom flackernden Feuer beschienen wurde. Die Szene hatte etwas von zeitloser Schönheit, ja fast etwas Heiliges an sich. Hinter ihnen stach eine doppelstämmige Palme schwarz gegen den wachsenden Sternenhimmel ab, und eine große, weiße Kuh, die soeben zum Melken in den Lichtkreis getreten war, ragte über den sitzenden Figuren auf. Ihre breiten Hörner waren einwärts gebogen, so daß sie sich beinahe zu einem perfekten Heiligenschein trafen. Die drei Ehefrauen und die fünf Kleinkinder, die gleichermaßen zu ihnen allen zu gehören schienen, strahlten trotz der harten Bedingungen eine Atmosphäre ruhiger Zufriedenheit und rückhaltloser Lebensbejahung aus, während sie gemeinsam das Abendessen zubereiteten und entzückt auflachten, als der kleine Säugling, den der Patriarch auf seinen Knien wiegte, ihm in den Schoß kackte und er ganz offensichtlich nicht wußte, wie er mit dieser Situation umgehen sollte.

7

Das Aïr-Gebirge

Ich kann nicht behaupten, daß ich es nicht genossen hätte, nach meiner Flußexkursion wieder in der Residenz zu wohnen und mich eine kurze Zeit von den Strapazen Afrikas zu erholen. Der größte Luxus war, meine Gedanken wieder klar in Worten ausdrücken zu können, ohne auf Umschreibungen und Gestik zurückgreifen zu müssen. Doch schon nach ein paar Tagen unter der Obhut von Sicherheitsvorkehrungen war ich wieder bereit, alle die Annehmlichkeiten gegen ein Bett unter dem Sternenhimmel einzutauschen.

Es war Zeit geworden, ins Aïr-Gebirge zu reisen. Ich wartete nur noch auf die Bestätigung der Abflugzeit meiner Maschine nach Agadez mit der Air Niger. Ich war sicher, daß diese Reise im Vergleich zu den Mühseligkeiten, die ich auf dem Fluß ausgestanden hatte, eine glatte Sache werden würde, obwohl ich heute noch nicht weiß, was diese Zuversicht bewirkte, denn ich hatte nur sehr vage Vorstellungen vom Reisearrangement und wußte überhaupt nichts von den anderen Exkursionsteilnehmern, denen ich mich anschließen sollte. Mano Dayak hatte jedoch den Eindruck eines sehr kompetenten Organisators auf mich gemacht, und Reisende sind nun einmal von Natur aus Optimisten. Was ich dabei völlig außer acht gelassen hatte, war der »Afrika-Faktor« – jenes Gesetz, das dafür sorgt, daß alles, was bei Abmachungen schiefgehen kann, mit hundertprozentiger Sicherheit auch eintritt, vor allem dann, wenn diese Abmachungen Westler betreffen, die der Auffassung sind, sie hätten ihr eigenes Schicksal fest im Griff. Daß eine Luftfahrtgesellschaft jedoch genau an dem Tag Pleite ging, an welchem sie mich nach Agadez fliegen sollte, war wirklich ein starkes Stück! Mir blieb als einziger Ausweg, die Strecke mit dem Auto zurückzulegen – eine gräßliche, neunhundert Kilometer lange Reise auf einer schmalen, schnurgeraden Teerstraße unter einer ständig über dem Horizont flimmernden Hitzeglocke. Diese seltene Schnellstraße verdankte ihre Existenz der Entdeckung von Uran im zweihundertvierzig Kilometer hinter Agadez gelegenen Arlit, die eine kurze Periode der Prosperität in Niger bewirkt hatte.

Auf meinem Rad hätte ich zweifelsohne Interessantes und Abwechslungsreiches auf der Fahrt entdeckt, doch bei einer konstanten Geschwindigkeit von hundertvierzig Stundenkilometern konnte ich nur endloses, nichtssagendes Buschwerk erkennen, und meine Hände umklammerten nervös den Rand meines Sitzes. Auf halbem Weg prallten wir auf einen Esel mit einem kleinen, verzweifelten Kind auf dem Rücken, das wild mit den Fersen strampelte, um das Tier dazu zu bewegen, die Mitte der Fahrbahn zu räumen. Obwohl sich der Aufprall sehr hart anfühlte, hatten wir den Rumpf des Esels anscheinend nur leicht gestreift, denn als ich mich endlich überwinden konnte, einen Blick zurückzuwerfen, sah ich das Kind noch immer auf seinem Rücken sitzen, und das kleine, struppige Geschöpf stand weiterhin unbeweglich mitten auf der Straße. Was mich zutiefst schockierte, war, daß der Fahrer nicht die geringsten Anstalten zum Bremsen gemacht hatte und sich einzig darüber aufhielt, daß sein Außenspiegel verbogen war. Später erfuhr ich, daß im Falle eines Unfalls der Besitzer des Esels haftbar gemacht worden wäre, was mir wider alle Vernunft erschien.

In Agadez wurde ich nach ein paar Stunden Schlaf in einer beengenden, fensterlosen Zelle eines schmutzigen, von Fliegen wimmelnden Hotels zu Temet Tours gefahren. Manos Operationsbasis lag in einem großen, mit Wüstenlastwagen vollgestellten und mit Campingzubehör übersäten Hof. Rund um die Mauern kauerten Männer in Robe und Turban im Staub und kochten geduldig Tee, während sie darauf warteten, irgendeine Anstellung zu finden.

Mano befand sich noch in Niamey. Ein kleiner, redseliger Franzose führte die Aufsicht und erwartete mich bereits. Die Gruppe, der ich mich anschließen sollte, habe schon anderthalb Tage Vorsprung, meinte er, daher sei keine Zeit zu verlieren. Er wies mir einen Platz vorne in einem Kombilastwagen zu. Ich fand keine Gelegenheit mehr, die vielen Fragen zu stellen, die mir auf der Zunge lagen. Ich hatte ja keine Ahnung, welcher Route wir folgten, wo ich mich mit den anderen treffen sollte und wer diese anderen waren. Das einzige, was ich einigermaßen sicher wußte: daß die beiden Männer, zwischen denen ich eingeklemmt saß, Ali und Bomba hießen, als Fahrer und als Koch fungierten und keiner von beiden ein Idiom sprach, das mir vertraut war.

Wir fuhren in nordöstlicher Richtung los, durchquerten die trostlosen Außenviertel von Agadez mit ihren übelriechenden Müllhaufen, passierten erbärmliche Zeltlager voll besitzloser Nomaden und waren fast unmittelbar dahinter von der kraftvollen Schönheit des Aïr-Massivs umringt. Von da an war mir egal, was passierte oder wo und mit wem ich mich treffen sollte. Einmal mehr war ich vollauf zufrieden damit, im Hier und Jetzt zu sein. Dunkle vulkanische Berge voller phantastisch zusammengewürfelter Felsblöcke, die nicht die geringste Spur von Vegetation aufwiesen, umringten flache, weite Becken und trennten die nackte Wüste von fruchtbareren Gebieten, wo verstreute Akazien das dünne Erdreich zusammenhielten und Herden von Kamelen und Ziegen das zähe Gras abweideten, das von wählerischeren Mäulern wohl verschmäht worden wäre. Immer wieder durchquerten wir ein trockenes, von Bäumen umsäumtes Wadi, wo eine einzelne Tuareg-Familie lagerte und dicke Fliegenschwärme um ihre Zelte summten. Zuweilen erhaschte mein Blick eine größere Oase, um die sich traubenartig kleine Zeltdörfer drängten.

Am Mittag hielten wir im Schatten eines baumbestandenen Wadis an. Die Männer sammelten hurtig etwas von dem knochentrockenen Holz ein, das auf dem Boden herumlag, und entfachten ein Feuer. Bomba lud einen Blechkoffer mit Kochutensilien aus und bereitete eine Mahlzeit aus Makkaroni mit Sardinen und Tomaten zu. Er kochte eine solche Riesenmenge, daß wir genug übrig hatten, um einem zerlumpten Tuareg-Kind, das sich in respektvoller Entfernung herumgetrieben hatte, eine große Emailschüssel voll abzugeben. Darauf gab es Ananas aus der Büchse. Weil ich beim besten Willen nichts mehr hinunterbrachte, schenkte ich meinen Anteil drei Kindern, die hinter einem Baum gesessen und abwechselnd die Dose ausgeleckt hatten. Sie nahmen es beim Teilen dieser unerwarteten Gabe sehr genau, und sogar der Hund, den sie bei sich hatten, durfte hin und wieder mitschlecken. Als Gegenleistung für das Festmahl reinigten sie nachher für Bomba die Kochtöpfe. Die Mahlzeit endete mit Tuareg-Tee, dessen Zubereitung eine langwierige Prozedur erfordert, welche ebensosehr um ihrer selbst willen wie wegen der kleinen Menge Tee genossen wird, die dabei herausschaut. Der Tee der Tuareg wird unter Verwendung feingehackter chinesischer Teeblätter in einer sehr kleinen Teekanne aus Email über einer winzigen Kohlenpfanne gebraut und in bauchigen Likörgläschen serviert. Man gießt die Flüssigkeit viele Male aus großer Höhe zwischen Glas und Teekanne um, gibt Zucker hinzu und läßt sie immer wieder aufkochen, bis sie in Stärke und Süße dem gewünschten Grad entspricht. Dieses Ritual wird dreimal wiederholt, wobei der Tee immer schwächer wird. Traditionellerweise ist das erste, bittere Glas für die Männer bestimmt, das zweite für die Frauen und das dritte, dem häufig Minze beigegeben wird, für die Kinder. Die Tuareg können sich ihren Tee überall brauen, sogar beim Reiten auf dem Rücken ihrer Kamele.

Während die Männer sich ausruhten und rauchten, schlenderte ich zu dem Zelt hinüber, das etwas unterhalb von uns im Wadi stand und wohin die Kinder die Reste unseres Mittagsmahls gebracht hatten. Draußen flocht eine junge Frau lange, schmale Mattenstreifen, welche das Grundbaumaterial für Zelte und Windschutz abzugeben schienen. Das Zelt wurde von Stricken zusammengehalten, die aus den langen, stacheligen Blättern einer kaktusartigen Pflanze hergestellt wurden. Die Frau schnitt sie zuerst in dünne Streifen und weichte diese in Wasser ein, um sie anschließend zu flechten. Die Kleinkinder, die ihr an den Röcken hingen, schrien vor Entsetzen auf, als sie mich kommen sahen, doch ein Stück Zucker aus dem Vorrat, den ich in meiner Tasche hatte, ließ sie bald zufrieden lächeln. Die Frau war hellhäutig und ziemlich hübsch. Sie hatte feine, ebenmäßige Gesichtszüge und einen schlanken Körper, der in dem eng gewickelten Kleid gut zur Geltung kam. Um Hals und Arme trug sie eine Unmenge von Silberschmuck. Sie holte aus ihrer Behausung weitere Schmuckstücke sowie einige der traditionellen Dolche und schweren, reich verzierten Tuareg-Kreuze. Diese mittelalterlichen Silberkreuze sind bezeichnend für jene Region und weisen in jedem Tuareg-Ort feine Unterschiede auf. Die Frau drängte mich nicht, ihr etwas abzukaufen, sondern war ebensosehr daran interessiert, meine viel bescheideneren Ringe und meine schlichte Kette mit Goldkreuz zu begutachten.

Der Lastwagen schaukelte und ruckte den ganzen Nachmittag über gewundene Pfade, die sich abwechselnd an felsigen Abgründen emporschlängelten und durch tiefen, weichen Sand führten. Um die Nachmittagsmitte herrschte eine fürchterliche Hitze, obwohl es noch immer Winter war. Da wir zusammengepfercht in der Führerkabine sitzen mußten, begann sich unser Schweiß zu vermischen. Der enge Kontakt hatte zumindest den Vorteil, uns davor zu bewahren, daß wir allzu heftig herumgeworfen wurden, denn das Vehikel schlingerte wie wild. Bombas Blechkiste wurde trotz der Stricke, mit denen sie festgezurrt war, von der Ladebrücke katapultiert. Das Kochzeug lag über den ganzen Weg verstreut, Zuckerstücke und Makkaroni verschwanden im Sand. Eins der Benzinfässer schlug leck und durchweichte meinen ausgeliehenen Rucksack, doch glücklicherweise hat mich ein langes Leben im englischen Klima gelehrt, immer alles in doppelte Plastiksäcke zu verpacken, und diese Gewohnheit rettete meine Kleider und meinen Schlafsack vor dem Ruin. Gemessen an meinem Entzücken und an der Neuartigkeit meiner Umgebung fielen jedoch weder die Unannehmlichkeiten noch die Beinahe-Katastrophe stark ins Gewicht. Im Grunde gab es nur wenig zu sehen, doch das außergewöhnliche Gefühl von Weite verlieh jedem gebogenen und verkrümmten Baum eine Schönheit und Bedeutsamkeit, die durch die klare Wüstenluft noch intensiver wurde.

Die wenigen Gestalten, die sich durch diese kahle, helle Landschaft bewegten, waren in dunkelblaue Roben gekleidet und stachen scharf vom Gestein und vom Sand rings um sie herum ab. Inmitten ihrer Herden wirkten sie auf ihren großen Kamelen wie Manifestationen einer archaischen Vergangenheit – der Samen Abrahams, der sich weit vom Land ihrer Vorväter ausgestreut hatte. Die Tuareg sind den Berbern verwandt, doch über ihre genaue Abstammung wird viel spekuliert. Eine Zeitlang glaubte man aufgrund des mittelalterlichen Gepräges ihrer Kleider und Waffen, ihrer silbernen Kreuze, ihres kriegerischen Verhaltens und ihrer ritterlichen Auffassungen sogar, sie seien die Nachfahren eines spurlos verschwundenen Heers von Kreuzrittern. Sie waren die Herren der Wüste, die vielgefürchteten Piraten der Sahara, die ihr Unwesen an den Karawanenrouten trieben, welche von den großen Handelszentren wie Timbuktu quer durch die Wüste führten.

Obwohl die Tuareg zum Islam bekehrt wurden, haben sie sich im Vergleich zu anderen Muslimvölkern viele Eigenarten bewahrt. Ihre Gesellschaftsform ist matrilineal. Die Frauen verfassen traditionellerweise Gedichte und genießen beträchtlich mehr Freiheiten bis hin zu sexuellen Beziehungen vor der Ehe und dem Recht, sich von ihrem Ehemann scheiden zu lassen. Im Gegensatz zu allen anderen islamischen Vökern sind es hier die Männer und nicht die Frauen, die mit verhülltem Gesicht herumlaufen. Nur die Augen werden von dem meterlangen, tief indigoblauen Tuch freigelassen, das ihren Kopf umhüllt, was einiges zu dem romantisch-geheimnisvollen Nimbus beiträgt, der die Männer der Tuareg umgibt. Dieses vielgepriesene indigofarbene Baumwollgewebe wirkt sehr dunkel, eigentlich fast schwarz. Es ist jedoch nicht farbecht und hinterläßt eine permanente blaue Tönung auf Gesicht und Händen, die den Tuareg die Bezeichnung »Blaue Männer der Wüste« eingetragen hat. Die Art und Weise, wie sie den Kopf verhüllen, bietet einen praktischen Schutz vor der schrecklichen Sonne und den Winden der Sahara und wird von vielen westlichen Touristen kopiert, was besonders in Verbindung mit Shorts oder Jeans oft etwas komisch wirkt.

Als die Tuareg vor Jahrhunderten nach Süden in die Sahara einfielen, machten sie sich die schwarze autochthone Bevölkerung zu Sklaven. Diese sogenannten *iklan* oder *bella* übernahmen viele Sitten der Tuareg, bestellten für sie die Felder und führten den Hauptteil der niedrigen Arbeiten aus, bis die französischen Kolonisatoren zu Beginn des zwanzigsten Jahrhunderts gewaltsam darangingen, sie zu befreien. Viele Abhängige zogen jedoch die Sicherheit der Knechtschaft der Ungewißheit eines Lebens in Freiheit vor und blieben noch jahrzehntelang nach ihrer Freilassung aus eigenen Stücken bei ihren einstigen Herren. Während der tragischen letzten Jahrzehnte mit ihren verheerenden Dürrezeiten, von denen die Tuareg heimgesucht wurden, taten die ehemaligen Sklaven alles Menschenmögliche, um ihren früheren Herren zu helfen. Doch nichts konnte die massenhafte Vernichtung der großen Viehherden aufhalten, und ohne ihre Tiere waren die Tuareg dem Untergang geweiht. Es wurde zwar nie eine genaue Erhebung angestellt, doch man rechnet damit, daß nur ein winziger Bruchteil dieses Volkes seine traditionelle Lebensweise beibehalten konnte. Die übrigen sind im ganzen Sahel und weit darüber hinaus zerstreut worden, hausen entweder in Flüchtlingslagern oder schlagen sich anderweitig mühsam durchs Leben. In den Städten ist eine Stelle als Nachtwächter sehr begehrt, denn sie verträgt sich noch am ehesten mit der bei den Tuareg vorherrschenden Auffassung von Tapferkeit und von einer einem Mann geziemenden Tätigkeit. Es gibt jedoch nicht annähernd genug reiche Ausländer, um alle Tuareg einzustellen, die dem Sog der Städte erliegen, und so versuchen sich die restlichen mit dem Verkauf ihrer Souvenirs über Wasser zu halten, bis ihre Lage hoffnungslos wird und sie entweder verzweifeln oder ihr Leben mit gebrochenem Herzen in den Flüchtlingslagern beschließen. Dies alles ist eine riesige Tragödie, von der die übrige Welt leider fast gar keine Kenntnis genommen hat.

Ein Gedicht, das in einem der seltenen Wiederansiedlungsprojekte im Sahel verfaßt wurde, läßt erahnen, wie die Tuareg selbst ihre Zukunft sehen.

Das Gedicht von Tidarmène

Wenn ich euch Neues erzählen soll,
Dann müssen wir uns hier die Hände reichen
Und aufhören, uns in fremde Länder zu zerstreuen.
Wir sehen unsere Kameraden weggehen und ziellos herumreisen.
Sie lassen Schwestern und Brüder hier zurück,
Dem Hunger preisgegeben,
Auf einer Reise in die Armut.
So eine Reise ist ein schlechter Abschied,
Und wer wegzieht, ist wie einer,
Der ohne Kenntnis in Richtung Tamanrasset aufbricht.
Von keinem Freund oder Führer begleitet,
Läßt er sich ohne Wasser und Nahrung auf die Sahara ein,
Und auf dem Weg wird er auch keine finden.
Er dringt in die Wüste,
Bis sein Kamel sich mit allem Gepäck losreißt.
In diesem Augenblick bricht ein heftiger Sturmwind los.
Der Reisende verliert die Herrschaft; hilflos
Kauert er sich nieder, um seinen Kopf
Mit einem Zipfel seiner Robe zu bedecken.
Er schließt die Augen, doch immer wieder denkt er:
»Was wird aus mir werden? Werde ich einsam sterben?«

Von den beiden Männern, die mich begleiteten, war Bomba, der Koch, ein ehemaliger Unfreier und sehr dunkelhäutig; Ali, der Fahrer, war Tuareg und hatte eine hellere Hautfarbe. Beide waren in die gleichen Roben gekleidet und trugen einen langen Tuchstreifen in Form eines Turbans um den Kopf gewickelt, der eine lockere Falte freiließ, um Mund und Nase zu bedecken, wenn sie nicht rauchten oder aßen. Beide schienen zufrieden mit ihrer Arbeit, und auch ich empfand es als wohltuend, diese anspruchslose Stille und das kameradschaftliche Gefühl mit ihnen zu teilen, das sich in einem Lächeln äußerte, wenn sie nicht verschleiert waren, oder in einem wortlosen Hinweis auf etwas Sehenswertes Ausdruck fand.

Wir setzten unseren Weg durch das weite Land fort, bis die Sonne kurz vor dem Untergehen war. Als sie endlich hinabsank, tauchte sie den Sand in ein Meer von Rot. Das dunkle Gestein der Berge leuchtete auf, als würde es in Flammen stehen, und zitronengelbe und rote Wolken sammelten sich über ihm. Zugleich wurde das Grün des Laubwerks kälter und dunkler. Die Schatten durchliefen hurtig Myriaden von Abstufungen zwischen Mauve und Purpur, und bevor ich auch nur einen kleinen Bruchteil all dessen in mich aufnehmen konnte, war alles schon vorbei – selbst ein Menschenleben wäre viel zu kurz für die Sonnenuntergänge im Aïr!

Bevor die letzten Farbstreifen völlig vom Himmel verschwunden waren, bogen wir vom Pfad in einen Akazienhain ab und schlugen in einem kleinen, flachen, sandigen Becken, das an seiner Rückseite von niedrigen Bergen begrenzt war, unser Lager auf. Während sich Ali und Bomba mit dem Feuer befaßten, nahm ich die Schaumstoffmatratze, die sie mir reichten, und fand etwas weiter weg einen Platz unter einem Baum, wo ich das Moskitonetz an einem Ast befestigen und über das Bett hängen konnte. Ich erwartete nicht, in der Wüste Mücken anzutreffen, aber wenn es hier herum Sandflöhe gab, wollte ich lieber nicht aufwachen und spüren, wie sie mir übers Gesicht krochen. Von diesen wenigen Vorkehrungen abgesehen, durfte ich keinen Finger rühren. Ich saß auf einer Decke, die beim Feuer für mich ausgebreitet wurde, während Bomba geschickt die Hitze unter seinen zahlreichen Töpfen regulierte, indem er die Äste etwas weiter hineinschob oder herauszog, und eine weitere Riesenmahlzeit, diesmal ein Kuskus, zubereitete. Mädchen von einem nahe gelegenen Lager geisterten wie die Seelen Verstorbener durch den Lichtschein des Feuers. Sie boten Kamelmilch zum Verkauf an, ein dünnes, strenges Getränk, welches sie mit einer anmutigen, klassischen Bewegung aus irdenen Töpfen gossen.

Die Nacht war sehr kalt. Die Stille wurde plötzlich vom scharfen Knacken der sich zusammenziehenden Benzinfässer durchbrochen. Die beiden Männer schliefen in ihre Decke gewickelt nahe beim Feuer und regten sich bisweilen, um Holz nachzulegen. Ich lag wach und schaute zu, wie ringsherum Sternschnuppen niederfielen. Es war so hell, daß ich sehen konnte, wie mein Atem kondensierte. Ich schien kaum geschlafen zu haben, als wir auch schon wieder auf waren. Die fröstelnde Kälte hatte sich noch nicht verzogen. Bomba stocherte die Asche auf und blies die Glut an, um Wasser zum Waschen für mich zu wärmen. Darauf kochte er Kaffee, den er mit Brot, Streichkäse und Marmelade servierte – das reinste Luxuslagerleben! Als wir aufbrachen, überflutete die Sonne die Wüste, und die ungeheuer langen Schatten der Berge und Bäume wurden zusehends kürzer, während wir auf sie zufuhren. Aus einem dieser Schatten brach urplötzlich ein Schwarm von etwa vierzig Straußen hervor, große, phantastische Geschöpfe, die mit Windeseile auf einen felsigen kleinen Talkessel zurasten und weit eher wie eine Spezies aus grauer Vorzeit als wie Vögel aussahen. Ich hatte Glück, sie in so großer Zahl zu sehen, denn sie sind selten geworden. Obwohl sie unter Schutz stehen, rauben die Einheimischen ihre Nester aus, wo sie nur können, um die riesigen Eier an Touristen zu verkaufen. Hie und da zeigten sich auch Gazellen, liebliche, zarte Geschöpfe, die aus dem Stand in hohe, elastische Sprünge ausbrachen und auf Beinen, die viel zu zerbrechlich für ihren rauhen Lebensraum wirkten, in die Ferne davonschnellten. Sie schienen hier prächtig zu gedeihen, denn ich stieß überall auf ihre Spuren. Von den viel selteneren Adax-Antilopen, für die diese Gegend berühmt ist, sah ich keine einzige.

Sobald die Sonne über die höchste Bergkette gestiegen war, wurde es mit einem Schlag sehr heiß. Wir hielten bei den uralten Ruinen von Asodé, einer ehemals berühmten Stadt und Hauptstadt eines großen Reiches, was ich jedoch erst mehrere Tage später erfuhr. Damals war ich mehr um einen etwa elfjährigen Jungen besorgt, der hinter mir her hinkte, als ich zwischen den niedrigen, quadratisch angelegten Steinmauern und den eingestürzten Dachsparren herumwanderte. Er war mager und nur mit einer zerschlissenen Hose bekleidet, doch er hatte den Kopf teilweise rasiert und trug lange Haarflechten, das Zeichen eines Tuareg. Ich hatte zwar davon gelesen, aber noch nie diese Haartracht gesehen, weil die Köpfe der Männer stets bedeckt waren. In seinem Oberschenkel klaffte ein tiefes, eiterndes Loch. Er hoffte offenkundig, daß ich es heilen konnte, aber alles, was ich an Erster Hilfe bei mir hatte, war Jodtinktur. Ich trug etwas davon auf und deckte die Wunde ab, um die Fliegen fernzuhalten, doch ich kann mir nicht vorstellen, daß dies dem armen Kind viel half.

Bald danach hatte es den Anschein, als seien wir der Gruppe, der ich mich anschließen sollte, dicht auf den Fersen, denn wir hielten wiederholt an, um mit Tuareg zu sprechen, die zur Antwort gegen den fernen Horizont wiesen. Jeder dieser Tuareg bewegte sich in seiner eigenen dichten Wolke von Fliegen, die seine Schultern bedeckten und ihm um den Kopf schwirrten. Sie lösten sich in Scharen von ihnen ab und flogen durchs offene Seitenfenster herein, um uns zu begutachten und erst wieder zu verschwinden, wenn wir mit Vollgas losfuhren. Dies war einer der weniger romantischen Aspekte des Nomadenlebens und störte mich sehr viel mehr als die anderen. Die Fähigkeit der Tuareg, von frühester Kindheit an den Fliegen keine Beachtung zu schenken, die überall, sogar auf dem Gesicht, auf ihnen herumkrochen, war mir in ähnlichem Ausmaß nur bei ägyptischen Kindern begegnet, deren Mütter ihre Sprößlinge daran hindern, die Fliegen zu verscheuchen, weil sie glauben, daß alles Lebendige geachtet werden muß.

Zur Mittagszeit holten wir meine Reisegesellschaft ein, und ich mußte mich von Bomba und Ali und der anspruchslosen Kameradschaft, die ich mit ihnen genossen hatte, verabschieden. Wie sich herausstellte, bestand die Gruppe aus Jean und Marie-France, einem angenehmen französischen Ehepaar in meinem Alter, ihrem Sohn Pascal, einem Reiseleiter, zwei Fahrern und einem Koch. Ein Teil des exzellenten Essens und Weins, die zu teilen ich das Vergnügen hatte, stammte aus Frankreich, denn Jean und Marie-France war viel daran gelegen, ihre Reise ins Aïr so erinnernswert wie nur möglich zu gestalten. Der Haupterfolg war jedoch dem jungen Tuareg-Koch zuzuschreiben, der wahre Wunder wirkte. Er stand lange vor Tagesanbruch auf, buk mit den rudimentärsten Hilfsmitteln köstliches frisches Brot und rackerte sich bis spät in die Nacht ab, um verschiedene Leckerbissen für den folgenden Tag vorzubereiten.

Treibstoff, Wasser und alles, was wir für die Woche benötigten, die wir in der Wüste verbringen wollten, mußte in und auf den beiden Fahrzeugen mitgeführt werden. Bei sieben Leuten mit eigenem Gepäck samt Tisch, Kochutensilien und Vorräten bedeutete dies, daß mehrmals am Tag ein- und ausgeladen werden mußte. Beide Fahrer und der Koch arbeiteten äußerst intensiv, damit wir uns wohl fühlten. Jeden Abend meldete sich einer der Fahrer per Funk in Agadez, um der Agentur zu versichern, daß alles in Ordnung sei, denn wir befanden uns in weglosem Gelände und konnten sehr leicht spurlos verschwinden. Jeder Ortswechsel in dieser Gegend unterstand strikten Vorschriften, und kein Tourist durfte ohne Begleitung eines anerkannten Führers herumreisen. Dies war nicht nur aus Sicherheitsgründen wichtig, sondern diente auch dem Schutz des Aïr und seiner Pflanzen- und Tierwelt. Das Gebiet ist etwa so groß wie die Schweiz und birgt ein enormes Potential für den Tourismus, was einesteils dringend benötigte Arbeitsplätze und ein zusätzliches Einkommen für seine Bewohner schaffen würde, andernteils sehr leicht dazu führen könnte, daß es in kürzester Zeit durch unbedachte Übernutzung zerstört wird. Allein schon das Brennholz, das wir Tag für Tag noch so leicht fanden, wäre bald erschöpft, wenn mehrere Reisegruppen wie die unsere es verheizen würden; schon bald müßte man beginnen, die Bäume selbst abzuholzen, und der Boden würde im Handumdrehen zu nackter Wüste degenerieren.

Vor Zeiten hatten in der ganzen Sahara dieselben feuchtwarmen klimatischen Bedingungen geherrscht, wie sie heute in Zentralafrika anzutreffen sind. Weitläufige Flußsysteme und Seen bewässerten sie, Herden von Elefanten und anderen Tieren, die ihre Weidegründe inzwischen weit in den Süden verlegt haben, grasten auf ihren Ebenen und durchstreiften ihre Berge und Täler. Selbst nachdem das Rad erfunden worden war, wimmelte es in der Sahara weiterhin von Leben, und sie wurde regelmäßig in beide Richtungen von Wagen durchquert. Wir wissen dies alles nicht nur aufgrund geologischer Belege wie ausgetrockneter Flußläufe, sondern noch viel augenfälliger aus den herrlichen Felsmalereien und -gravuren, die uns prähistorische Völker als bildliches Zeugnis ihrer Zeit hinterlassen haben. Diese Malereien wurden an mehreren Stätten in der ganzen Sahara in Hülle und Fülle ausgeführt, meistens an Stellen, die sich mit der zunehmenden Trockenheit zu so abgelegenen Schlupfwinkeln entwickelten, daß sie lange Zeit unentdeckt blieben, bis der Franzose Henri Lhote zufällig auf eine besonders ergiebige Fundstelle in der entlegenen Tassiliregion in Südalgerien stieß und 1954 einer verblüfften Mitwelt die Früchte seiner zehnjährigen Arbeit offenbarte.

Es gab mehrere solcher Fundstellen im Aïr-Massiv, und wir suchten ein paar von ihnen auf. Bei einer fanden wir einen alleinstehenden kleinen Hügel aus Sandsteinblöcken und Findlingen vor, die in einem fernen geologischen Zeitalter auf einer flachen Ebene abgelagert worden waren. Die Gravuren umspannten mehrere Jahrtausende. Die ältesten waren vermutlich fünftausend Jahre alt, während die Mehrzahl ums Jahr 1000 v. Chr. datiert wurde. Diese gefielen mir am allerbesten. Sie bestanden ausschließlich aus tief eingeritzten Giraffen, die sehr detailliert ausgeführt waren und sogar das Muster der Haut wiedergaben. Andere Zeichnungen zeigten breitgehörntes Vieh, Elefanten und sogar Strichmännchen; sie stammten aus einer früheren Periode, was darauf schließen läßt, daß um 1000 v. Chr. bereits viele Tierarten nach Süden abgewandert waren. Giraffen durchstreifen auch heute noch die abgelegeneren Landstriche des Niger, denn ihre langen Hälse ermöglichen es ihnen, Bäume abzuknabbern und selbst dort noch Futter zu finden, wo sich alle anderen Pflanzenfresser, selbst die Ziegen, geschlagen geben müssen, und sie werden noch immer gejagt und verzehrt. Die reichhaltigen Zeichnungen belegen, daß die Giraffe einst eine sehr wichtige Rolle für die Ernährung der hier ansässigen Menschen gespielt haben mußte: In jede verfügbare Fläche, selbst an scheinbar unzugänglichen Stellen, waren kunstvoll ausgeführte Exemplare in verschiedenster Größe eingeritzt worden, darunter auch sehr große und vollkommen proportionierte. Es war dies eine Stätte der Anbetung und uralter Rituale aus einer Zeit, als die Welt noch ganz anders aussah, und obwohl ich diese Gegend so außergewöhnlich schön fand, hatte der Gedanke an die Verarmung, die sie ereilt hatte, seit diese Symbole der Fülle hier verewigt worden waren, etwas Ernüchterndes.

Sobald wir aus den Fahrzeugen stiegen, war jeder Augenblick der reinste Genuß, vor allem aber das Auf- und Untergehen der Sonne. Am allerschönsten war es am Weihnachtstag. Ich wachte recht früh auf, als sich bereits die Morgendämmerung anzukündigen schien. Im Schatten des Berges war die Luft sehr kalt. Als ich den am vergangenen Abend geplanten Aufstieg unter die Füße nahm, begann eine dünne Wolkenbank rasch den Himmel zu überziehen und die letzten Sterne zu verdunkeln. Der Gipfel war nicht hoch, doch er setzte sich aus gezackten, verworfenen, bläulich schimmernden Platten zusammen, um die herum das weichere Gestein seit Äonen verwittert war. Im schwachen Licht sahen sie gespenstisch aus. Ihre Kanten waren messerscharf, und die Zwischenräume der Blöcke waren mit Flugsand aufgefüllt, so daß ich beim Klettern meine ganze Konzentration aufbieten mußte. Als ich den Kamm erreicht hatte und mich endlich umsehen konnte, lag eine Szene von erstaunlicher Schönheit vor mir. Der Osthimmel, von einem fast unvorstellbar bleichen, durchsichtigen Blau, war mit rosigen Federwolken überzogen, deren jede von Bändern schimmernden Goldes gesäumt war. Die Sonne befand sich noch immer unter dem Kranz weiterer gezackter Bergketten, die ebenfalls mit einem dünnen Goldstreifen umrandet waren. Unter mir im Schatten lag das nächste enge Tal, ein dunkles, phantastisches Chaos zerspaltener Felsen und Klüfte. Der Kontrast dieser rauhen, steinigen Wildnis zu dem zarten Himmel darüber, der sich von Minute zu Minute in ein immer wunderbareres Blau verwandelte, und zu den sich ständig verdünnenden und verformenden Rosenwolken ließ dies alles weit eher wie den Anbruch eines neuen Schöpfungstages als wie einen gewöhnlichen Sonnenaufgang erscheinen.

Eines Morgens, nachdem ich bis lange in die Nacht hinein den Sternschnuppen zugeschaut hatte, erwachte ich spät in meiner kleinen, sandigen Mulde und sah, wie zwei verschleierte Tuareg in blauen Roben lautlos eine Kette von Kamelen das Tal zu unserem Lager heraufführten. Ich hatte nichts von diesem Arrangement gewußt, doch zu meiner großen Freude sollten sie diesen einen Tag uns gehören. Auf ihnen schaukelten wir in gemessenem Gang aus dem Aïr hinaus, hinunter ins Randgebiet der Ténéré-Wüste. Wir durchquerten ein neues Land aus steilen Sanddünen, die von den Wüstenwinden unablässig zu einer scharfkantigen, urtümlichen, vollkommenen Form poliert wurden. Diese sagenhaften, der Natur eigenen Pyramiden waren ebenso atemberaubend wie alles, was die Pharaonen je erbaut hatten. Mit den Felswänden des Aïr im Rücken öffnete sich rund um uns ein riesiges, phantastisches Panorama aus vom Wind modelliertem Sand, das sich genauso anfühlte, als wären wir aus dem Schutz einer sicheren Insel aufgebrochen und hätten auf einem unermeßlichen Ozean die Segel gehißt.

Dies war unser letzter Tag, bevor wir wieder nach Agadez zurückkehrten. An einem Ort namens Temet schlugen wir in den Dünen der Ténéré-Wüste unser Lager auf. Mano Dayak hatte sein Reiseunternehmen nach ihm benannt, weil dies, wie er uns bei unserer ersten Begegnung versicherte, »der schönste Platz in der ganzen Wüste« sei. All die Tage im Aïr hatte ich Stellen gesehen, die dasselbe Prädikat verdient hätten, doch ich mußte zugeben, daß dieser Fleck etwas ganz Besonderes an sich hatte. Ein isolierter Ausläufer des Aïr, Adrhar Chiriet genannt, lag uns im Süden gegenüber, ein großes Hufeisen aus hoch aufragenden, gezackten nackten Felsen. Sonst war nichts als jene endlosen exquisiten Dünen unter einer Kuppel von leuchtendem, makellosem Blau. Es war eine rauhe und zugleich wundersame Landschaft von einer unendlichen Mannigfaltigkeit, die sich dennoch immerwährend gleich blieb.

Etwa tausenddreihundert Kilometer westlich lag Timbuktu, und weitere zweitausenddreihundert Kilometer im Osten, quer durch den unerforschten Sand, erstreckte sich das Niltal, das Mansa Musa, der große Herrscher über das alte Mali, im Jahr 1324 auf seiner Pilgerreise nach Mekka passiert hatte. Er hatte Timbuktu mit einem riesigen Hofstaat von Frauen, Kamelen und Sklaven verlassen – und vor allem mit Gold. Mit so viel Gold, daß sogar das reiche Land Ägypten überwältigt war und in aller Welt

Gerüchte über den sagenhaften Reichtum von Timbuktu zu zirkulieren begannen. Ich sann darüber nach, daß Mansa Musas exotische Karawane nicht weit von diesem strengen und zugleich lieblichen Ort entfernt vorbeigezogen sein mußte, was eine schöne Querverbindung zu meiner eigenen Reise herstellte.

8

Agadez

Vom Dach des Hotels in Agadez konnte ich früh am Morgen beobachten, wie Männer in langen Reihen vom Schlachthof her durch die staubigen, von Abfall bedeckten Straßen eilten. Auf ihren Köpfen trugen sie Becken, in denen die blutigen Viertel frisch geschlachteter Tiere auf und ab hüpften und alles mit Blut bespritzten – welch schriller Kontrast zu der reinen, leeren Wüste, die ich erst kürzlich verlassen hatte. Agadez schien keine attraktive Stadt zu sein. Ich konnte anfänglich auch keinen Gefallen daran finden, durch all diese belebten Straßen und Gassen zu wandern, durch die der Wind fegte, weil ich sogleich das Ziel für Hunderte von herumziehenden Straßenhändlern war, die über mich herfielen wie Wespen über einen Marmeladetopf, wo immer ich auch hinging.

Weil gerade Weihnachtsferien waren und die Tourismussaison ihren Höhepunkt erlebte, war Agadez überfüllt. Die wenigen dunklen, stickigen Hotelzimmer, welche die Stadt anzubieten hatte, waren bereits belegt, und so mußte ich mit diesem luftigen, für mich vorteilhaften Schlafplatz auf dem Dach des dreistöckigen »Aïr-Hotels« vorliebnehmen. Der ehemalige Sultanspalast war eines der höchsten Gebäude von Agadez. Unten im Speisesaal war ein Balken, auf den alle Neuankömmlinge voller Begeisterung hingewiesen wurden: Daran waren die Anführer der Tuareg beim Aufstand gegen die Franzosen im Jahr 1916 aufgeknüpft worden. Die Dachterrasse war trotz der geringen Übernachtungsgebühr vermutlich die einträglichste Geldquelle für das Hotel, denn die Matratzen lagen so dicht an dicht, wie es eben ging. Ich teilte den geselligen Platz mit Reisenden aus mehreren europäischen Ländern. Viele von ihnen hatten soeben mit lädierten Fahrzeugen, die sie in Niger verkaufen wollten, die Wüste durchquert, und es herrschte eine Atmosphäre, die sehr gut zu einer Stadt paßte, welche seit jeher im Schnittpunkt von Handelsrouten gelegen hatte. Für diese Hotelgäste war der Sahel noch neu, und die räuberischen Händler brachten sie viel mehr außer Fassung als mich. Manche waren so eingeschüchtert, daß sie keinen weiteren Ausfall in die Straßen wagten und es vorzogen, hinter dem sicheren Schutz der Brüstung auf das bunte Menschengewimmel hinunterzuschauen. Doch nicht einmal auf dem Dach war die Immunität gewährleistet, da einige der Souvenirverkäufer das Hotelpersonal bestochen hatten, so daß es ein Auge zudrückte, während sie rasch mitsamt ihrem Warenvorrat die Treppen hinaufflitzten, um ihre »Hochdruckverkaufstechnik« anzuwenden.

Ich wollte lieber auf den Straßen Spießruten laufen, als ewig auf dem Dach herumzusitzen. Dies gereichte mir sehr bald zum Vorteil, um so mehr, als ich eine Einzelperson war und keiner der potentiell gewinnträchtigen Reisegruppen angehörte. Nach zwei, drei Tagen hatten sämtliche Händler versucht, mir alles anzudrehen, was sie zu verkaufen hatten, und wußten inzwischen, daß sie ihre Zeit nicht mehr mit mir vergeuden mußten. Weitere Annäherungsversuche erfolgten aus reinem Interesse, zur Befriedigung der Neugier oder einfach nur aus Freundlichkeit, und in diesem Stadium war es bald möglich, dieser Grenzstadt etwas abzugewinnen.

Mit Ausnahme der Großen Moschee gleich gegenüber dem Hotel besaß Agadez keine denkwürdigen Bauten. Sie war im traditionellen Stil des Sahel gehalten und in ihrer jetzigen Form erst rund hundert Jahre alt, denn seit dem sechzehnten Jahrhundert, als das Original entstand, hatte man sie mehrmals umgestaltet. Das Problem, aus *banco*, dem allgegenwärtigen Baumaterial im nördlichen Afrika, das nur aus mit etwas Stroh vermischtem Flußlehm besteht, ein hohes islamisches Minarett zu konstruieren, soll erstmals von einem spanischen Architekten gelöst worden sein, den Mansa Musa mitgebracht hatte: Man errichtete ein einfaches Holzgerüst aus dicken Ästen, um welches der Lehm modelliert werden konnte. Diese Arbeit wird üblicherweise von Hand ausgeführt und ergibt eine charakteristische rustikale Oberflächenstruktur. Überall läßt man Balken dieses rohen Gerüstes aus dem luftigen, stumpfen und sich nach oben verjüngenden Stachelturm herausstehen, um das nach jeder Regenzeit notwendige Auftragen weiterer Lehmschichten zu erleichtern. Der niedrige quadratische Bau, der diesen zentralen Turm umgibt, besteht aus demselben, von Hand geglätteten Banco und wird von ein paar frei gestalteten dekorativen Spitztürmchen belebt. Insgesamt wirkt das hohe, stoppelige Gebäude in seinem monochromen Rahmen außerordentlich lebendig.

Hinter der Moschee liegt das älteste Stadtviertel, wo die traditionellen Handwerker und Kleinhändler in viereckigen Häusern wohnen, die mit der Rückseite an enge, beschattete Gäßchen grenzen und ihnen ein blindes Gesicht zuwenden. Im übrigen besteht die Stadt aus einer völlig ebenen weiten Wüstenfläche mit tristen Flachdachhäusern aus Banco, die breite, von Müll übersäte sandige Straßen säumen. Bruchbuden und wackelige Verkaufsstände drängen sich zu Märkten zusammen und wuchern in jede freie Lücke. In andere Zwischenräume sind für die kurze Dauer der Tourismussaison die Zelte von Nomaden zwischen den Häusern aufgestellt worden. Mit Ausnahme der Moschee erweckt dies alles insgesamt den Eindruck, als wäre es nur vorübergehend da – ein provisorischer Rastplatz und ein geschäftiger Markt für ein Wüstenvolk, das heute noch hier und morgen schon wieder weg ist. Sobald ich einmal ein Auge dafür hatte und Agadez in dieser Eigenschaft würdigen konnte, merkte ich, daß hier eine aufregende Atmosphäre mit einer langen, kontinuierlichen Tradition herrschte. Seltsamerweise erinnerte mich dies alles von fern an eine Kulisse für einen Wildwestfilm.

Alle Farbe und alles Interessante kam von den Menschen selbst. Agadez ist zwar eine Tuareg-Stadt, und seine Bewohner gehören größtenteils diesem Volk an, doch es gibt deutliche Unterschiede zwischen den zahlreichen Stämmen, die sich hier für einmal in Einzelheiten der Kleidung und Haartracht, in der Art, wie der Turban getragen wird, und in den Gesichtszügen manifestieren, obwohl man einen Tuareg-Reiseführer brauchte, um diese Unterschiede in Worte zu fassen. Daneben waren aber auch viele andere Volksstämme vertreten, die nicht mit den Tuareg verwandt sind, so daß eine Bestandsaufnahme all der mannigfaltigen Kostüme und Rassentypen mehrere Skizzenblöcke füllen könnte. Einige stachen deutlicher heraus als andere, so beispielsweise die unverkennbaren Männer der Wodabé, großgewachsen und schlank, mit geflochtenem Haar und mit Straußenfedern besetzten Kulihüten. Trotz ihrer Körpergröße und ihres Rufs als tapfere Krieger legen die Wodabé, die den Fulbe-Nomaden angehören, auch sehr viel Wert auf männliche Schönheit im Stil der alten Griechen. Auf ihrem jährlichen Treffen, zu dem sie aus ganz Niger zusammenströmen, tanzen die schön geschminkten und geschmückten jungen Männer vor den Frauen, die darauf nach Kriterien wie Weiße und Ebenmäßigkeit der Zähne und Grazie der Bewegungen ihre Favoriten auswählen. Es überrascht deshalb nicht, daß alle Besucher (ich eingeschlossen) die Wodabé fotografieren möchten. Der ein Meter achtundneunzig große Ismael, der widerwillig für mich posierte, die eine Hand an der Hüfte und so elegant wie ein Fotomodell, beklagte sich bitter: »Jeder will Foto, aber keiner will kaufen.« Sein Job bestand darin, Touristen zum Marktstand seiner Familie zu locken, wo man sie bestürmen konnte, Wodabé-Hüte und Wodabé-Schmuck zu erstehen. Ich trank mehrere Gläser Tee mit Ismael auf dem Markt und schenkte ihm als Souvenir meinen Ersatzkugelschreiber. Er erzählte mir, wie sehr ihn die Monate frustrierten, die er in Agadez verbrachte, um die Jahresproduktion an billigem Krimskrams zu verkaufen, bevor die kurze Tourismussaison zu Ende ging. Er ziehe das Leben, das er den Rest des Jahres in der Wüste führe, bei weitem vor, meinte er, doch die Familie brauche nun einmal Geld.

Dies schien das gängige Muster für die meisten Leute zu sein, die ich in Agadez kennenlernte. Jeder gehörte einer großen Familie an, von der ein Teil mit den Tieren in der Wüste blieb, während die übrigen die wenigen kurzen Wintermonate der Touristensaison in der Stadt verbrachten und Schmuck, Hüte, Waffen, Sandalen, Lederarbeiten und alles andere, was sie das Jahr über verfertigt hatten, zu verkaufen versuchten. Das Problem war nur, daß viel zuviel Leute dieselben Waren feilboten, aber nicht genug Touristen als Käufer vorhanden waren. Daneben gab es die traditionellen Kaufleute, die in der Stadt wohnten und deren Familien seit Jahrhunderten hier ansässig waren. Sie handelten mit den unzähligen verschiedenen Gebrauchsartikeln – von Räucherwerk und Zaubertränken über Gewürze bis zu Getreide und Stoffen –, welche die Nomaden hier einkauften, wenn sie in die Stadt zogen, um ihre Tiere einzutauschen. Wie sich diese Kaufleute und die alteingesessenen Silber- und Grobschmiede gegen die Konkurrenz der nomadischen Straßenhändler behaupten konnten, war mir allerdings ein Rätsel.

Ich trank auch Tee bei den Zelten der Kel Ewey, eines Tuareg-Stamms, dessen Frauen ihr Leben im Zentrum von Agadez genauso weiterführten wie an einem ihrer anderen Rastplätze. Sie saßen in Gruppen auf Matten oder sehr niedrigen Hockern zwischen den Zelten. Die einen schnitten Leder zu sehr dünnen Streifen und flochten sie zu Kamelpeitschen, andere rührten in Kochtöpfen oder kämmten ihren Kindern die Haare. Es herrschte eine sehr entspannte Atmosphäre mit Gesprächen und Neckereien. Man zahlte der Stadt Miete für den Platz, auf dem sie ihr kurzlebiges Obdach aus Matten aufstellten, die über einen Rahmen aus leichten Zweigen gebreitet wurden. In diesen Zelten gab es meist nur ein niedriges Holzbett und vielleicht ein paar Stoffballen oder einige Säcke mit ihrer jeweiligen Handelsware. Die wenigen Utensilien zum Zubereiten der Mahlzeiten lagen in einem Haufen draußen auf dem Boden und umfaßten nicht viel mehr, als was ich üblicherweise für einen Campingausflug benötigte, waren jedoch um einiges schwerer. Ich konnte mir gut vorstellen, daß es wohl kaum lange dauern würde, bis alles zur Weiterreise verstaut war, und in dieser Hinsicht fühlte ich mich ihnen verwandt. Die jungen Männer zogen ihre Runden durch die Straßen auf der Suche nach potentiellen Kunden, die eingeladen und mit Tee bewirtet wurden, um sie kaufwilliger zu stimmen; doch auch bei diesem Manöver war noch ein Rest der alten Gastfreundschaft zu verspüren und nicht bloß reiner Zynismus. Selbst im ganz auf den Tourismus ausgerichteten Agadez wirkte ihre Kultur äußerst lebendig und ihr auf wechselseitiger Abhängigkeit beruhendes Wertsystem noch intakt, aber natürlich galt dies nur für die wenigen Tuareg, die den Rest des Jahres weiterhin ihre Herden hüten und ihren uralten Routen folgen konnten.

Ich hatte Glück, daß mich mitten auf dem riesigen Kamelmarkt einige ältere, schwarz verschleierte Männer der Kel Ewey erspähten und mich einluden, mich zu ihnen auf Matten unter einem kleinen Baldachin zu setzen, den sie zum Schutz vor der sengenden Nachmittagssonne aufgestellt hatten. Dies gewährte mir mitten in dem Trubel einen ausgezeichneten Überblick und schützte mich zugleich vor der sich drängelnden Menschenmenge. Niemand wollte etwas von mir, denn die Männer verkauften selbst nichts, sondern saßen nur herum, kochten Tee und beobachteten das Geschehen in dem Bereich ihres Lebens, der sie am meisten interessierte. Unter allen Besitztümern eines Tuareg wird das Kamel bei weitem am höchsten geschätzt und bildet zusammen mit seinen Waffen und seinem Gesichtsschleier einen wesentlichen Teil seiner Identität. Die Gedichte und Legenden dieses Volkes sind voller mutiger Heldentaten von Kriegern und ihren Kamelen. Nach Ansicht eines französischen Generals, der selbst aktiv am Feldzug zu ihrer Unterwerfung zu Beginn des zwanzigsten Jahrhunderts teilgenommen hatte, wären die Tuareg wohl sehr schwer zu besiegen gewesen, wenn sie sich mit ihrer individuellen Tapferkeit zusammengeschlossen und mit einem gewissen Grad an Kooperationsbereitschaft gekämpft hätten.

Wie bei Pferden finden sich auch bei Kamelen die vielfältigsten Arten, vom stämmigen Packtier bis zum edlen Vollblut, und über ihre subtilen Vorzüge läßt sich endlos diskutieren, wie es die Männer der Kel Ewey taten. Das weiße Kamel, das ich im Aïr geritten hatte, war mir damals als ein Klassetier erschienen, doch jetzt, wo ich auf die wahren Aristokraten hingewiesen wurde, mußte ich erkennen, daß es trotz seines hochmütigen Ausdrucks, seines seidenbesetzten Sattels und der reichen Ausstaffierung in Wirklichkeit nur ein mittelmäßiges Geschöpf gewesen war. Wie mir gesagt wurde, wechseln die feinsten Exemplare nur selten die Hand, denn kein Tuareg würde je sein Lieblingstier verkaufen oder einem Fremden erlauben, es zu besteigen.

Ich hatte noch nie so viele Kamele auf einmal gesehen. Sie standen meist in kleinen Gruppen von fünf oder sechs Tieren zusammen. Einige waren ganz jung, hatten ein weiches, wolliges Fell und säugten noch an den Muttertieren. Wie die Hunderte kleiner Haufen von Ziegen und Schafen wurden sie alle von Aufsehern auf den Beinen gehalten. Sie merkten rasch, wenn sich eins hinlegen wollte, und sorgten dafür, daß sie munter und rege waren und jederzeit von den falkengesichtigen Wüstenmännern inspiziert werden konnten, die herumschlenderten und so taten, als würden sie sich nur so nebenbei für sie interessieren. Der weitläufige, staubige Platz vibrierte vor Hochspannung – zurückgeworfene Köpfe, stampfende Hufe, nervöses Schnauben und verwirrte Schreie. Vor einem strahlend blauen Wüstenhimmel voller weißer, verwehter Wolken, die zu langen, geraden Strängen auseinandergezogen waren, reihten sich eindrucksvolle Stimmungsbilder aneinander, die sich ständig ein wenig verschoben und umgruppierten. Hier war das Herz von Agadez, und hier verbrachte ich auch die meiste Zeit meines Aufenthalts, bis schließlich die riesige Maschine der UTA auf ihrem verspäteten wöchentlichen Kursflug von Paris nach Niamey dicht über unseren Köpfen einflog und es Zeit wurde, zum Flughafen aufzubrechen.

Auf dem Rückflug nach Niamey machte der Himmel auf halbem Weg eine seltsame Veränderung durch. An die Stelle des klaren, harten Blaus im Aïr oder der dunstigen Atmosphäre, an die ich mich weiter südlich gewöhnt hatte, trat ein immer dunkleres Grau, das nur von Regenwolken herrühren konnte. Einige Nigrer im Flugzeug setzten eine eindeutig besorgte Miene auf, als ob ein Regen in diesem von der Dürre geplagten Land etwas Unwillkommenes wäre. Mein Sitznachbar, der aus Niamey stammte, erklärte mir den Grund. Er meinte, dies sei etwas Widernatürliches und könne nur bedeuten, daß die natürliche Ordnung der Dinge gestört sei, denn es regne sonst nie mitten in der Trockenperiode.

Regen zu dieser Jahreszeit würde niemandem etwas nützen und sei vielmehr ein Zeichen, daß die Götter zürnten. Während die Maschine im verblassenden Licht in Niamey landete, fielen ein paar dicke, nasse Tropfen aus den geballten Wolken und klatschten in den Staub. Als mein Taxi durch die Stadt fuhr, hatten sich Leute mit Trommeln in den Straßen versammelt und tanzten, um ihre erzürnten Götter zu beschwichtigen.

Ein weiteres Mal wurde ich verschmutzt und ohne ein mich identifizierendes Fahrrad vor den Toren der Residenz abgesetzt. Diesmal erkannte man mich sogleich, doch das befriedigende Gefühl, die Pläne von *les blancs* ein bißchen durcheinanderbringen zu können, war sehr offensichtlich, als mich die Wachposten informierten, es sei niemand da, und die Residenz sei zugesperrt. Ich wußte, daß meine Gastgeber Weihnachten im benachbarten Nigeria verbrachten. Sie hatten damit gerechnet, daß ich eventuell einige Zeit vor ihnen zurücksein könnte, und die Botschaft wissen lassen, es stehe mir frei, in der Residenz zu wohnen, falls ich in ihrer Abwesenheit eintreffen sollte. »Niemand da« war jedoch durchaus wörtlich gemeint: Das Personal war nach Hause gegangen, das Haus lag im Dunkeln und war verschlossen. Mir blieb nichts anderes übrig, als in der Amerikanischen Botschaft gleich gegenüber einen Schlüssel aufzutreiben.

»Gleich gegenüber« ist ein relativer Begriff. Ich mußte mich über zwei lange Auffahrten und vierhundert Meter eines breiten, menschenleeren Boulevards schleppen, bevor ich zu dem von Sicherheitsvorkehrungen im Fort-Knox-Stil und einem Netz von Fernsehmonitoren abgeschirmten Botschaftsgebäude gelangte. Der einzige Lichtblick war, daß sich der Regen noch immer zurückhielt. Ich war müde und verklebt und sehnte mich nach einem Bett, denn ich war die ganze letzte Nacht wach gewesen und hatte auf meinen Flug gewartet, der fünfzehn Stunden Verspätung hatte.

Es gab die üblichen Auseinandersetzungen, bis ich an den einheimischen Wachposten vorbeigekommen war und ein ferngesteuertes Drehkreuz passiert hatte. Auch der Haupteingang wurde duch Fernsteuerung bedient. Hinter einem System von

Schranken und kugelsicherem Glas saß ein bewaffneter Marineinfanterist. Dies alles war höchst eindrucksvoll, auch der bleiche, ernste junge Mann mit Bürstenschnitt, der mich völlig ordnungsgemäß mit tiefstem Argwohn beäugte. Ich bemühte mich, ihm langsam und geduldig zu erklären, wer ich war und weshalb ich den Schlüssel zur Residenz wollte. Als er einigermaßen im Bilde war, rief er den Offizier vom Dienst an. Nach einer Weile kam die Antwort, da sei tatsächlich eine Nachricht im Journal eingetragen, daß eine Bettina Selby in die Residenz einzulassen sei – alles klar, also los, geben Sie ihr ruhig die Schlüssel. An der Wand hinter der Wache hing ein Kasten mit Glasscheibe und säuberlich ettikettierten Schlüsselringen. Es sah so aus, als wären damit alle Probleme gelöst, und ich begann mich bereits auf eine wiederbelebende Einweichprozedur in einem heißen Bad zu freuen. Der Marinesoldat hingegen betrachtete diese Schlüssel mit demselben Argwohn, mit dem er zuvor mich fixiert hatte, und meinte darauf: »Diese Dinger müßten mal reorganisiert werden. Die stimmen wohl kaum mit dem überein, was da draufsteht. Am besten, ich gebe Ihnen gleich einen ganzen Bund zum Ausprobieren mit.«

Der lange, mühsame Rückweg zur Residenz war schon schlimm genug, noch schlimmer aber war der ergebnislose Rundgang ums Haus im kalten, grellen und ineffizienten Licht der Scheinwerfer. Kein einziger der Schlüssel paßte zu irgendeiner der erstaunlich vielen Türen, an denen ich mich versuchte. Ich war so demoralisiert, daß ich auf der Stelle meinen Schlafsack ausgepackt und mich auf dem Rasen zusammengerollt hätte, wenn ich der Wache nicht versprochen hätte, ihr die Schlüssel unverzüglich zurückzubringen, sobald ich den richtigen gefunden hatte.

Den zweiten Versuch, die Residenz zu betreten, möchte ich überspringen – er war nichts weiter als eine traurige Wiederholung des ersten –, aber wie mich der Marinesoldat, völlig ungerührt über meine wachsende Verzweiflung, dazu brachte, die ganze lächerliche Prozedur ein drittes Mal mit weiteren unzutreffend beschrifteten Schlüsselbünden zu wiederholen, ist mir schleierhaft. Sobald ich die letzte elektronische Verteidigungsanlage passiert hatte und zum vierten Mal im Vestibül der Botschaft stand, klappte ich auf dem Sofa zusammen und verkündete, daß ich diese Nacht keinen Schritt mehr tun könne, ich sei total erledigt und er solle selbst weitersehen. »Auf diesem Sofa dürfen Sie nicht bleiben, Madame, das ist gegen die Vorschriften und absolut verboten«, ließ er mich wissen. Ich schlug ihm vor, den diensthabenden Offizier anzurufen, ob ihm etwas Besseres einfalle. Während wir auf sein Erscheinen warteten, legte die Wache ein Tonband »Brush up your Spanish« auf. Ganz abgesehen von der absonderlichen Zeitwahl dünkte mich ein Spanischlehrgang in einem französischsprechenden Land höchst eigenartig, doch er meinte nur, das sei überhaupt nicht so, er möge Französisch nicht und der Hauptzweck der Sprache liege ohnehin nicht unbedingt in der Kommunikation. Ich fand nie heraus, wozu eine Sprache denn sonst dienen sollte, denn genau an dem Punkt, wo ich zu glauben begann, daß mich die Müdigkeit endgültig besiegt hatte, erschien ein rundlicher, kleiner Oberst. Er sprach mir gut zu, mich zu entspannen und mir keine Sorgen zu machen. Er werde selbst mit den Schlüsseln losgehen und versuchen, ins Haus zu gelangen. Wenn alles fehlschlage, stehe ein Gästezimmer zur Verfügung, und für alles weitere ließe sich morgen früh eine Lösung finden.

Seine Ausbildung hatte ihn offensichtlich zum Erfolg prädestiniert, denn er kehrte schon nach kurzer Zeit zurück, nachdem er sich via Küche Zutritt verschafft hatte. Er brachte mich schnellstens mit seinem Wagen hin und wartete, bis ich sicher hinter Schloß und Riegel war, bevor er wegfuhr. Doch der Tag hatte noch eine letzte Überraschung für mich parat. Die Küche der Residenz bot einen erbärmlichen Anblick. In Abwesenheit des Botschafters und seiner Familie sollten ein neuer Kochherd und Kühlschrank installiert werden; man hatte mit höchstens zwei Tagen Arbeit gerechnet, doch anscheinend war nicht alles programmgemäß verlaufen, und die erzielte Wirkung glich der einer kleinen Bombenexplosion. Der ganze Küchenflügel war ein einziges Chaos. Die Kabel waren abgetrennt, die Türen ausgehängt, zwischen Schränken und Wänden klafften große Lücken, und Geschirr, Gläser und Küchenutensilien lagen alle unter Staubdecken im

Eßzimmer. Ich hätte mir nicht einmal Wasser für eine Tasse Tee kochen können, doch in meinem Zustand war ich sowieso viel zu erschöpft dazu. Ich schaute nur kurz nach, ob Evans im Keller noch intakt war, dann wankte ich ins Bett.

Bevor ich in Schlaf sank, kam mir in den Sinn, daß trotz der vielen ausgeklügelten militärischen Sicherheitsvorkehrungen in der Botschaft und trotz des Plakats im Vestibül, das den Marinesoldaten einschärfte: »SICHERHEIT HÄNGT VON DIR AB!«, niemand die elementarste Vorsichtsmaßregel eingehalten und mich gefragt hatte, ob ich mich ausweisen könne. Mir fiel auch ein, daß sich der »Afrika-Faktor« einmal mehr als sehr viel wirksamer erwiesen hatte, als ich ihm zugestehen wollte.

Es gab nichts, was mich länger in Niamey hielt. Nach einem erholsamen Schlaf waren meine Kräfte wiederhergestellt, und ich brannte darauf, mich auf den Weg zu machen und die lange Strecke nach Timbuktu in Angriff zu nehmen. An Vorbereitungen blieb mir wenig zu tun; ich mußte nur Evans wieder beladen und etwas Proviant für die Reise einkaufen. Ich verbrachte einen letzten Tag damit, in der Stadt herumzuradeln, meinen Freunden, die ich hier gewonnen hatte, ein letztes Lebewohl zu sagen, und alle die Orte nochmals aufzusuchen, die ich im Gedächtnis behalten wollte – vor allem den Niger, wie ich ihn erstmals von der Terrasse des Grandhotels gesehen hatte.

Beim Schmieden der ersten Reisepläne hatte die Vorstellung, dem Lauf eines großen Stroms zu folgen, bezaubernde Visionen von idyllischen Lagerplätzchen heraufbeschworen, wo ich mich ausgiebig beim Schwimmen erfrischen und vielleicht auch ein wenig angeln konnte. Nach einem etwas eingehenderen Blick auf die Landkarte wurde mir jedoch klar, daß die Wirklichkeit anders aussehen würde. Straßen und Wege können nur selten neben einem Fluß verlaufen, der wie der Niger derart riesige jahreszeitlich bedingte Überschwemmungen verursacht. Dafür sorgt hauptsächlich der Regen, der vom Mai bis Oktober auf die von Dschungel bedeckten Berge Guineas fällt, während die regnerische Jahreszeit im Süden von Mali und Niger ein weiteres zu der Flut beiträgt. Das Flußbett ist seicht, und sobald der Wasserspiegel steigt, werden riesige Flächen Land überschwemmt. Dazu kommen Hunderte von kleineren Flüssen und Bächen, welche ein Gebiet entwässern, das ein paarmal so groß ist wie Großbritannien, und sich schließlich alle in den Niger ergießen. Die Gegend, durch die ich fahren wollte, war zwar im wesentlichen nicht sehr gebirgig, aber dafür zerklüftet und uneben, zudem gab es zu dieser Jahreszeit viele trockene Flußbetten zu überqueren. Der Niger würde oft tagelang außer Sicht und unzugänglich sein, obwohl sich unsere Wege häufig treffen würden.

Ich saß lange Zeit über meinem Drink auf der Terrasse. Die dicke, graue Wolkendecke über dem Land hatte sich immer noch nicht aufgelöst. Das Licht war trüb, so daß sich auf der Wasserfläche kein Gefunkel zeigte. Doch dies raubte dem Fluß nichts von seiner Ausstrahlung. Er blieb wie eh und je eine ungeheuer machtvolle Erscheinung, und der Gedanke, daß sich unsere Wege auf der ganzen bevorstehenden Reise immer wieder finden würden, auch wenn er oft unsichtbar blieb, hatte etwas Tröstliches und zugleich Erregendes an sich.

9

Nordwärts nach Mali

Als ich von der leeren, widerhallenden Residenz aufbrach, war Silvester und zudem ein Sonntag, was ich als ein gutes Omen für den Antritt meiner langen, beschwerlichen Fahrt nach Timbuktu deutete. Joseph, der freundliche alte Koch, war unvermutet im Morgengrauen aufgetaucht, um im Trümmerhaufen der Küche ein Frühstück zuzubereiten, und so war wenigstens jemand da, der mir die Hand schüttelte und mir »Bon voyage« wünschte, bevor ich losfuhr. Die aufkeimenden kleinen Befürchtungen, ob ich nicht vielleicht doch etwas vergessen hatte oder was alles schiefgehen könnte, die am Beginn jedes neuen Reiseabschnitts stehen und häufig die Nacht zuvor den Schlaf rauben, machten in diesem Stadium einem Gefühl der Erleichterung Platz, endlich wieder unterwegs zu sein. Auf meinem Fahrrad zu sitzen und ganz auf mich allein angewiesen zu sein erfüllte mich mit Hochstimmung, und so fuhr ich aus Niamey hinaus, an der halbfertigen Libyschen Botschaft und den letzten Slumsiedlungen vorbei und weiter in unbekanntes Land.

Der frostige Morgen hellte sich bald zu einem tropischeren afrikanischen Wetter auf, während die Sonne zu ihrem fast lotrechten Zenit hochkletterte und die grauen Wolken von einem trockenen Wüstenwind weggeweht wurden. Mein Weg führte über ein Hochplateau. Der Niger strömte weit unter mir zur Linken durch das Bett, das er sich durch die Jahrtausende eingeschnitten hatte. Er war nur gelegentlich sichtbar, doch sein Verlauf wurde durch die Klippen am jenseitigen Ufer markiert.

Nach ein paar Kilometern war die Straße von etlichen Felsbrocken und Sand blockiert. Umleitungsschilder wiesen auf einen sehr weiten Bogen in den Busch hinein. Weil ein Fahrrad jedoch oft noch durchkommt, wo andere Fahrzeuge steckenbleiben, zwängte ich mich an den Hindernissen vorbei und fuhr auf der Teerstraße weiter. Ungefähr zwei Kilometer dahinter stieß ich auf die Ursache der Umleitung: Eine Brücke über einen breiten Nigerzufluß wies in der Mitte eine saubere Lücke von etwa sechs Metern Länge auf. Das fehlende Teilstück lag weit unten im Bett des jetzt ausgetrockneten Flusses und sah ganz so aus, als hätte es schon lange Zeit dort gelegen. Statt umzukehren, beschloß ich, mir einen Weg quer durch den Einschnitt zu bahnen, was sich als ein unmögliches Unterfangen erwiesen hätte, wären da nicht auf einmal wie aus dem Nichts ein paar Männer aufgetaucht, die mir halfen, den schwerbeladenen Evans durch den tiefen Sand zu schieben und das steile gegenüberliegende Ufer hinaufzubefördern.

Vom Niger abgesehen, der sich mir manchmal von fern kurz zeigte, bestand die Landschaft beidseits der Straße aus ziemlich gestaltlosem Busch mit ein paar großen Bäumen, in deren Schatten ich manchmal Zuflucht suchte, um mir Kaffee zu brauen und später mit dem aus Niamey mitgebrachten Brot, dem Käse und den Früchten ein Mittagsmahl zuzubereiten. Es herrschte kaum Verkehr, und auf der Straße waren nur sehr wenige Leute, die kleine Bündel mit ein paar Habseligkeiten trugen und auf eine Mitfahrgelegenheit hofften. Es war heißer, als ich anfänglich gedacht hatte, und mein Wasservorrat schmolz schnell dahin. Um drei Uhr war ich müde und kam nur noch mühsam voran. Ich hatte neunzig Kilometer gegen einen kräftezehrenden Wind zurückgelegt. Obwohl Tillabéri, die Stadt, in der ich meine erste Nacht verbringen wollte, noch mindestens eine Stunde entfernt war, fand ich, es sei höchste Zeit zum Anhalten.

Ich befand mich bei der Einmündung einer Nebenstraße. Ein paar Leute saßen herum und warteten geduldig auf ein Buschtaxi. Jemand verkaufte Snacks und Zigaretten. Ich ging hinüber, um zu fragen, ob ich irgendwo in der Nähe übernachten könnte. Ein Mann sagte, daß gleich unten am Weg »un bon village, un village de projet« liege. Da ihm viel daran gelegen schien, daß ich es aufsuchte, wollte ich nachsehen, ob es dort irgendwo Platz für mich gab. Andernfalls konnte ich vielleicht eine Stelle am Fluß finden, um mein Lager aufzuschlagen.

Kaum war ich den sandig-steinigen Weg zur Peripherie des Dorfes hinuntergerumpelt und -geschlittert, erschien ein sehr großgewachsener Mann und fragte mich, was ich hier suche. »Le chef«, erwiderte ich, worauf er Evans übernahm und mich durch ein Labyrinth kunterbunt angelegter, ausgiebig mit Tierkot besudelter Gäßchen führte. Sie waren von Lehmziegelmauern begrenzt, über die ich in verschiedene Wohngeviere blicken konnte. Ich zweifelte keinen Augenblick, daß der Mann, der sich erhob, um mir die Hand zu schütteln und einen formellen Willkommensgruß zu murmeln, der Chef sein mußte. Er war eine prächtige, ungeheuer würdevolle Persönlichkeit und sogar noch größer als mein Führer. Wie er mir berichtete, hatte er mit den Franzosen in Indochina gekämpft, und ich bin sicher, daß sein riesiger Körperwuchs dort sehr zur Geltung gekommen war. Als er Evans übernahm, um mich durch weitere Gäßchen zu dem Platz zu führen, wo ich gastlich aufgenommen werden sollte, sah mein Fahrrad in seinen riesigen Händen wie ein Kinderspielzeug aus.

Dieses neue Geviert machte einen etwas besseren Eindruck als jene, die ich auf dem Weg hierher gesehen hatte, und war mit weniger Abfall übersät. Man brachte mir einen Stuhl, damit ich mich setzen konnte, und Wasser zum Trinken. In der Nähe trieben sich mehrere Männer und Jungen herum. Ein Kind wurde ausgeschickt, das losrannte und mit einem jungen Mann zurückkam. Er sprach ausgezeichnet Französisch und studierte, wie sich bald herausstellte, an der Universität von Niamey Agronomie. Im Gegensatz zu den übrigen Dorfbewohnern war Dan Tani kein Djerma, sondern Haussa. Sein Vater leitete ein großes Bewässerungsprojekt zum Anbau von Reis, das sich auf dieses Dorf gründete. Er war zur Zeit abwesend, daher bot mir Dan eine kleine Führung an. Er verschwieg mir allerdings, daß dies einen strapaziösen Zehnkilometermarsch bedeutete, was vielleicht nur gut war, denn müde, wie ich war, hätte ich andernfalls vielleicht abgelehnt und die Gelegenheit verpaßt, Niger von einer ganz anderen Seite kennenzulernen.

Es war ein sehr großes Projekt. Die Regierung hatte viel Geld in den Bau einer Reihe weitläufiger Schleusen, Deiche und Pumpstationen gesteckt, die es ermöglichten, eine große Fläche Land mit Flußwasser zu überschwemmen und Reisfelder anzulegen. Anstelle von Traktoren waren Ochsengespanne zum Pflügen und zum Transport geliefert worden, und auch bei den Straßen, Deichen, Feldern und Pumpstationen handelte es sich durchweg um wohldurchdachte Low-Tech-Konstruktionen. Alles wirkte so ganz anders als die Szenen der Armut und der Desertifikation, die ich weiter südlich gesehen hatte, und die Menschen hier schienen zweifellos etwas wohlhabender zu sein. Dan erzählte mir, daß das Dorf als Kooperative geführt werde. Das Projekt wurde mit dem Geld aus einem Kredit finanziert, der schrittweise an einen Zentralfonds zurückgezahlt werden mußte. Mit diesem Hilfsfonds konnten dann weitere Dörfer ähnliche Projekte in Angriff nehmen. Ich hatte natürlich keine Ahnung, wie gut das alles funktionierte, doch besonders gefiel mir, daß keine ausländischen Hilfswerke daran beteiligt waren, nicht einmal Peace-Corps-Volontäre. Alles erfolgte aus eigenem Antrieb, und überall arbeiteten die Leute selbständig Lösungen aus.

Bevor es dunkel wurde, holte mich der Chef ab, um mich den Dorfältesten vorzustellen, die sich unter einem offenen Wellblechdach auf dem Dorfplatz wie die alten Römer bei einem Festmahl zurückgelehnt hatten und Kolanüsse kauten. Viele dieser alten Männer hatten einst in Nigeria oder Ghana gearbeitet und dort ein wenig Englisch aufgeschnappt, was mir erstmals Gelegenheit bot, mit jedem von ihnen der Reihe nach dasselbe hübsche Ritual traditioneller Begrüßungsformeln durchzuexerzieren: »How are you? How is your health? How is your family? The work goes well?« und so weiter. Wo nur wenige Kenntnisse vorhanden waren, kam alles, woran sie sich erinnerten, in einem einzigen Atemzug in derselben Tonlage heraus: »Goo'night Master goo'bye goo'morning my name is Kano« und wurde mit ungeteiltem Entzücken und einem zufriedenen zahnlosen Grinsen vorgebracht. Sie fanden alle soviel Spaß daran, daß es unmöglich war, von ihrer Heiterkeit nicht angesteckt zu werden. Ich wurde auch zu einem

Rundgang durch den riesigen Vorratsschuppen genötigt, der vom Dorfplatz wegführte und in einer Ecke ein kleines Büro für den »Sekretär« hatte, der es eines Tages benutzen würde. Jedes Möbelstück, jedes Gerät und jeder geerntete Sack Reis wurde einzeln herausgestrichen und gebührend bewundert. Am Schluß war ich so benommen, daß ich daran erinnert werden mußte, mich von den alten Männern, die sich noch immer zurücklehnten und Kolasaft in den Staub spuckten, ordentlich und formell zu verabschieden.

Ein wenig später kehrte der Chef in unser Geviert zurück, gefolgt von einem Diener, der eine gesprenkelte Henne an den Füßen trug. Die Henne wurde mir zuerst gezeigt und danach einem der Männer zur sofortigen Enthauptung übergeben, worauf ich endlich begriff, daß sie für mein Abendessen ausersehen war. Danach ließ man mich ungestört in einer Ecke sitzen, von wo ich zuschauen konnte, wie die Frauen der zwei getrennten Haushalte, die sich das Grundstück teilten, mit den Vorbereitungen zum Abendessen begannen. Eine ganze Reihe von Besuchern und Verwandten lief herum, und ein halbes Dutzend bildhübscher Kinder saß auf dem Boden und spielte irgendein Spiel, zu dem es nicht mehr als eine Handvoll kleine Steine oder von der Sonne gehärteten Ziegenkot brauchte, während ein anderes Kind mit einem Stecken etwas in die Erde zeichnete. Ein winziger, nackter Cherub wies fürchterliche Verbrennungen über eine ganze Körperseite auf, mit der er in ein Herdfeuer gefallen war. Zum Glück war sein Gesicht verschont geblieben, und die Wunden heilten gut ab, doch er würde ausgedehnte Narben davontragen. Die Kinder hier sahen alle gesünder aus als durchschnittliche nigrische Kinder. Das einzige, was offensichtlich vielen zu schaffen machte, waren entzündete Augen, die vermutlich vom Staub herrührten, den der Wind herblies, und sich durch den Zuspruch der Fliegen noch verschlimmerten. Eigentlich gab es hier weniger Fliegen als sonst, denn man hatte große Anstrengungen unternommen, die sanitären Einrichtungen zu verbessern und auf Reinlichkeit zu achten, wie mir Dan berichtete. Da so nahe am Fluß Lehm sehr leicht verfügbar war, bestanden die kleinen Hütten ebenso wie die Mauern um die Wohngeviere aus Banco und nicht aus Gras, was einiges zur Hygiene beitrug, und auf fast allen Arealen waren Plumpsklos ausgegraben worden. Gemessen an westlichem Standard war unsere Grube nicht gerade ein besonders komfortables Klosett, sondern bloß ein kleines Loch im Boden in einer Ecke hinter einer der Hütten, das zudem den entschiedenen Nachteil hatte, daß ihm nach Einbruch der Dunkelheit massenweise große Kakerlaken entquollen.

Bei meinem Bad aus dem Eimer neben dieser Grube war ich für die Bewohner unseres Gevierts nicht zu sehen, doch die Mauern waren so niedrig, daß mich alle, die vorbeigingen, von der Hüfte an aufwärts im Blickfeld hatten. Auch auf den anderen Grundstücken waren die Badenden den Blicken ausgesetzt, aber meine Haut erregte so großes Interesse, daß ich mich bald gehemmt fühlte und mich damit begnügte, mich flüchtig abzureiben. Nach der Waschung versuchte man mich im *maison d'étrangers* einzuquartieren, das die meisten größeren Dörfer für Besucher bereithalten. Es war dies eine fensterlose Zelle aus dunklen, ungetünchten Banco-Ziegeln mit einem Podest zum Schlafen aus demselben Material. Da ich sehr leicht an Klaustrophobie leide, fällt es mir schon schwer genug, überhaupt einen Fuß in einen solchen Raum zu setzen, ganz zu schweigen von der Vorstellung, eine Nacht darin zu verbringen, und ich machte ihnen begreiflich, daß ich mein Zelt bei mir hatte. Also ging es wieder zum Geviert zurück, wo ich es zum großen Entzücken aller Anwesenden, besonders aber der Kinder, in einer freien Ecke mitten unter den scharrenden Hühnern aufstellte. Die Männer zeigten sich besorgt, daß es nicht genügend Schutz gegen die Moskitos bot, waren jedoch beruhigt und sehr beeindruckt, als sie feststellten, daß das Zelt einen Boden hatte. Alle Kinder hörten abwechselnd zu, wie die Luft in die selbstaufblasbare Matratze gesogen wurde, drängelten sich vor und glucksten vor Vergnügen, sobald sie sich langsam krümmte, auseinanderwand und Gestalt annahm. Sie waren so fasziniert von den Einzelheiten meines kleinen Zeltlagers, daß sie nur widerwillig gehen wollten, als man sie zu einem der drei batteriebetriebenen Fernsehgeräte im Dorf wegschickte.

Als es ganz dunkel war, brachte man mir mein Essen. Ich saß

auf dem Ehrenplatz auf einer der schlimmsten modernen Erfindungen, die diesen Erdteil heimgesucht haben – einem Stuhl mit Metallrohrrahmen, um den Plastikschnur gewickelt war. Selbst wenn sie noch neu sind, schneiden die dünnen Streifen ins Fleisch und hinterlassen tiefe, schmale Striemen; wenn das Plastik mit der Zeit zu reißen beginnt und neu verknüpft wird, liegen die Streifen so weit auseinander, daß das Sitzen zur Qual wird. Das Essen war jedoch fürstlich, auch wenn ich nur Sternenlicht und meine Taschenlampe zur Beleuchtung hatte, weil die einzige andere Lichtquelle im Geviert die Herdfeuer waren. Das ganze Huhn wurde mir gebraten und zerlegt mit separat serviertem Reis und Baobabsoße auf einem niedrigen Tisch vorgesetzt. Daneben stand eine Dose Milch, die ich nach Belieben mit dem Reis vermischen konnte, und für den Fall, daß ich nichts von alledem hinunterbrachte (denn wie mein Gastgeber erklärte, wußte er nicht, was Europäer essen), lag ein Laib Brot da, den man offenbar eigens für mich beschafft hatte. Ich war tief gerührt von soviel Fürsorge und entschädigte sie hoffentlich ein wenig für ihr Bemühen, indem ich herzhaft zugriff. Bevor ich am nächsten Morgen weiterfuhr, bot ich meinem Gastgeber eine bescheidene Summe zur Deckung der Unkosten für meine Verpflegung an. Es brauchte jedoch einiges, bis er sie annahm, was sonst überall im Sahel nie auf Schwierigkeiten stieß. In einem so armen Land wie hier wäre es für mich undenkbar gewesen, nicht darauf zu bestehen, daher sagte ich, das Geld sei für Geschenke für die Kinder bestimmt.

Die beiden Familien nahmen ihre Mahlzeit auf der anderen Seite des Grundstücks ein. Sie verwendeten zu meiner Überraschung ebenfalls Taschenlampen, um die Speisen zu finden. Während sie am Essen waren, führte ein junger Teenager zwei riesige weiße, bucklige Ochsen herein, die beim Müllhaufen ein Nachtlager fanden, nachdem sie ihre großen Kotfladen in den Sand gesetzt hatten. Nach dem Essen wurde ich eingeladen, mich für ein Glas Nescafé zu den Männern zu gesellen, während die Frauen die kleinen Kinder zu Bett brachten. Der narbenbedeckte Cherub saß im Licht einer Taschenlampe, die seine Mutter hielt, auf einem

Plastiktöpfchen. Rund um ihn waren Ziegen angebunden, deren neugierige Köpfe er immer wieder wegschob, wenn sie ihn mit ihren Nasen stupsten. Um neun Uhr zogen sich alle in die Betten zurück, was mir sehr gelegen kam, weil ich kaum mehr die Augen offen halten konnte. Sobald ich ins Zelt gekrochen war, fiel ich fast sofort in Schlaf, doch vorher nahm ich noch wahr, daß der nächtliche Chor diesmal anders als üblich klang – statt der Zikaden quakten Millionen von Fröschen ihr Lied aus den überfluteten Reisfeldern.

Tillabéri lag weiter weg als erwartet, und der Weg führte ständig bergan. Als ich endlich ankam, sah ich den Niger mit großer Geschwindigkeit vorbeitosen, so ganz anders als die breite, ruhige Flut, die ich in Niamey verlassen hatte. Die Stadt selbst war enttäuschend: eine kurze Strecke mit heruntergekommenen Gebäuden hinter zerbröckelnden Mauern, ein Polizeiposten, wo ich den nötigen Stempel in meinen Paß erhielt, und ein Touristenrestaurant mit einer Speisekarte von eindrucksvoller Länge, wo nur kaltes Bier, aber kein einziges Gericht erhältlich war. Es gab auch keine Touristen hier, nur einheimische Männer, die im beschatteten Garten mit Blick auf den Fluß ihr Bier tranken. Die Leitung des Lokals bot mir an, Spaghetti zu kochen. Sie standen nicht auf der Speisekarte und waren auch kaum genießbar, dafür aber sündhaft teuer. Während ich versuchte, sie hinunterzuwürgen (es wäre unklug, in Afrika Essen zurückzuweisen, denn die nächste Mahlzeit kann lange auf sich warten lassen), übernahmen einige Männer die Schwerarbeit, mit meinem Taschenfilter Wasser aufzubereiten. Er war so verklebt, daß ich ihn kaum noch handhaben konnte, und es bedurfte der gemeinsamen Anstrengung ihrer sechs, um die benötigten drei Liter gereinigtes Wasser zu produzieren, welche mich am Nachmittag über die Runden bringen sollten.

Hinter Tillabéri hörte die Teerstraße plötzlich auf, und ich mußte mich mit einem äußerst garstigen Gemisch aus Sand und Kies herumschlagen. An den tiefsten Stellen schien ich eher zu waten als zu gehen, und im günstigsten Fall fuhr ich mühevoll mit einer Geschwindigkeit von knapp zehn Stundenkilometer. Auf den letzten verbleibenden Kilometern Buschland begann die Wüste immer näherzurücken. Es herrschte eine erbarmungslose Hitze, und der vertraute Gegenwind blies Sand in jede Ritze. Ich fühlte mich unwohl. Meine Kehle brannte wie Feuer, die Lippen wurden rissig, das eine Knie schmerzte, und mein Schädel pochte. Als ich anhielt, um etwas zu trinken, kippte Evans um und zog sich seine erste Blessur zu, denn der Rückspiegel zerbrach, so daß ich nicht mehr sehen konnte, was von hinten kam. Da kaum Verkehr herrschte, war das nicht weiter schlimm, doch der Spiegel hatte mir vorwiegend zum Kämmen und zum Zähneputzen gedient, und der unnötige Bruchschaden stimmte mich noch deprimierter.

Ich begann zu überlegen, wo ich die Nacht verbringen konnte. In Ayorou, der nächsten Stadt, sollte es ein Sofitel-Hotel geben, dessen Annehmlichkeiten mir in meinem jetzigen Zustand höchst willkommen gewesen wären, doch sie lag hundertzwanzig Kilometer von Tillabéri entfernt, und auf diesem scheußlichen Belag bestand keine Aussicht, eine solche Distanz zu schaffen. Alle paar Meilen säumten sehr ärmlich aussehende Dörfer die Straße und wirkten nicht im mindesten einladend. Ich besaß noch eine Dose Sardinen, einen Beutel Fischsuppe, Erdnüsse, einige Ecken Schmelzkäse, getrocknete Früchte und ein wenig Brot, das nach zwei Tagen hart wie Zwieback, aber noch eßbar war. Ich hätte mit Freuden draußen campiert, wenn ich nur Wasser gefunden hätte, um den Schweiß und Staub abzuspülen, doch in dieser Gegend gab es keine Bäche, und aus der Karte ersah ich, daß der Niger in einiger Entfernung lag.

Um sechs Uhr abends war ich seit elf Stunden unterwegs und mit einer Durchschnittsgeschwindigkeit von etwa sieben Stundenkilometern vorangekommen. Ich sah, daß mir nichts anderes übrigblieb, als irgendwo im nächsten Dorf einen Schlafplatz zu suchen. Ich fand eine recht ansehnliche Siedlung vor, doch über ihr hing eine solche Atmosphäre resignierter Hoffnungslosigkeit, daß mir der Mut sank. Die Leute saßen ohne ein Lächeln apathisch herum, und in den beiden Läden gab es außer Paraffin rein gar nichts zu kaufen. Als ich unentschlossen herumstand und nicht weiter wußte, hielt plötzlich ein Auto neben mir an. Es kam vom

Sofitel-Hotel in Ayorou. Die beiden Männer darin waren offensichtlich besorgt, mich hier zu finden. Da sie wußten, daß ich es diese Nacht unmöglich bis Ayorou schaffen konnte, boten sie Evans und mir eine Mitfahrgelegenheit in ihrem Wagen an. Wahrscheinlich war ich zu erschöpft, um noch klar denken zu können, denn aus unerfindlichen Gründen lehnte ich mit der Bemerkung ab, ich wolle erst am folgenden Tag nach Ayorou radeln. Darauf fragten sie mich, ob ich etwas Eis wolle. Ich hielt die Frage für einen guten Witz, weil ich glaubte, sie meinten Eiscreme, und konterte, daß mir nichts lieber wäre. Daraufhin holten sie eine riesige Thermosflasche voller Eiswürfel hervor, denen in der heißen Luft Dampfwölkchen entstiegen. Hastig reichte ich ihnen meinen Halbliter-Plastikkrug, und sie füllten ihn bis zum Rand. Dann fuhren sie weg und ließen mich zurück, das Fahrrad in der einen Hand, den Krug mit dem bereits schmelzenden Eis in der anderen. Mir blieb keine andere Wahl, als Evans auf die schmutzige Straße zu legen, um den Pulverkaffee hervorzuholen und Eiskaffee zu machen. Er stärkte mich vorzüglich und gab mir genug Energie, einen Brunnen zu suchen und über der Pumpe zu schwitzen, bis alle leeren Wasserflaschen aufgefüllt waren. Als dies getan war, wußte ich, daß ich die Nacht überstehen würde, komme, was da wolle.

Nach ein paar weiteren Kilometern, auf denen sich Schieben und Fahren abwechselten, gelangte ich zu einem Pfad, der in Richtung Niger führte. Ich hatte keine große Hoffnung, einen Zeltplatz am Wasser zu finden, denn die Karte verzeichnete an dieser Stelle ausgedehnte Sumpfgebiete. Ich kam jedoch nicht einmal dazu, einen Blick auf den Fluß zu werfen, weil das nächste Dorf am Weg noch viel abstoßender als das letzte war. An der Peripherie des Ortes lagen auf ödem Land mehrere fürchterlich verweste Hunde- und Eselkadaver herum, und aus den zerfallenen, schmutzigen Hütten spähten von Fliegen verseuchte Kinder in dreckigen Lumpen. Es war alles viel schlimmer, als ich in meinem jetzigen Zustand ertragen konnte, und so machte ich schleunigst kehrt und floh auf die Straße zurück.

Ich wartete, bis sich die Dunkelheit herabsenkte, damit kein versteckter Beobachter sehen konnte, wo ich mein Zelt aufstellte. Dann schlug ich mich im Licht der Sterne durch ein paar abgeernteten Maisfelder, auf denen vereinzelte Akazien schwarz gegen den mitternachtsblauen Himmel ragten. Diese Bäume spenden tagsüber willkommenen Schatten für Rindvieh und Ziegen, die mit ihren Hufen die Erde darunter von den überall wuchernden zähen Kletten und Stacheln freihalten, deretwegen es in diesen Gegenden so schwierig ist, einen Platz zum Sitzen oder Rasten zu finden. Ich wählte einen Baum in geeigneter Entfernung von der Straße aus und wischte mit dem Stiefel eine Stelle von Tierkot und Schutt frei. Wieder einmal pries ich die Leichtigkeit, mit der sich mein kleines Obdach aufstellen ließ, und schon bald saß ich in seinem Eingang und schlürfte einen belebenden Whisky, während der Kocher ruhig unter dem Kessel schnurrte. Oberstes Gebot war jetzt, die viele verlorene Körperflüssigkeit zu ersetzen. Obwohl ich darauf achtete, in regelmäßigen Abständen zu trinken, hatte ich in den zwei kurzen Tagen seit meiner Abreise von Niamey bereits viel Flüssigkeit verloren, und dies war es wohl auch, was zusammen mit der unerbittlich harten Arbeit und den widrigen Umständen bewirkt hatte, daß ich mich unwohl fühlte. Bei dieser extrem niedrigen Luftfeuchtigkeit, der Hitze und dem ausdörrenden Wind war es fast unmöglich, nicht auszutrocknen, denn ich schwitzte andauernd, war mir dessen jedoch nicht bewußt, weil die Feuchtigkeit auf meiner Haut sofort verdunstete.

Als erstes trank ich einen köstlichen Earl-Grey-Tee mit Limonenscheiben. Die darauffolgende Fischsuppe schmeckte nicht so gut, doch ich konzentrierte mich auf das liebliche Silber der Mondsichel, die zwischen den hellen Sternen aufstieg, und schluckte sie hinunter. Aber selbst mit diesem Trick konnte ich mich nicht überwinden, außer den Limonenscheiben aus dem Tee feste Nahrung zu mir zu nehmen. Ich opferte etwas Wasser, um mir die Zähne zu putzen und ein Tuch zu benetzen, mit dem ich mir einen Teil des Salzes von der Haut wischen konnte, was mir ein fast ebenso dringliches Anliegen war wie das Trinken. Ich erinnerte mich, daß Muslime, wenn sie vor dem Gebet ihre Waschungen ausführen müssen und weit und breit kein Wasser da ist, sich statt dessen mit Sand behelfen, wollte mir dies jedoch lieber für ein anderes Mal aufsparen. Auch meine Kleider fühlten sich vom Schweiß ganz steif an. Als ich sie auszog, entdeckte ich zu meiner Überraschung, daß mein Körper infolge des gestrigen Abends, als ich im Dunkeln draußen gesessen hatte, über und über mit Mückenstichen bedeckt war. Merkwürdigerweise hatte ich nicht gespürt, wie ich gestochen wurde. Die westafrikanischen Moskitos sind klein und unscheinbar, deswegen aber nicht weniger bösartig – die Malaria, die sie übertragen, hatte anfänglich die meisten Forscher und Kaufleute hinweggerafft. Ich nahm täglich Malariatabletten ein, doch die beste Verhütung war noch immer, sich möglichst nicht stechen zu lassen. Nachdem ich die Stiche entdeckt und mit dem Tuch darübergerieben hatte, begannen sie wie wahnsinnig zu jucken.

Obwohl ich todmüde war, schlief ich schlecht. Es gab so viele Geräusche hier – Tiere in der Ferne, der Verkehr auf der Straße (ein Fahrzeug pro Stunde), Zeug, das sich vom Baum löste und auf das straff gespannte Nylon fiel, und die kleine Dose, in welcher ich Benzin für den Kocher mitführte und die mit der fallenden Temparatur scharfe, knackende Laute von sich gab. Noch beunruhigender war jedoch das namenlose Geraschel und Geknister, das ich nicht zu identifizieren vermochte und das mich bis zum Morgen wach hielt, der wie eine Erlösung kam.

Die Morgendämmerung war besonders schön. Weiße Silberreiher flogen in Schwärmen über mir vorbei. Ihre Unterseiten fingen die Strahlen der Sonne auf, die noch nicht über den Horizont gestiegen war, so daß sie vor dem blaßblauen Himmel wie märchenhafte Vögel aus Gold erschienen. Ich kochte mir Kaffee und aß etwas Brot mit einer Ecke Schmelzkäse und ein paar getrocknete Aprikosen, aber eigentlich hatte ich noch immer keinen Appetit und mußte mich regelrecht dazu zwingen.

Sobald ich losfuhr, wurde ich von einem rasenden Durst gepeinigt, der alle meine Gedanken beherrschte. Ich hielt einen halben Liter Wasser für Notfälle in Reserve, und es kostete mich viel Willenskraft, um es nicht zu trinken. Kein Dorf weit und breit, und der Straßenzustand war noch viel schlimmer als am Vortag.

Es gab nur sehr kurze befahrbare Strecken. Allein schon das Auf- und Absteigen erschöpfte mich derart, daß es manchmal weniger anstrengend schien, das Rad einfach weiterzuschieben, auch wenn ich hätte fahren können. Für fünfzehn Kilometer brauchte ich beinahe drei Stunden. Ich biß auf die Zähne, dachte an die Fleischtöpfe von Ayorou und redete mir ein, die Straße müsse bald besser werden.

Die ersten Menschen, die ich sah, waren eine schwarze Familie. Sie hatten ihr Auto mit aufgeklappter Motorhaube unter einem Baum abgestellt, und der Mann lag geschäftig darunter. Sie gaben mir zwei Liter Wasser aus ihrem Hundertlitertank, die ich in einem Zug austrank. Wenig später hielten ein paar Italiener ihren Jeep an. Sie waren nach ihrer kürzlichen Wüstendurchquerung voller Euphorie und kamen unverzüglich mit ihrer Wasserflasche zu mir herüber, ohne daß ich sie erst darum bitten mußte. Von ihnen erhielt ich auch die unerfreuliche Nachricht, daß die Straße den ganzen Weg bis Gao immer schlechter wurde. Daraufhin gab ich mich geschlagen und winkte dem ersten Fahrzeug, das in meine Richtung fuhr. Es war ein afrikanischer Lieferwagen mit zwei stämmigen Männern und einer ziemlich aufgedonnerten Frau, die, wie ich hinterher merkte, vermutlich alle unter Drogeneinfluß standen. Der Fahrer sah brutal aus. Er fuhr mit halsbrecherischer Geschwindigkeit los und bumste in die Schlaglöcher, daß es einem dabei übel wurde, schlidderte durch den tiefen Treibsand und spielte sich ohne Rücksicht auf mögliche Gefahren auf jede erdenkliche Weise auf. Die anderen beiden gaben sich trotz der Wahnsinnsfahrt den Anschein von Nonchalance. Sie machten sich einen Spaß daraus, Mineralwasserflaschen zu öffnen, mir hinzuhalten und sie wegzuziehen, wenn ich danach griff. Ich war viel zu wütend, um Angst zu haben, und drohte ihnen, daß ich keinen Pfennig bezahlen würde, wenn mein Fahrrad wegen der Stupidität des Fahrers Schaden erlitt. Darauf fuhr er ein bißchen langsamer, doch bald ergingen sie sich in plumpen Sticheleien zum Thema »les blancs timides«. Ich war froh, daß Ayorou so nahe lag.

Nach diesem widerwärtigen Trio waren sogar die über mich

herfallenden Jungen von Ayorou mit ihrem lauten »Donne-moi un cadeau« eine willkommene Erleichterung. Einer von ihnen klammerte sich am Sattel fest und verkündete stolz, sein Name sei Ibrahim. (In diesem Teil Afrikas, den die Flutwelle des Islams so gründlich überspült hat, schien es wenige männliche Wesen zu geben, deren Name nicht entweder Ibrahim oder Mohammed oder eine Variante davon war.) Ich sagte ihm, daß ich keinen Führer brauchte, und schon gar nicht einen, der »cadeaux« verlangte, worauf Ibrahim tugendhaft meinte: »Je ne demande pas un cadeau, Madame, j'escorte-vous à l'hôtel«, was meinen Glauben an das angeborene Gute in kleinen Jungen wieder einigermaßen bestärkte.

Ayorou erwies sich als ein weiteres armseliges Nest, war jedoch berühmt für seinen Markt. Daß heute gerade kein Markttag war, ließ mich ziemlich kalt, denn alles, was ich begehrte, war Wasser – Wasser, um mich darin zu suhlen, Wasser, um den Schweiß aus meinen steifen Kleidern zu spülen, und endlose Mengen Wasser, um sie meine Kehle hinunterzugießen –, und all dies konnte ich finden, ohne einen Fuß vor das Hotel zu setzen. Mein Zimmer sah sogar auf den Niger hinaus, so daß ich mich überdies an seiner weiten Wasserfläche nach Herzenslust sattsehen konnte. Man hatte mich im Hotel mit einem mir unvertrauten Grad an Begeisterung willkommen geheißen, denn es war der Direktor selbst gewesen, der mir tags zuvor die Eiswürfel gegeben hatte und sehr erleichtert war, als ich endlich eintraf. Nichts war zu gut für mich. Ich durfte mir mein Zimmer selbst aussuchen und erhielt literweise Flaschen mit kühlem Wasser. Weil Evans ebenso dick mit Staub bedeckt war wie ich, schien es nur natürlich, zusammen unter die Dusche zu gehen, und das Gepäck samt meinen steifen, verklebten Kleidern kam auch gleich mit.

Diverse Einweichprozeduren, ein paar Bier und eine kurze Erholungspause von der Sonne reichten vollauf, um mich wieder auf die Beine zu bringen. Ich verbrachte den Nachmittag damit, Wäsche aufzuhängen und Evans' Reifen zu wechseln, in der Hoffnung, daß das für »extremes Terrain« bestimmte Paar, das ich mitführte, mit dem Sand ein bißchen besser zurechtkommen würde. Während ich meinen Haushalt erledigte, leistete mir das Hotelpersonal Gesellschaft und versuchte, die Lampen und den Ventilator wieder instand zu setzen und den Wasserleitungen nachzuspüren, aus denen stoßweise Schwälle dunkelbrauner Brühe flossen. Zum Ausführen der Reparaturen wurden Raubzüge nach Ersatzteilen in andere Zimmer unternommen, und wenn die Wissenschaft versagte, rief man Allah an, was oft bessere Resultate erbrachte, denn der Glaube war zweifellos stärker als das handwerkliche Geschick. Das Hotel war noch recht neu, aber hier und dort bereits etwas schmuddelig, und stellenweise begann schon der Verputz abzubröckeln. Trotz alledem kam es mir nobel und luxuriös vor – so schnell können sich persönliche Maßstäbe nach ein paar Tagen Fahrt durch den Busch von Niger ändern.

Nicht weit flußabwärts lag ein berühmtes Flußbecken mit Nilpferden. Man bestürmte mich, in der Abendkühle eine Fahrt in einer Piroge zu unternehmen, um es mir anzusehen. In Ayorou bot der Niger ein ganz anderes Erscheinungsbild, denn die weite Wasserfläche wurde von vielen abgerundeten Felsblöcken und einer großen Zahl mit Gras bewachsener Inseln unterbrochen. Die Flußpferde tauchten nachts auf, um das Gras abzuweiden. Sie stiegen soeben vom Flußbett hoch. Etwa fünf von ihnen steckten plötzlich eins nach dem anderen den Kopf aus dem Wasser und schnaubten und brüllten mit fürchterlicher Lautstärke. Flußpferde sind sowohl zu Wasser wie zu Land sehr schnell und furchtlos und können äußerst gefährlich werden. Als ich einst in Uganda campiert hatte, waren Scharen von ihnen dem See entstiegen und hatten die ganze Nacht um mein Zelt herum gegrast, ohne mir gegenüber irgendwelche Animositäten zu entwickeln. Ich hatte jedoch schon gehört, daß sie am Niger sehr gefürchtet waren, mag sein, weil sie sich in seinem seichten Wasser anders verhielten.

Der uralte Pirogier hielt einen respektvollen Abstand ein, gakkerte jedoch jedesmal wie wild los, wenn ein Paar große Schweinsohren und zwei gewölbte Augen durch die Wasserfläche stießen. »Regardez, regardez«, schrie er und knuffte mich in die Rippen, obwohl ich mein Fernglas bereits fest auf die Stelle gerichtet hatte.

Er schien zu glauben, daß er das ganze Spektakel eigenhändig inszeniert hatte, und forderte zusätzlich zum Preis für die Bootsmiete ein saftiges Trinkgeld. Den ganzen Weg zum Hotel zurück verfiel er zum Takt seines Paddels in einen Singsang: »Un cadeau, un grand cadeau pour moi, parce que c'est beaucoup, trop beaucoup des hippos«, doch das bescheidene Trinkgeld, das er erhielt, wurde mit einem seligen Lächeln entgegengenommen.

10

Durch die Wüste nach Gao

Am nächsten Morgen fing mich der kleine Ibrahim genau in dem Moment ab, als ich mein Rad aus dem Hotel rollte. Er und sein Freund (Mohammed natürlich) schoben den frisch gewaschenen und glänzenden Evans stolz durch die sandigen Straßen, damit ich ihn rechtmäßig für seine kleine Dienstleistung bezahlen konnte, statt ihm ein *cadeau* zu geben. Ich hatte gut geschlafen und war voller Tatendrang und Optimismus. Unter dem Hotelpersonal war eine ausführliche Diskussion entbrannt, ob es möglich sei, mit einem Fahrrad die Strecke nach Gao zu schaffen. Im allgemeinen rechnete man damit, daß ich bis zur gut dreißig Kilometer entfernten Landesgrenze nach Mali durchkommen könnte, wonach mich der Sand zum Aufgeben zwingen würde. Sie hielten mich für verrückt, schienen mich jedoch gerade deswegen sehr zu schätzen und taten alles, was in ihrer Macht stand, um mir für die Weiterreise behilflich zu sein. Sie füllten alle meine Wasserflaschen mit eiskaltem Wasser und gaben mir frisches Brot mit auf den Weg – mehr hätten sie wahrhaftig nicht tun können.

Sobald man mich am Polizeiposten abgefertigt hatte und ich mich wieder auf dem Streifen aufgewühlter Erde befand, der die nördliche Schnellstraße bildete, zeigte Evans ein weiteres Mal, was in ihm steckte. Die neuen Reifen griffen viel besser als die alten, jetzt zu Ersatzreifen degradierten.

Es folgten herrliche dreizehn Kilometer, die ich mit leidlicher Geschwindigkeit und für einmal ganz nahe am Niger zurücklegte, in einer hübschen Flußlandschaft mit Vögeln, Bäumen und glitzerndem Wasser. So machte das Radfahren erst richtig Spaß! Ich genoß die Fahrt in vollen Zügen und versuchte möglichst nicht daran zu denken, daß mit dem lieblichen jadefarbenen Wasser immer größere Strecken aus purem Sand einhergingen – der Übergang vom Buschland zur Wüste.

Bald war ich wieder mit der harten Wirklichkeit konfrontiert, doch der erste Schock wurde durch das Auto des Hotels gemildert, das mich genau an der Stelle überholte, wo der rauhe Weg von einer Katastrophe heimgesucht worden war. Ein Gebiet von etwa drei Quadratkilometern war eingesunken oder von den Fluten weggewaschen worden, und was davon übriggeblieben war, sah aus wie eine riesige Sandgrube, die man wiederholt bombardiert und anschließend für Panzermanöver verwendet hatte. Mir war schleierhaft, wie sich selbst ein Fahrzeug mit Vierradantrieb hier einen Weg bahnen konnte. Daß mir jedoch der Hoteldirektor offensichtlich gefolgt war, um mir Hilfe anzubieten, rührte mich zutiefst. Ich wurde auf der anderen Seite abgesetzt und erfuhr von ihm, daß bis zur Grenze alles in Ordnung sei.

Der Grenzübertritt stellte keine Probleme. Auf der nigrischen Seite half mir ein freundlicher Soldat beim Ausfüllen des üblichen langen Formulars, worauf er mich hineinführte, damit ich dem verantwortlichen Offizier die Hand schütteln konnte. Dieser murmelte so etwas wie »Bon courage« und füllte dabei eine weitere ganze Seite meines Reisepasses mit dem Ausreisestempel. Danach fuhr ich rasch weiter in ein trostloses Niemandsland. Die breite, flache, baumlose Kiesebene war mit den neuen Reifen zwar befahrbar, aber entschieden zäh. In weiter Ferne bildete der große Niger einen seltsamen funkelnden Kontrast zu dem leblosen, eintönigen Land. Bis ich die fünfzehn Kilometer zum Grenzposten von Mali zurückgelegt hatte, war mein so herrlich kaltes Wasser beinahe warm genug, um damit Tee zuzubereiten, und der Tag gestaltete sich ein weiteres Mal zu einem Kampf gegen Hitze, Staub und Erschöpfung.

Die malischen Grenzwachen schützten sich vor der Hitze in einer offenen Grashütte. Ihre zerschlissenen Uniformen erweckten den Eindruck, daß ich ein Land betrat, das sogar noch ärmer als Niger war. Die Mineralwasserflaschen, die sie meilenweit hertransportiert haben mußten, blieben unter ein paar nassen Säcken relativ kühl und kosteten genau die Hälfte dessen, was das Sofitel verlangte. Man zeigte sich sehr besorgt um mich und bat mich, nicht mit dem Fahrrad weiterzufahren, sondern hier zu warten, bis sie für mich eine Mitfahrgelegenheit auf einem Lastwagen gefunden hatten. Es war nicht leicht, sie zu überzeugen, daß ich selber sehen wollte, wie die Dinge lagen. Erst als ich umzukehren versprach, falls ich die Straße wirklich so unmöglich fand, wie sie behaupteten, ließen sie mich zur Zollabfertigung weiter. Hier standen mehrere Fahrzeuge, die von den Wachen einer strengen Überprüfung unterzogen wurden. Einiges von ihrem Inhalt schien ihnen sehr zu gefallen, was offensichtlich eine wohlbedachte Dosis *cadeaux* erforderlich machen würde. Ich entging solchen Aufmerksamkeiten und wurde rasch durchgewinkt – eine bescheidene Radfahrerin, die gewiß nicht so aussah, als führte sie etwas mit, das zu durchstöbern sich lohnen würde.

An diesem abgelegenen kleinen Grenzposten stand noch ein weiterer Schuppen, wo ein geschäftstüchtiger alter Mann, assistiert von einem abgemagerten, halbnackten sechsjährigen Mädchen, das für ihn Wasser schleppte, einen öligen Eintopf aus braunen Bohnen servierte. Das brodelnde braune Mischmasch roch unangenehm und sah nicht im geringsten appetitlich aus, doch ich zwang mich, einen Teller davon zu essen, und kaufte gleich noch einen Kessel voll kochendes Wasser für Tee dazu, um es hinunterspülen zu können. Ein Radfahrer braucht wie jede Maschine Treibstoff zum Vorwärtskommen, und dieses spezielle Antriebsmittel wirkte wahre Wunder und trug mich weitere zwanzig fast unüberwindliche Kilometer voran. Schon nach den paar ersten war nicht mehr ans Fahren zu denken – dies war die richtige Wüste. Jetzt kämpfte ich gegen Sand an, der stellenweise fußtief war und zuweilen berüchtigte Abschnitte mit einer besonders weichen Konsistenz aufwies, die unter dem Namen *feschfesch* bekannt sind und so aussehen, als könne man ohne weiteres spurlos in ihnen verschwinden.

Am Ende dieser zwanzig Kilometer beschloß ich, daß mit dem Radfahren Schluß sei, bis ich wieder einigermaßen vernünftige Verhältnisse vorfand. Sobald dieser Entschluß feststand, setzte ich mich mit wenig mehr als einer Stunde Tageslicht vor mir in die sandige Wildnis neben dem, was hier Straße genannt wurde, und wartete, welche Hilfe sich mein Schutzengel wohl für mich ausgedacht hatte. Nur etwa fünf Minuten verstrichen, bis ein Mercedes-Geländewagen vorfuhr, auf dessen Dach sich ein Stapel Ersatzreifen, Wasser- und Brennstoffkanister nebst Sandblechen und Spaten zum Ausgraben des Fahrzeugs türmten. Drinnen saßen zwei stämmige Deutsche, und hinten, auf einer Riesenmenge Gepäck, thronte ein exotisch aussehender schwarzer Jüngling. Sie glaubten nicht, daß ich und das Fahrrad auch noch Platz fänden, teilten mir jedoch mit, daß gleich hinter ihnen Italiener mit einem großen Wohnmobil folgten, das uns beide leicht aufladen könne. Während wir warteten, reichten sie mir eine Melone, und ich gab mir alle Mühe, sie nicht auf allzu unschickliche Weise zu verschlingen. Darauf erzählten wir einander, was uns hierhergeführt hatte. Sie waren beide Bibliothekare und verbrachten ihre jährlichen vier Wochen Ferien seit acht Jahren damit, aus bloßem Spaß die Sahara zu durchqueren. Wie immer waren sie über Algerien und Tamanrasset gefahren, eine Route, die, wie sie meinten, mittlerweile eine veritable Autobahn geworden und von Fahrzeugwracks verschandelt sei, welche die Reise nicht überlebt hatten. Sie hatten ihren Landcruiser in Niamey provisorisch dem Vater des schwarzen Jünglings verkauft, wollten jedoch noch eine kurze Tour durch Niger und Mali machen, bevor sie ihn ablieferten und wieder heimflogen.

Der Junge war etwa fünfzehn Jahre alt. Er war mit sehr elegant geschnittenen Jeans und viel teurem Drum und Dran ausstaffiert und sah aus wie ein vergoldeter Lustknabe aus früheren Zeiten – Alexanders »Persischer Jüngling« vielleicht. Der Ausdruck von Dekadenz und Amoralität, der ihn umgab, wirkte im Verein mit seinem jungenhaften guten Aussehen verwirrend und zugleich faszinierend. Ich sollte ihn die nächsten Tage noch öfter zu Gesicht bekommen, doch er wurde mir nie sympathisch. Er trug jenes wissende, allzu familiäre Wesen zur Schau, das die meisten Menschen, Schwarze wie Weiße, auf Distanz hielt. Mich erinnerte er stark an den perfiden Amadou von meiner Bootsfahrt.

Ich spürte, daß auch dieser Junge verdorben wurde, weil er auf falsche Art mit einer fremden Kultur in Kontakt gekommen war.

Bald erschien der italienische Caravan, ein sehr kostspieliges Gefährt, auf das man offenbar sehr viel Liebe und Sorgfalt verwendet hatte. Carlo, ein Sizilianer mittleren Alters mit blitzenden braunen Augen, und Adra, seine blasse, bebrillte finnische Freundin, die noch so jung war, daß sie seine Tochter hätte sein können, waren begreiflicherweise nicht sehr erbaut, ihr Gefährt schmutzig zu machen, nicht einmal mit einem so ungewöhnlichen Fahrrad wie meinem. So wurde beschlossen, den armen Evans auf die Ersatzreifen oben auf dem deutschen Fahrzeug festzubinden, wo er Staub und Sand schlucken mußte, während ich selbst im Luxus des Wohnmobils mitreisen durfte. Adra sprach einigermaßen gut Englisch, Carlo hingegen nur Italienisch und ein wenig Französisch. Ich dankte ihnen, daß sie mich an Bord ihres feinen Wüstenfahrzeugs genommen hatten. Als meine Worte für Carlo übersetzt wurden, merkte ich gleich, daß ich genau das Richtige gesagt hatte. »Molto bene«, meinte er und schlug liebevoll oben aufs Armaturenbrett. »Tuo bambino?« fragte ich ihn, womit mein Italienisch auch schon fast erschöpft war, doch es reichte vollauf, um Carlo von mir einzunehmen, und er pflichtete dieser Einschätzung mit einem entzückten zustimmenden Kopfnicken und ein paar weiteren liebevollen Klapsen aufs Armaturenbrett bei.

Bei Einbruch der Nacht erreichten wir bei Fafa einen prächtigen Campingplatz am Fluß. Carlo wollte in der kühlen Nacht bis Gao durchfahren, die Deutschen dagegen wollten hier haltmachen und kaltes Bier trinken. Hätte man mich gefragt, hätte ich ebenfalls fürs Hierbleiben gestimmt, doch die Deutschen gewannen auch so, denn beim Hineinfahren parkten sie unter einem Dornbaum und blieben mit ihrer Dachladung samt Evans zwischen bösartigen Stacheln festgeklemmt stecken. Man entschied, mit der Befreiungsaktion besser bis zum Morgen zu warten. Der Platz war bescheiden eingerichtet. Einige runde Hütten dienten als Speisesaal, Küche und Bar, ein paar weitere waren sinnreich und einfach als Schlafzimmer ausgestattet. Der ganze Komplex lag jedoch in einem hübschen Garten voller Blumen und Bäume, was nach der

Wüste wie ein kleines Wunder wirkte. Aber es war vor allem der Fluß, der gleich daneben vorbeiströmte und alles verzauberte. Uns, die wir von der Hitze und dem Staub so abgekämpft waren, erschien Wasser in so rauhen Mengen wie eine Vision des Gartens Eden. Ich konnte kaum warten, bis ich ein kaltes Bier hinuntergekippt und mich in einen geliehenen Badeanzug gestürzt hatte, dann überließ ich mich der willkommenen Umarmung des Niger.

Hinter der Lichtlache des Hotels war das Wasser ganz dunkel. Niemand hatte daran gedacht, mir zu sagen, daß hier eine Strömung von sechs Knoten herrschte. Hinterher war mir unerklärlich, wie ich das Getöse der Labbezanga-Stromschnellen überhören konnte, die nur eine kurze Strecke stromabwärts lagen und mich zur äußersten Vorsicht hätten mahnen müssen. Daß etwas nicht stimmte, bemerkte ich erst, als ich ein Boot mit großer Geschwindigkeit auf mich zukommen sah und schnell hinausschwimmen mußte, um ihm auszuweichen. In Wirklichkeit handelte es sich um ein vertäutes Floß mit der Pumpe für den Wasserbedarf des Lagerplatzes. Wäre ich in ihre Turbinenblätter geraten, so hätte dies das Ende meiner Reise bedeutet. Erst jetzt realisierte ich, daß ich es war, die sich bewegte und scheinbar im Schnellzugtempo wie ein Stück Treibgut den Fluß hinuntergeschwemmt wurde, und daß ich rasch etwas dagegen unternehmen mußte, wenn ich nicht schneller nach Niamey zurückkehren wollte, als ich hergekommen war. Als ich zurückzuschwimmen versuchte und die volle Wucht der Strömung spürte, begann die Angst zum ersten Mal mit kalten Fingern mein Herz zuzuschnüren. Dies war das Reich des »starken braunen Gottes«, den T. S. Eliot auch mit den Worten »ein träger, ungezähmter, eigenwilliger Zerstörer« bezeichnet hatte, und in der Rolle des Zerstörers sah ich ihn jetzt auch. Ich mußte mich zusammenreißen, um die aufsteigende Woge von Panik zu bekämpfen, und schnell entscheiden, was zu tun war. Es bestand keinerlei Aussicht, gegen eine solche Kraft anzukommen. Ich konnte nur versuchen, direkt auf das Ufer zu halten und mich allmählich zu ihm hinzuarbeiten, während die Strömung mich weiter flußabwärts trug. Ich mußte mich voll

Ein Dorf im Busch

Dorffrauen

Frisch angepflanzter Gemüsegarten im unberührten Busch

Im Süden von Niamey

Im Aïr-Gebirge

Bomba, der Koch

Tuareg-Kamelführer

Piroge unter Segel mit Boubacar, Madame und Evans

Der Dorfchef von Sona

Die Roten Dünen nördlich von Gao

Mopti von der Terrasse der Bar Bozo

Kleinstadtmarkt in der Nähe von Mopti

Sankoré-Moschee in Timbuktu

Sori, mein Bozo-Freund in Djenné

Waschtag in Djenné

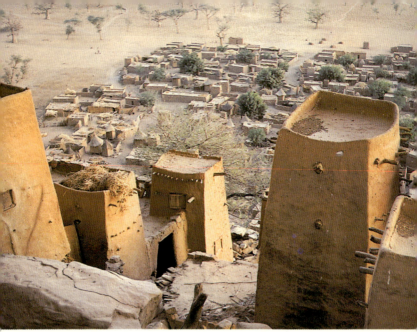

Türme der Tellem

Kornspeicher in Yabatalou

Im Land der Dogon

Der Zauberer mit seiner »fizzy«

Yabatalou

Tür eines Dorfchefs mit geschnitzten Ahnenfiguren

Sonnenuntergang auf dem Niger

Der Niger bei Ségou

darauf konzentrieren, das Maximum aus jedem Schwimmzug herauszuholen, was die Panik einigermaßen in Schach hielt, doch die Vorstellung, zu jenen breitmäuligen Flußpferden hinunterzusausen, die eine Piroge in zwei Hälften zerschneiden konnten, ließ sich nur schwer verscheuchen.

Viel früher, als ich erwartet hatte, spürte ich zu meiner großen Erleichterung weichen Grund unter mir. Ich lag eine Weile da, bis sich mein Atem wieder etwas beruhigt hatte. Eine Strecke flußaufwärts konnte ich die Lichter des Campingplatzes erkennen; wenn ich durch das seichte Wasser watete, konnte ich mir sicher einen Weg dorthin zurück bahnen. Doch ich hatte mich zu früh gefreut – der Fluß war noch längst nicht mit mir fertig. Ich befand mich nämlich keineswegs in Ufernähe, sondern war mitten im Strom auf einer isolierten Sandbank gelandet. Nach dem ersten Schritt war ich in Sekundenschnelle wieder im tiefen Wasser und im Griff der Strömung, und diesmal war es viel schwieriger, die aufwallende Furcht niederzuhalten. Meine Kräfte verließen mich rasch. Ich wußte jetzt, daß keine Hoffnung bestand, das Ufer zu erreichen; ich wußte auch, daß ich versuchen mußte, Hilfe herbeizurufen. Eigentlich war mir dies schon fast von Anfang an klargeworden, aber so seltsam es rückblickend auch scheinen mag, widerstrebte es mir trotz Angst und wachsender Panik zutiefst, der ganzen Welt meine mißliche Lage kundzutun. Die nackte Tatsache, daß ich zu ertrinken drohte, wurde von einer ebensogroßen Angst aufgewogen, mich lächerlich zu machen. Ich war allein unter Fremden, mit einem knappen, ausgeliehenen Badekostüm bekleidet und eigentlich zu alt, um mich in eine solche Klemme zu bringen. Eine Zeitlang hing es an einem Haar, welche Seite den Sieg davontragen würde. Erst als ich spürte, wie mir von der Strömung eine meiner Sandalen vom Fuß gerissen wurde, gewann die Vernunft die Oberhand, und ich entschied mich, um Hilfe zu rufen. Selbst dann fühlte ich mich völlig absurd und theatralisch, als ich endlich ein »Aidez-moi!« herausbrachte, dem mehrere lautere Rufe nachfolgten, nachdem der Damm einmal gebrochen war. (Das dramatischere *sauver* und das *au secours* aus längst vergangenen Schulstunden waren mir entfallen.) »Aidez-moi. Je suis dans le fleuve!« reichte jedoch völlig. Wie ich später erfuhr, wurden jede Woche mehrmals unbesonnene Badegäste vom Lagerplatz weggeschwemmt, und die Einheimischen waren es gewohnt, rasch auf ihre verschiedenen Angstrufe zu reagieren. Fast unmittelbar darauf ertönten beruhigende Zurufe von Rettern. Ich rief weiter, damit sie mich orten konnten. Schon bald quirlte Wasser gegen einen Bootsrumpf. Unsichtbare Hände wurden ausgestreckt und hißten mich über das rauhe Plankenwerk an Bord einer Piroge, doch ich spürte nichts davon, denn mein Körper war ganz taub. Ich konnte wenig mehr als die Umrisse meiner Retter wahrnehmen. Es waren ihrer mindestens zwei. Einer führte das Paddel, der andere saß hinter mir und rieb mir Arme und Schultern wieder warm, während ich meine Beine bearbeitete. Von unserem Landeplatz mußte ich fast einen Kilometer zu Fuß zurückgehen. Ich hatte nur meinen Badeanzug und eine einzelne Sandale an, doch was machte das schon aus – es war herrlich, am Leben zu sein.

Niemand im Hotel hatte meine Abwesenheit bemerkt, geschweige denn, daß ich beinahe ertrunken wäre, was mich ungemein erleichterte. Ich war rechtzeitig zurück, um mit den anderen bei den Spaghetti mitzuhalten, die Adra in der raffiniert eingerichteten Küche des Wohnmobils zubereitet hatte. Die beiden waren mit allem Nötigen ausgestattet, bis hin zu Carlos hausgemachtem Chianti, der bald in echt römischem Bankettstil zu fließen begann und mich zu gegebener Zeit in einen tiefen, traumlosen Schlaf fallen ließ, in dem ich gnädigerweise nicht gegen dunkle, reißende Fluten ankämpfen mußte.

Der folgende Morgen sah unsere ganze internationale Versammlung von Wüstenhüpfern – Sizilianer, Finnin, Deutsche, Nigrer und Britin – bei einem späten Frühstück aus Aspirin und Kaffee neben einem harmlos aussehenden, von der Sonne beschienenen Niger sitzen, über dem Eisvögel schwirrten und an dessen Ufer schon Wäsche ausgebreitet wurde. Adra war die einzige, die nicht litt, denn sie hatte keinen Schluck von Carlos Chianti getrunken, weil sie aus Erfahrung um seine tödliche Wirkung wußte.

Während sich die übrigen zur Abfahrt rüsteten, leisteten die Deutschen Schwerarbeit. Sie hämmerten und hebelten Reifen von den Felgen, um an die Löcher heranzukommen, die sie am Vorabend bei der Fahrt in die Akazie verursacht hatten. Ich schlenderte zwischen den wenigen Bruchbuden herum, die das Dorf Fafa bildeten, und versuchte den Pirogier ausfindig zu machen, der mich aus dem Fluß gezogen hatte. Sein Enkel fand mich zuerst. Er war ein ernster Junge von etwa elf Jahren und sprach ausgezeichnet Französisch, weil er bei Verwandten in Ayorou gewohnt und dort eine Weile die Schule besucht hatte. Er meinte, das Leben im Dorf sei schrecklich. Alle seien so arm, und wenn jemand erkranke, gebe es keine Arzneimittel. Wenn er groß sei, wolle er Arzt werden. Darauf erschien sein Großvater. Ich dankte ihm und gab ihm ein kleines Entgelt für seine Bemühungen von gestern abend. Er nahm es bereitwillig an, hätte aber eigentlich lieber ein Mittel gegen seinen Husten gehabt. Alle husteten hier, was sehr stark durch die drastischen Klimaschwankungen bedingt war, denn der heißen Trockenperiode mit ihren ausdörrenden Wüstenwinden folgte eine äußerst feuchte Regenzeit, wo alles grün von Schimmel wurde, wie schon Mungo Park auf seiner ersten Reise festgestellt hatte. Leider enthielt meine Reiseapotheke nichts, was dem alten Mann hätte helfen können.

Als ich wegging, rief er mich zurück und bot mir den Jungen an. Er holte einen älteren Jugendlichen aus einer der Hütten zum Übersetzen, damit ich ihn auch ja verstand. Ich sollte den Jungen in mein Land mitnehmen, denn sie konnten sehen, daß ich ihn mochte. In meinem Land hätte er bessere Chancen. Er war ein guter Junge und würde sich in meinem Haus nützlich machen. Es war nicht das erste Mal, daß ich ein solches Angebot erhielt. Sie wollten das Kind nicht etwa verkaufen oder weggeben, sondern für seine Zukunft sorgen. Aus ihrer Sicht gehörte er zu ihrem Stamm, und nichts würde das je ändern können. Aus der neuen Welt, in die er wegzog, würde er wieder zu seinem Volk zurückkehren, und die dort erworbenen Kenntnisse und Fertigkeiten würden ihnen allen zugute kommen. Meine eigenen Gefühle spielten dabei im Grunde keine Rolle. Ich kam aus dem reichen

Westen und konnte alles Notwendige in die Wege leiten, und der Junge war alt genug, um die Kosten für seinen Lebensunterhalt mit Arbeit zurückzuzahlen – so einfach war das. Ich sagte dem Jungen, daß ihm mein kaltes, nasses Land kaum zusagen würde, doch er dachte anders darüber und war traurig, daß ich ihn nicht mitnehmen wollte. Es wäre eine gerechte und angemessene Belohnung für die Hilfeleistung des Großvaters gewesen, einem fähigen Kind eine gute Erziehung zu ermöglichen, und ich bin sicher, daß alle von diesem Arrangement profitiert hätten. Ich war mir jedoch ebenso sicher, daß sich dies unmöglich bewerkstelligen ließ, denn der Westen ist nicht mehr fähig, nach einer so simplen Logik zu leben, obwohl auch wir es einst für gut befunden haben, unsere Söhne zur Ausbildung in einen fremden Haushalt zu schicken.

Auf dem Campingplatz warteten Adra und Carlo bereits ungeduldig. Der Goldjunge hatte mit seinem lustlosen Einsatz an der Luftpumpe sogar die toleranten Deutschen wütend gemacht und hing zur Entrüstung von Adra, die ihn nicht ausstehen konnte, beim Fiat herum. Ich hatte meine eigenen Sorgen. Es sah so aus, als hätte die innige Bekanntschaft der Deutschen mit der Akazie den Lack von Evans ziemlich arg zerkratzt; erst wenn ich ihn herunterholen konnte, ließ sich nachprüfen, ob er nicht noch weiteren Schaden erlitten hatte. Insgeheim war ich auch besorgt, daß sich die beiden Fahrzeuge für immer aus den Augen verlieren könnten, doch wieder einmal war ich nur Passagierin und hatte mein Schicksal nicht mehr in der Hand. Der Fiat fuhr mit mir an Bord los, die Deutschen blieben zurück und sollten später mit Evans nachkommen.

Während ich zusah, wie Carlo über den übel zugerichteten Wüstenpfad nach Gao fuhr, merkte ich, wie sehr meine anfängliche Bemerkung ins Schwarze getroffen hatte. Der Fiat war tatsächlich sein Baby, das er mit aufrichtiger Inbrunst liebte. Wie die Deutschen war auch er ein eingefleischter Wüstendurchquerer, der auf dem jährlichen Treck durch die Sahara jedesmal dieselbe Route befuhr – nicht etwa, weil ihn das Land oder die Leute fasziniert hätten, sondern weil es eine Herausforderung für ihn war, ein Kräftemessen zwischen dem technischen Können des Menschen und den Naturgewalten, etwas, was er mit den Deutschen und all den anderen besessenen Wüstenhüpfern gemeinsam hatte, die ich in Niger getroffen hatte. Für einige von ihnen war es wie für die Deutschen ebenfalls wichtig, am Ende der Reise ihr Fahrzeug zu verkaufen und einen Profit herauszuschlagen, doch für Carlo und Adra galt dies nicht. Alles, was sie mitführten – Werkzeug, Kameras, Kleider, Küchenutensilien –, war vom Teuersten seiner Art, und sie waren stolz darauf. Ich hatte eine nützliche Funktion, denn da war wieder ein frisches Augenpaar, das alles gebührend bewunderte. Sie waren beide ständig auf der Suche nach letztmöglicher materieller Perfektion, die sich ihnen ebenso entzog wie der Topf voll Gold am Ende eines Regenbogens, und sie brauchten immer wieder die Bestätigung, daß sie das Beste vom Besten genossen. In der Zeit, die ich mit ihnen verbrachte, sah ich weder Carlo noch Adra je die geringste Freude über die afrikanische Szenerie rund um sie herum ausdrücken oder etwas tun, was sich nicht um ihr Gefährt drehte. Wo immer wir an jenem Tag auch anhielten (meist mußten wir auf die Deutschen warten, die den ganzen Weg nach Gao Probleme mit den Reifen hatten), war nie die Rede davon, die Landschaft zu betrachten. Carlo nutzte jedesmal die Gelegenheit und legte sich mit seinem braunen, bis zur Hüfte entblößten Oberkörper unter das Fahrzeug, um irgendeine kleine Reparatur auszuführen oder eine neue Modifikation auszuhecken, während Adra ihm assistierte. Sie war etwas nervös dabei, denn er hatte ein hitziges Temperament und explodierte sofort, wenn sie ihm das falsche Werkzeug reichte. Dann stand sie hilflos da und sagte immer wieder »Scusa, scusa«, bis er aufhörte, sie anzuschreien. Oder sie säuberten beide das kleine Wageninnere, Küche, Bad und Schlafzimmer in einem, und schlugen sich mit dem hartnäckigen körnigen Staub herum, der trotz aller Vorkehrungen seinen Weg hineinfand. Die zudringlichen Malier, die jedesmal unweigerlich auftauchten, um zuzugucken und ihren Kommentar abzugeben, irritierten sie unerträglich, vor allem ihre unablässigen Forderungen nach *cadeaux* und das vertrauliche »Ça va?«, das der Bitte jeweils vorausging.

»Warum sagst du ›Ça va?‹ zu mir?« wollte der erboste Carlo in seinem fürchterlichen Französisch von einem erschrockenen Afrikaner wissen. »Du kennst mich ja gar nicht, warum grüßt du mich also? Hm?« Oder in ansteigendem, wütendem Tonfall: »Cadeaux? Bitte ich dich etwa um ein cadeau? Hm?«, bis der arme Mann oder Junge, den wohl eher die Wut als die Worte entsetzten, Reißaus nahm.

Adras Rolle als Carlos Gehilfin war für sie offensichtlich von größter Wichtigkeit, und sie betonte mir gegenüber öfter, daß er ohne sie aufgeschmissen wäre: »Ich mache alles für ihn, wenn er fahrt. Ich anzünde die Zigarette, halte die Wasserflasche, schaue nach die Kilometer und die Fesch-Fesch. Er macht nichts, nur konzentrieren auf die Straße. Ist sehr schwierig für ihn, macht müde.« Es schien tatsächlich höllisch schwierig zu sein, galt es doch, in Sekundenbruchteilen Entscheidungen zu treffen, zwischen dem einen oder anderen gräßlichen Gewirr von Reifenabdrücken im Sand zu wählen oder statt dessen auf Neuland auszuweichen, das Steuer im letzten Moment herumzureißen und die Räder um jeden Preis in Bewegung zuhalten. Der Wagen sank oft bis zu den Achsen ein, und es war wichtig, die richtige Geschwindigkeit und Drehzahl einzuhalten, sonst blieb man leicht stecken – an einer Stelle mit Fesch-Fesch beispielsweise, aus dem sich herauszubuddeln eine Ewigkeit dauerte. Eine solche Fahrweise übte eine faszinierende Wirkung aus. Die Augen klebten wie gebannt auf dem nächsten Straßenstück, und das Herz machte ständig wilde Hopser, wenn sich der Wagen bedenklich schräglegte. Adra und ich klammerten uns immer wieder in plötzlicher Alarmstimmung aneinander, und so blieb natürlich keine Zeit, Einzelheiten aus der Umgebung wahrzunehmen. Carlo sagte mir, daß sie sich am liebsten mit einem anderen Fahrzeug zusammenschlossen, um im Konvoi zu fahren, daher reisten sie auch mit den Deutschen bis Gao. Sie nahmen alles verzweifelt ernst, und die Anstrengung stand ihnen ins Gesicht geschrieben, so daß ich mir stets von neuem ins Gedächtnis zurückrufen mußte, daß alles ja bloß ein Spiel sei, dem obendrein kein weltbewegender Ausgang beschieden war – wir brachten schließlich nicht »die frohe Kunde von Gent nach Aix«.

11

Schein und Sein

Der deutsche Forscher Heinrich Barth, den die Royal Geographical Society Mitte des neunzehnten Jahrhunderts beauftragt hatte, die vielen Fragen zu klären, welche seine unerschrockenen Vorgänger unbeantwortet gelassen hatten, war vor Aufregung ganz aus dem Häuschen geraten, als er sich Gao näherte. Er hatte von diesem einstigen Mittelpunkt des Songhaireichs wahre Wunder erwartet, von dessen Pracht und Reichtum die beiden Reisenden Ibn Battuta und Leo Africanus im vierzehnten und sechzehnten Jahrhundert so enthusiastisch berichtet hatten: »Der vierte Teil von Afrika ist das Land der Neger, wo es Korn und Vieh, Milch und Butter in Hülle und Fülle gibt.« – »Salz wechselt gegen eine große Menge Gold die Hand. Europäisches Tuch verkauft sich bis zu vierzigmal teurer als sein Wert in Europa, Pferde fünfmal so teuer; ein Pferd erbringt also fünfzig Dukaten und ein junger Sklave sechs.« – »Und da war auch ein Goldklumpen, so groß, daß der König sein Pferd daran festbinden konnte.« Barth erwartete etwas Außergewöhnliches. »Sobald ich herausfand, daß Gogo (Gao) der Ort war, der jahrhundertelang die Hauptstadt eines starken und gewaltigen Reiches gewesen, von wo aus mächtige Prinzen ihre Eroberungszüge geführt hatten«, schrieb er, »verspürte ich ein brennendes Verlangen, diese Stadt aufzusuchen.«

Gao stand dank dem nordafrikanischen Handel bereits im elften Jahrhundert in Blüte, doch zu jener Zeit verfügten die Songhai über keine eigene starke militärische Macht und standen unter der Hegemonie des westlich von ihnen gelegenen Reichs Mali. Im Jahr 1325 zog der Hofstaat des malischen Herrschers Mansa Musa auf seinem Rückweg von der berühmten Pilgerreise nach Mekka durch Gao. Bevor er sich nach Timbuktu einschiffte, ordnete Mansa Musa den Bau einer großen Moschee in Gao an – ein Akt, der im Rückblick eigentümlich symbolisch wirkt, denn er leitete das Ende der malischen Herrschaft ein. Das Reich hatte seinen Höhepunkt erreicht und verfiel rasch. Innerhalb von zehn Jahren nach Mansa Musas königlichem Durchzug hatten die Songhai die malische Garnison aus Gao vertrieben und traten ihren Aufstieg ins Rampenlicht der Geschichte an. Bis zur Mitte des fünfzehnten Jahrhunderts unterstanden die meisten der wohlhabenden und einflußreichen Handelsstädte am riesigen Nigerbogen der Kontrolle der Songhay. Djenné, die letzte von ihnen, fiel 1473 dem Sonni Ali Ber anheim. Zu diesem Zeitpunkt regierten die Songhai über ein Gebiet, das sich vom Aïr-Massiv im Nordosten bis nach Ségou im Westen und von der Sahara südwärts bis zur Grenze des heutigen Nigeria erstreckte. Unter ihrer Herrschaft wurde eine zentralistische Verwaltung errichtet, die als höchste zivilisatorische Errungenschaft der Imperien im Sahel gelten darf.

Dieses goldene Zeitalter kam 1591 zu einem jähen Ende, als die marokkanischen Armeen von El Mansur aus der Sahara strömten, dank dem Vorteil ihrer Musketen die Heere der Songhai in die Flucht schlugen und Gao und Timbuktu einnahmen. Die Invasionsperiode war zwar nur kurz, wirkte sich jedoch verheerend aus, wie der arabische Chronist El Sadi festhielt: »Sie fanden eines der von Gott am meisten begünstigten Länder vor, wo Wohlstand und Sicherheit herrschten, und machten daraus eine Stätte der Gefahr, des Elends und des Unglücks.« Den Marokkanern war an schnellem Profit gelegen, vorzugsweise in Form von Gold. Unter ihnen zersplitterte das Reich, der Handel ging zurück, und die Verwaltung brach zusammen. Die folgenden zweihundertfünfzig Jahre war der Sahel vom Rest der Welt abgeschnitten.

Zu der Zeit, als sich Heinrich Barth der Stadt näherte, war Gao längst auf den Stand eines kleinen Provinznests abgesunken. Sich an so berauschende Textstellen erinnernd wie: »Die große Stadt Gogo ist ohne Mauer, doch in ihrer Mitte steht ein überaus reicher Palast« war Barth verständlicherweise zutiefst enttäuscht und bezeichnete Gao als einen »elenden Ort«.

Auch meine Hoffnungen wurden anfänglich enttäuscht. Zwar hatte ich im Gegensatz zu Barth keineswegs erwartet, eine prächtige Stadt vorzufinden; doch hier war ich endlich am Hafen angelangt, wo ich mich auf einem Dampfer einschiffen wollte, um dem königlichen Weg nach Timbuktu zu folgen. Gao liegt nämlich am Anfang einer langen, schiffbaren Strecke des Niger, die frei von Stromschnellen ist und etwa fünfzehnhundert Kilometer flußaufwärts bis kurz vor Bamako, der modernen Hauptstadt von Mali, führt. Der Wasserstand erlaubt jedoch den Verkehr von Passagierdampfern nur während etwa vier Monaten im Jahr, und wegen der dürftigen Regenfälle im letzten Jahr hatten die Dampfer den Betrieb bereits eingestellt, als ich in Gao eintraf.

Kaum waren unsere Fahrzeuge in die Karawanserei am Stadtrand eingebogen, wo wir campieren wollten, als uns auch schon eine Unzahl junger Männer belagerte, die zwar alle in irgendeiner untergeordneten Funktion dort arbeiteten, deren Haupteinnahmequelle jedoch das wenige bildete, was sie aus den Touristen herausholen konnten. Sie brauchten nicht sehr lange, bis sie herausgefunden hatten, was jeder von uns hier vorhatte, obwohl sie beinahe Prügel gekriegt hätten, als sie Carlo fragten, in welcher Beziehung er zu Adra stehe – »Du bist doch ein alter Mann, und sie ist jung«. Sie standen für alles und jedes zu Diensten, vom Kleiderwaschen bis zum Auffinden einer Prostituierten, doch der Standard ihrer Wäsche war ziemlich dürftig, und die dreisten Prostituierten von Gao waren sehr wohl fähig, sich ihre eigenen Kunden zu finden. Ich kam wie ein Geschenk des Himmels für sie, denn sobald ich erfahren hatte, daß die Dampfer nicht mehr verkehrten, heuerte ich zwei von ihnen an, die mir helfen sollten, eine Ersatzlösung zu finden, wie ich trotzdem auf dem Niger nach Timbuktu fahren könnte. Sie hießen beide Musa und behaupteten, daß eine Pinasse, eine sehr große motorisierte Piroge, in Kürze ablegen werde. Sie brachten mich in aller Eile zum Hafen, um einen Preis auszuhandeln.

Und dort spürte ich erstmals etwas ganz anderes als Heinrich Barth, denn ich fand den Hafen von Gao wunderschön. Scharf geschnäbelte schwarze Pirogen jeder Größe und in verschiedenstem Zustand lagen in großer Zahl Seite an Seite vertäut, andere kreuzten hin und her. Die Menschen, die ihnen entströmten, schürzten ihre Roben, während sie behutsam an Land wateten und ihre Sandalen in einer Hand hielten, um sie gleich hinter dem Wassersaum auf den Boden zu werfen, damit sie hineintreten konnten, ohne sich die Füße schmutzig zu machen. Frauen standen knöcheltief in einem reichhaltigen Potpourri aus Schlamm und Unrat, das am Ufer herumschwappte, und nahmen Fische aus. Sie spülten sie in der Brühe aus, bevor sie sie anderen Frauen zuwarfen, die sie auf großen, flachen Kohlenpfannen grillten oder auf lange Leinen auffädelten, damit sie an der Sonne trocknen konnten. Der vorherrschende Geruch nach gebratenem Fisch hing über einer Vielfalt anderer Düfte, teils wohlriechender, teils widerlicher. Auf dem unebenen, ungepflasterten Uferstreifen waren Brennholzstapel, Ballen und Bündel, schiefe Türme von Körben und Tonkrügen, angebundene Hühner und Ziegen sowie ein buntes Gemisch von Gütern und persönlichem Besitztum in verschwenderischer Fülle zwischen der Menschenmenge mit ihren farbigen Gewändern und Turbanen aufgehäuft und verstreut. Jungen flitzten hin und her, wichen den verschiedenen Hindernissen aus und sprangen von Piroge zu Piroge. Verkäufer mit Körben auf dem Kopf, aus welchen sie Nüsse, Früchte und kleine Tüten mit gebratenen Teigbällchen feilboten, wanderten kreuz und quer durch das Gewimmel.

Im Schatten einer Reihe heruntergekommener Lagerhäuser hinter diesem lebensprühenden und aufregenden Uferstreifen saßen die Kaufleute und die Besitzer der Pirogen und wickelten auf eine gemächliche, typisch afrikanische Art ihre Geschäfte ab. Zu ihnen wandten wir uns als erstes. Ich hatte die Pinasse, die sich neben den kleineren und wohlgeformteren Pirogen sehr mächtig und eindrucksvoll ausnahm, bereits im Auge. Zwar war sie wie jene im wesentlichen ein flachbödiges Kanu mit seitlich hochgezogenen Planken, das sich an beiden Enden stark verjüngte, doch sie wurde von einem Motor angetrieben und zeichnete sich außerdem durch ein Sonnensegel aus, das über reifenförmige Bambusstangen gespannt war und fast von vorn bis hinten reichte. Sie schien mir eine spannende Alternative zu einem Dampfer zu sein, nur fuhr sie leider nicht nach Timbuktu. Die beiden Musas hasteten voller Verzweiflung im Hafengebiet hin und her und befragten sämtliche Pirogiers, die sie auftreiben konnten. Schließlich kehrten sie triumphierend zurück. Sie hatten eine große Piroge gefunden, die vor kurzem eine Ladung Holz von Diré heruntergeführt hatte und bald dorthin zurückfahren würde, wobei sie auf dem Weg Timbuktu passierte. Der Besitzer hatte eigentlich beabsichtigt, mit der Rückfahrt zu warten, bis er sein Holz losgeworden war, meinte jedoch, wenn ich mit dem geforderten Preis einverstanden sei, könnten wir abfahren, wann immer ich es wünschte. Die Vorstellung behagte mir keineswegs, denn es mußte eine Ewigkeit dauern, die vierhundertdreißig Kilometer mit Stangen als einzigem Antriebsmittel zurückzulegen. Nein, nein, beschwichtigten mich die Musas, es würden vier Pirogiers zur Stelle sein, um das Boot Tag und Nacht flußaufwärts zu staken, und wir würden Timbuktu in fünf Tagen erreichen, das heißt in derselben Zeitspanne wie eine Pinasse und in nur doppelt so langer Zeit wie der Dampfer.

Nach einer zweifellos viel zu kurzen Verhandlungsrunde erklärte ich mich mit einem (wie mir die beiden Musas versicherten) »vernünftigen« Preis einverstanden, der vermutlich mindestens das Zehnfache dessen betrug, was ein Einheimischer bezahlt hätte. Ich argwöhnte, daß die Musas von beiden Seiten ein Vermittlungshonorar kassierten, doch ein höherer Prozentsatz als für ein westliches Reisebüro schaute wohl kaum für sie heraus, und sie mußten sich viel mehr dafür abrackern. Das Fahrgeld war nicht höher als der Preis für eine Fahrt erster Klasse auf dem Dampfer, obwohl mir fünf Tage in einem offenen Boot vergleichsweise nicht gerade als Luxus erschienen. Alles in allem war ich erleichtert, daß sich das Ganze so problemlos arrangieren ließ. Wir würden in vier Tagen abreisen, *inschallah* – so Gott will.

Beinahe hätte das Schicksal ein zweites Mal zugeschlagen, bevor ich Gao hinter mir lassen konnte. Diesmal ging es nicht um mein Leben, sondern um mein Geld. Ich hatte das in einem Geheimfach meiner Tasche versteckte ganze dicke Bündel Banknoten herausgezogen, um den kleinen Vorrat in meinem Geldbeutel zu ergänzen, als mich etwas ablenkte und ich wegging und meine ganze Barschaft in einem durchsichtigen Plastikumschlag auf einem Tisch des Campingplatzrestaurants liegenließ, statt sie wieder in der Tasche zu verstauen. Es wimmelte hier nur so von habgierigen einheimischen Jugendlichen und Jungen, für die ein solcher Fund ein Vermögen bedeutet hätte, nebst einer ganzen Reihe westlicher Touristen von der abgebrühten Sorte. Weshalb der *patron*, der den Platz sonst nie beehrte, ausgerechnet diesen Moment zu einem Besuch ausgewählt hatte, ist eines jener Rätsel, die entweder dem sehr langen Arm des Zufalls oder, wie ich es lieber glauben möchte, meinem wachsamen Schutzengel zuzuschreiben sind. Ich war über meine Unvorsichtigkeit ebenso schockiert wie der Besitzer und hörte mir seine Schelte mit ungewohnter Demut an. Nach diesem Zwischenfall legte er ein freundliches Interesse für mein Wohlergehen an den Tag und stellte mir kostenlos eine der Hütten auf dem Gelände zur Verfügung. Selbst wenn ich es vorzog, weiterhin in meinem kleinen, luftigen Zelt zu schlafen, hielt er es doch für sicherer, wenigstens Evans und den Rest meiner Ausrüstung einzuschließen.

Eines Abends lud er mich auch zum Essen ein und schickte mir einen Bediensteten mit seinem schönen neuen Alfa Romeo vorbei, der mich den kurzen Weg durch den Sand zu seinem Haus fuhr. Ich erwartete mindestens etwas ebenso Feudales wie seinen Wagen, der gewiß nicht via Sahara hier gelandet war. Man führte mich in ein großes, mit reizlosen westlichen Plüschmöbeln eingerichtetes Zimmer mit Matratzen auf dem Boden und einem großen Kühlschrank als Prunkstück. Das Essen kam aus der Campingplatzküche – undefinierbares Fleisch und abgestandene Pommes frites, die von dem Mann, der mich hergefahren hatte, auf der Veranda in einer fettigen Bratpfanne über einem Primuskocher aufgewärmt wurden. Während wir uns mit dieser scheußlichen Mahlzeit abmühten, wurden wir per Video von einer peinlich geistlosen französischen Komödie unterhalten, deren einziger Vorzug darin bestand, meinen Gastgeber soweit abzulenken, daß ich den Hauptteil meiner Portion in ein Taschentuch gleiten lassen konnte, um ihn später wegzuwerfen, so wie ich es vor vielen Jahren in der Schule schon oft getan hatte.

Nach so vielen Freundschaftsbezeugungen konnte ich natürlich nicht daran denken, mich den Annehmlichkeiten von Gaos einzigem, turbulentem Hotel hinzugeben, das zusammen mit ein paar weiteren zerfallenden Kolonialbauten das Zentrum der unprätentiösen kleinen Stadt zierte. Die Franzosen hatten Gao zu Beginn dieses Jahrhunderts neu aufgebaut und die breiten, beidseitig mit sauberen Abflußkanälen versehenen Straßen in einem ordentlichen Gittermuster angelegt. Doch inzwischen war die Stadt afrikanisiert und ziemlich baufällig geworden, mit großen, bunten Märkten und niedrigen Häusern aus Banco, deren Höfe von Leben pulsierten, und ich war ganz bezaubert von ihr.

Die Karawanserei selbst war zwar nach allgemeiner Auffassung der sauberste Aufenthaltsort, wies jedoch entschiedene Nachteile auf: den langen Anmarschweg durch den weichen Sand in die Stadt, die minimalen Duschgelegenheiten und gräßlichen Toiletten sowie das scheußliche Essen, das, wie ich entdeckte, von etwa neun Jahre alten *totos* (Küchenmädchen) zubereitet wurde. Noch viel schlimmer war, jeden Morgen beim Aufstehen die vielen Bettler in dem ummauerten sandigen Hof herumschwärmen zu sehen, denen es geglückt war, den Türhüter zu bestechen und sich Einlaß zu verschaffen. Einige sahen wirklich mitleiderregend aus – Gelähmte, die sich auf ihren Hinterbacken vorwärtsschoben, Leprakranke und blinde Männer, die von Kindern herumgeführt wurden –, andere zählten einfach nur zu dem Riesenheer der Armen Afrikas. Sie waren alle sehr gutmütig, ja sogar vergnügt; nur wir Reisenden kamen damit nicht zurecht, denn wir teilten weder die Geduld der Bettler noch ihre Auffassung vom Schicksal und von Allahs Wirken und konnten uns mit den Widrigkeiten des Lebens nicht so leicht abfinden wie sie. Ich brachte es nie fertig, unbeschwert mein Frühstück einzunehmen, wenn sich ein Dutzend Augenpaare aus geringer Entfernung in meinen Rücken bohrte. Doch sie waren nicht nur auf Almosen aus: Wir dienten ihnen auch zur Unterhaltung und ließen sie einen kurzen Blick auf eine andere Welt erhaschen. Sie liebten unsere Kleider, unsere

Geräte und die technischen Kinkerlitzchen um ihrer selbst willen, als einen Teil jener Welt, die sie im Unterschied zu unserem Goldjungen noch nicht erstrebten und deshalb unbekümmert bestaunen konnten, ohne unter dem Begehren zu leiden. Dank Evans, den sich ein verkrüppelter Junge jeden Tag ansehen kam, erlangte ich eine gewisse Berühmtheit unter dieser Bruderschaft. Der Junge überredete mich schließlich, auf dem Areal herumzufahren und die Gänge zu wechseln, wobei alle ganz genau zusahen und in Rufe des Erstaunens ausbrachen, wenn die Kette von Zahnkranz zu Zahnkranz sprang. Ich kam mir dabei vor wie eine Zirkusakrobatin.

In Gao schien eine sogar noch größere Völkervielfalt zu herrschen als in Niamey, vermutlich weil sich hier Berberblut so gründlich mit jenem der Schwarzafrikaner vermischt hatte. Alle waren schwarz, aber in mannigfaltigen Abstufungen, und ihre Züge reichten vom scharfen Adlerprofil bis zum reinen negriden Gesicht. Die völlig unterschiedlichen Trachten und die komplizierte Weise, das Haar zu flechten, die einem Kenner der Materie den Unterschied zwischen den einzelnen Stämmen verraten hätten, sind heute in den meisten Fällen verlorengegangen. Viele Leute trugen ein Gemisch aus ethnischer und westlicher Kleidung und experimentierten mit verschiedenen Frisuren. So sah man öfter Mädchen mit einem Wickelrock aus einheimischem Tuch und darüber einem T-Shirt oder einer Weste mit irgendeinem Schriftzug wie »Coca-Cola« quer über der Brust. Einige der älteren Frauen trugen Kleider westlichen Zuschnitts von vor vierzig Jahren, die stets die Fußknöchel bedeckten, und viele jüngere Männer hatten sich an Hosen mit lose darüber getragenen Hemden gewöhnt. Die Kinder waren häufig rein westlich gekleidet. Ich erfuhr, daß es sich dabei meist um gebrauchte, an Wohltätigkeitsorganisationen gespendete Kleider handelte, die irgendwie auf den Märkten Afrikas landeten, wo sie viel billiger als neuer Stoff zu kaufen waren.

Eines Tages wurde ich von Jean-Claude und Laurence, einem Schweizer Ehepaar, das ebenfalls die Wüste durchquert hatte und in der Karawanserei logierte, zum Essen in ein kleines Restaurant eingeladen, wo man *capitaine*, den großen, köstlichen Nigerhecht, servierte. Der dunkle Innenraum war nach dem blendenden Licht draußen sehr wohltuend und versteckte die gröbsten Unzulänglichkeiten und den schlimmsten Schmutz, während der Blick durch die offene Tür auf einen von der Sonne versengten Hof das Düster etwas milderte. Wie die meisten Restaurants hatte auch dieses seinen Anteil an Prostituierten – mittleren Alters, unförmig, mit Lippenstift und Puder im Gesicht, der wie Weißmehl aussah, in übertrieben auf jugendlich getrimmten, aus der Mode gekommenen westlichen Kleidern, die (für Muslime schockierend) die Beine fast bis hoch zu den Knien freiließen. Da es erst gegen Mittag ging, war noch keine von ihnen besonders aufdringlich. Die Frau, die am ausgefallensten gekleidet war, kam zu uns herüber, um mit uns Französisch zu parlieren und uns mit ihrer Kleinmädchenstimme zu erzählen, wie sie in Paris gearbeitet hatte. Darauf mischte sich jemand aus einer Gruppe Männer ins Gespräch und meinte geringschätzig, das sei alles erstunken und erlogen, sie habe dort bloß ihr Geld verpulvert. Alle träumten davon, nach Paris zu kommen, nur um später herumerzählen zu können, daß sie dort gewesen seien. Die Leute sparten jahrelang allein zu dem Zweck, einmal in die französische Hauptstadt zu fliegen und gleich wieder umzukehren. Mir war das völlig neu, doch die Schweizer wußten Bescheid. Sie sagten, daß Paris eine viel größere Anziehungskraft als Mekka ausübe, und wenn die französischen Luftfahrtgesellschaften gerade Flaute hatten, boten sie spezielle Billigflüge für diese »Pilgerreisen« an.

Die Prostituierte war beleidigt, weil ihre schöne Geschichte fehlgeschlagen war, und begann den Mann und seine Freunde zu behelligen. Sie betrug sich noch viel kindischer als zuvor, verlangte Bier, schmollte und warf in einer mir unverständlichen Sprache mit höhnischen Bemerkungen um sich. Schließlich platzte ihm der Kragen, und er fuhr sie grob auf französisch an: »Du bist sowieso nie eine Schönheit gewesen.«

Jean-Claude und Laurence schienen sich weit mehr Sorgen wegen meiner Bootsfahrt zu machen als ich. Jean-Claude bezweifelte, daß ich alles, was schiefgehen könnte, genügend bedacht hatte. Vermutlich hatte er recht, doch wie sollte ich ihm begreiflich machen, daß ich sonst wahrscheinlich nie den Mut aufbringen würde, irgendwohin zu reisen? Auch Laurences Bedenken bezüglich der Wasch- und Toilettenmöglichkeiten teilte ich nicht, denn dies waren allgemein menschliche Bedürfnisse, und ich war sicher, daß sie kein Problem darstellten. Was das Essen anging, mochten sie vielleicht im Recht sein, und ich versprach, Nüsse und Früchte einzukaufen und mitzunehmen.

Sie kamen zum Hafen, um mich zu verabschieden und mir ein Paket mit Eßwaren zu überreichen, die sie für ihre Wüstenfahrt aus der Schweiz mitgebracht hatten und, wie sie sagten, nicht wieder heimschleppen wollten. Nach althergebrachter Berechnung des Wertes, der Gütern nach Durchquerung der Sahara erwuchs, übergaben sie mir den Gegenwert eines königlichen Lösegeldes. Wie froh ich dereinst darum sein sollte, wußte ich jedoch noch nicht. Zur Erleichterung aller – besonders der beiden Musas, die mitgekommen waren und darauf warteten, ihr Honorar zu kassieren – war die Piroge tatsächlich da und wartete auf uns. Auch der Mann, der tags zuvor im Restaurant die Prostituierte gepiesackt hatte, war anwesend, in Begleitung einer korpulenten, respektabel aussehenden, von vielen Bündeln umringten Frau. Er erklärte uns, sie sei eine Verwandte von ihm und wolle ebenfalls in meiner Piroge mitfahren, da sie den letzten Dampfer verpaßt hatte, der sie nach einem ausgedehnten Besuch bei ihrer Familie in Gao zu ihrem Ehemann nach Niafounké zurückbringen sollte. Aus seinen überschwenglichen Dankesbezeugungen für meine Bereitschaft, sie mitzunehmen, und aus ihrem gestrengen und todernsten Benehmen schloß ich, daß er wohl froh um diese Gelegenheit war, sie endlich loszuwerden. Sie wurde mir als »Madame« vorgestellt. Während der Zeit, die ich in ihrer intimen Gesellschaft verbrachte, wurde sie nie mit einem anderen Namen bezeichnet, und ich sah sie kein einziges Mal lächeln.

Der Bootseigner gab mir über die Musas zu verstehen, ich solle mir für die Reise eine Matratze kaufen. Zuerst machte ich Einwendungen, weil ich meinte, ich hätte schon mehr als genug bezahlt, doch als mir dann mein Platz gezeigt wurde, den ich die nächsten fünf Tage belegen würde – eine Reihe roher, unebener Baumstämme, zentimeterhoch von Wasser und Schlamm überspült –, dachte ich mir, daß ein bißchen Polsterung gewiß nicht schaden konnte. Wir machten uns also zum Markt auf und kauften für etwa fünf Pfund eine dicke, mit Stroh gestopfte Matratze, was, wie ich später erfuhr, nur etwa doppelt so viel war, als sie eigentlich kosten sollte. Sobald sie auf den Stämmen ausgebreitet war, krabbelte Madame an Bord und hechtete darauf zu, wurde jedoch vom Besitzer der Piroge vertrieben und erhielt einen Sitzplatz zwischen den nächsten beiden Duchten auf einem Stapel Reissäcke zugewiesen. Evans war bereits ins Boot getragen und an einer Ducht neben meiner Matratze festgezurrt worden. Kaum hatte ich meinen Platz eingenommen, sprangen zwei junge Männer an Bord, und schon hatten wir abgelegt. Die beiden Musas, Laurence und Jean-Claude verschwanden rasch im Gedränge des Hafenplatzes.

Ich konnte es kaum fassen, daß wir tatsächlich schon auf dem Weg waren. Wo waren die versprochenen vier Pirogiers, die Tag und Nacht staken sollten? Und doch hielten wir über die breite Wasserfläche des Niger direkt auf die schönen rosaroten Dünen am anderen Ufer zu. Im Heck des Bootes schwang ein einziger Pirogier mit jener anmutigen, fließenden Bewegung, die ich von meiner letzten Nigerfahrt kannte, seine Stange. »Was hat Ihnen mein Bruder erzählt, wie lange wir nach Timbuktu brauchen?« fragte Boubacar, der andere fröhliche junge Pirogier. Er war damit beschäftigt gewesen, zahlreiche Bündel zu verstauen, schien jedoch jetzt einer kleinen Unterhaltung nicht abgeneigt zu sein. Als ich ihm sagte, man habe mir zu verstehen gegeben, die Reise werde fünf Tage dauern, pfiff er ungläubig durch die Zähne und fuhr in seinem französischen Singsang fort: »Dieser Mann ist ein großer Lügner. Fünf Tage. Läßt sich nicht machen. Zehn vielleicht, wenn alles, aber auch wirklich alles gutgeht.« – »Und wo sind die vier Pirogiers, die man mir versprochen hat?« wollte ich wissen. »Es gibt nie vier«, meinte Boubacar. »Eine Piroge ist immer nur für zwei Mann, und diese hier ist für Mohammed und mich.« – »Und wie steht es damit, Tag und Nacht zu fahren?« –

»Wenn der Wind günstig ist, fahren wir nachts, wenn nicht, schlafen wir. Voilà.«

Die Schweizer hatten mich gewarnt: In Westafrika ist nie etwas so, wie es den Anschein hat. Aber was soll's? dachte ich mir. Ich war wieder auf den Wassern des majestätischen Niger, diesmal mit einer schwarzen Madame und zwei jungen Männern, die beide einen angenehmen und kompetenten Eindruck machten. Über mir flogen Reiher, schwarze Ibisse und Eisvögel, unter mir glitten Teppiche mit rosa Wasserlilien vorbei. Diese Art zu reisen schloß Zeitpläne und Termine aus. Fünf oder zehn Tage, zwei oder vier Pirogiers, was machte das schon aus? Zwar würde diese Stimmung sicher nicht ununterbrochen anhalten, bis wir Timbuktu erreichten – dazu war ich viel zu stark durch westliche Einstellungen konditioniert –, doch solange sie andauerte, fühlte ich mich von einer riesigen und völlig unnötigen Bürde befreit.

12

Alltag auf einer Piroge

Jetzt, wo ich Muße hatte, alles im Detail zu studieren, erkannte ich, daß eine richtige Piroge ein überaus sinnreich konstruiertes und funktionstüchtiges Gefährt war, das sich von den einfachen Einbaumkanus, wie sie in anderen Teilen Afrikas gebraucht werden, in so gut wie allem unterschied und nur eine oberflächliche Ähnlichkeit mit dem kleinen Boot aufwies, mit welchem ich von Niamey aus den Niger hinuntergefahren war. Unser Boot war etwa fünfundzwanzig Meter lang und flachbödig. Die Seitenwanten waren nach auswärts gebogen, liefen vorn und achtern zusammen und endeten in zwei langen, sich verjüngenden Podesten, die über den Wasserspiegel ragten und auf denen Mohammed und Boubacar, die beiden Pirogiers, mit ihren langen Stangen hantierten. Ein hölzerner Schnabel im Stil eines Rammsporns an einer römischen Galeere verlängerte den Vordersteven um ein weiteres und betonte die schlanken Umrisse noch stärker. Mittschiffs, wo ich saß, betrug die Breite unten knapp zwei und freibords etwa zweieinhalb Meter. Wie alle Pirogen war auch diese buchstäblich zusammengenäht worden. Rund um die Ränder der verschiedenen Planken, aus denen sie sich zusammensetzte, hatte man überall Löcher gebohrt und zum Zusammenschnüren statt der üblichen Stricke Draht verwendet. Für die vielen Reparaturen, die das Boot während der sechzig Jahre erlebt hatte, welche es auf dem Niger verkehrte, waren unter anderem handgeschmiedete Nägel gebraucht worden. Acht Duchten sorgten für die seitliche Stabilität. Auch sie waren mittels Bohrlöcher an ihren Enden und in den Seitenplanken festgezurrt und konnten je nach Bedarf verschoben werden. Mehrere der Duchten waren zerbrochen und hatten als

Schienen Bambusstücke quer über die Bruchstellen liegen, die mit allerlei Schnurresten an Ort und Stelle festgehalten wurden.

Dieses äußerst flexible Gefährt war hervorragend für seine Zwecke geeignet. Der Niger ist ja im wesentlichen ein breiter, seichter Strom, der zwischen den Regenzeiten rasch an Wassertiefe verliert und ein Durcheinander sich ständig verändernder Sandbänke erzeugt, auf denen man nur allzu leicht auf Grund laufen kann. Die geschmeidigen Pirogen sind fähig, buchstäblich ihre Gestalt zu wechseln, und lassen sich selbst schwerbeladen mit geringer Anstrengung wieder flottmachen, wogegen ein starrer gebautes Schiff wahrscheinlich Schaden erleiden oder steckenbleiben würde, bis der Fluß in der folgenden Regenzeit wieder ansteigt. Zudem bietet ihre Form dem Wasser den geringsten Widerstand, so daß sie relativ leicht gegen die Strömung gestakt werden können.

Es dauerte eine Weile, bis ich mich an das Leben an Bord gewöhnt hatte, teils weil ich noch gar nicht richtig wußte, was mich erwartete. Nur einer meiner drei Gefährten sprach neben Songhay, von dem ich bedauerlicherweise kein Wort verstand, auch noch ein anderes Idiom. Bezüglich Sprache, Rasse und Religion hatte ich eine ganz klare Außenseiterrolle inne und befand mich eher in der Lage eines Kindes, das abwarten und sich gedulden mußte. In der Hackordnung des Bootes hingegen zeigte es sich jedoch bald, daß ich etwas Gehobeneres war als eine bloße Passagierin. Die Summe von fast fünfzig Pfund, die ich für die Fahrt bezahlt hatte, gewährleistete mir anscheinend das Recht eines *patron*, und dies war auch mein Titel, wenn ich nicht mit »Madame Blanc« angesprochen wurde. Wann immer zur Wahl stand, wo und wie lange wir anhalten sollten, zog man mich zu Rate und berücksichtigte meine Wünsche. Wäre dem nicht so gewesen, hätte die Reise beträchtlich länger gedauert, denn Pirogiers sind wie alle Seeleute bekannt dafür, daß sie ihren Freunden und Verwandten an Land gern ausgedehnte Besuche abstatten, und Mohammed und Boubacar bildeten keine Ausnahme. An diesem ersten Tag jedoch war alles – Boot, Gefährten und Flußufer – noch erfrischend neu, und ich konnte mich kaum sattsehen.

Als wir etwa eine Stunde unterwegs waren, legte Boubacar seine Stange nieder und entfachte in einer raffiniert geformten Tonschale ein Feuer. Ihr Rand war nach innen gebogen und bildete vier Zacken, auf die sich ein Kochtopf stellen ließ. Ein Sack mit Reis wurde angebrochen und etwas davon aufgesetzt. Ich glaubte, auch etwas beisteuern zu müssen und reichte ihm aus dem Vorrat der Schweizer eine Dose Karotten, die zusammen mit dem Reis gekocht wurden, so daß am Ende außer einer schwachen orangen Färbung rein gar nichts von ihnen übrigblieb. Madame erhielt den Stock, um den Reis umzurühren, während Boubacar Reparaturen ausführte, mit einem Hammer ein paar der auffälligsten Lecks kalfaterte und das Boot ausschöpfte.

Zum Essen machten wir am Ufer fest, danach gingen alle an Land, um ihren körperlichen Bedürfnissen nachzukommen. Madame verschwand mit einem Kindertöpfchen aus rotem Plastik samt einem Stück Seife und einem Topfkratzer, was mich ziemlich verblüffte, weil sie nämlich keine Töpfe bei sich hatte – sie waren alle bereits im Fluß ausgespült worden. Die Jungen zogen sich bis auf die Unterhose aus, standen hüfttief im Wasser und seiften und schamponierten sich ein, was so einladend aussah, daß ich etwas weiter weg ihrem Beispiel folgte. Um der Sittsamkeit zu genügen, behielt ich beim Schwimmen mein Hemd an, wurde aber von Madame bei ihrer Rückkehr trotzdem mit ein paar strafenden Blicken bedacht, vermutlich weil ich meine Beine entblößt hatte. Die Jungen warfen sich am Ufer ein paarmal kurz zu Boden, während Madame ihre Gebetsübungen auf den Reissäcken an Bord ein wenig ausdehnte. Dann setzten wir unseren Weg sichtlich entspannter fort. Madame rülpste und säuberte geräuschvoll ihre Nasenhöhlen, Boubacar ließ sein Radio laufen und bereitete in einer kleinen, blauen Kanne Tuareg-Tee zu, während ich die Reiher studierte, die wie Statuen gelassen am Rand des Wassers standen.

Wo ein Bogen im Flußlauf eine Kursänderung erforderlich machte, legte Mohammed seine Stange nieder und ergriff ein riesiges, urtümliches Ruder, dessen breitschaufliges Blatt in einem groben Schlitz im langen Schaft festgebunden war. Er hängte es in eine seitlich an der Piroge befestigte Seilschlinge ein, stemmte sich mit seinem ganzen Gewicht dagegen und führte das Boot mit langen, wuchtigen Zügen quer über den Fluß. Am anderen Ufer angekommen, fuhren wir am Rand kahler, roter Sandhügel entlang, die sich steil aus dem Wasser erhoben. Durch die öde Landschaft bewegten sich Gestalten in wehenden Roben mit Eseln, schlappohrigen Schafen und nackten kleinen Kindern. Vom weitläufigen Marschland am gegenüberliegenden Flußufer wurden haufenweise sehr primitive, hoch mit Reis beladene Pirogen über den Fluß gestakt. Die Dörfer waren zweifellos zum Schutz vor den zahlreichen Mückenschwärmen, die in diesen uralten Reisfeldern hausten, auf der sandigen Seite errichtet worden.

Wenn nichts anderes seine Aufmerksamkeit erforderte, ergriff auch Boubacar seine Stange und schwang sie Stunde um Stunde unermüdlich in einem hypnotisierenden Rhythmus. Am östlichen Ufer war es noch hell, im Schatten des Westufers dagegen nach der Mittagshitze köstlich kühl, und das Wasser murmelte sanft gegen den Schiffsrumpf. Dann machte die Kühle auf einmal einer fröstelnden Kälte Platz, als die Sonne rasch ihr letztes Wegstück vor Einbruch der Dämmerung antrat. Der Himmel verfärbte sich sanft zu Rosa und Grau. Große Schwärme Silberreiher und schwarze Ibisse zogen zielstrebig auf dem Heimweg über unseren Köpfen dahin, und die beiden Jungen schwangen noch immer beständig ihre Stangen im Takt – eintauchen, dagegenlehnen, wegstoßen und wieder hochziehen –, wie sie es bereits seit sieben Stunden getan hatten.

Als es dunkel wurde, legten wir am Fuß steiler roter Sanddünen an und kletterten sie im letzten Licht hoch. Dahinter erblickte ich eine sandige Ebene, auf der sich Gestalten zwischen verstreuten Hütten bewegten. Einige Lichter flackerten auf, denn schon wurden die ersten Herdfeuer entfacht, und die Luft dröhnte dumpf von den hundert Stößeln, die in die Mörser schlugen. Am Flußufer war außer uns kein Mensch zu sehen. Es war jetzt so kalt geworden, daß ich mir zusätzliche Lagen Kleider überzog, und bald war es an der Zeit, mich in meinen Schlafsack zu verkriechen.

Madame hatte sich bereits in mehrere Schals und Decken eingewickelt. Etwas zuvor hatten wir von einem vorbeifahrenden Fischer kleine, silbrige Fische gekauft, die nun gekocht und mitsamt Augen, Innereien und allem mit Reis vermanscht serviert wurden. Ich kam mit den Gräten nicht zurecht, vor allem auch deshalb nicht, weil es schon dunkel war, und nachdem ich mich eine Weile abgemüht hatte, ließ ich meine Portion heimlich und verstohlen in den hilfreichen Niger gleiten.

Meine Strohmatratze auf den krummen, unebenen Planken war nicht sehr bequem, ebensowenig wie die hartnäckigen Angriffe der Mücken, die auf der Suche nach frischem Blut quer über den Fluß geflogen kamen. An Schlaf war erst zu denken, als Boubacar eine Spiere aufgetakelt hatte, an die ich mein Netz hängen konnte. Er und Mohammed legten sich vorne am Bug auf einer weiteren Plattform aus grob behauenen Planken nieder. Zur Polsterung hatten sie nichts als die Säcke, in die sie gehüllt waren. Sie rauchten und spielten Popmusik aus Mali. Madame war jetzt eine rundliche, von ihren vielen Ballen und Bündeln umringte Gestalt zwischen uns, die auf den harten Reissäcken sanft vor sich hin schnarchte. Die ganze Nacht, während ich abwechselnd in Schlaf fiel und wieder erwachte, gewahrte ich, wie zwischen den weniger markanten Sternbildern Orion seine weite Bahn über den Himmel zog. Später, als die Nacht beinahe zu Ende war, erschien kurz der Große Bär und kletterte im Norden hoch.

Als der Morgen dämmerte, waren wir auf Grund gelaufen. Madame konnte es anscheinend kaum erwarten, sich wieder auf den Weg zurück zu ihrem Gatten in Niafounké zu machen, und weckte die Pirogiers mit einer barschen Tirade. Im kurzen Zauber des frühen Morgens mit seinen zarten Farben und der herrlich wärmenden Luft kamen wir rasch in Schwung. Um halb acht Uhr fuhren wir an Dörfern vorbei, wo die tägliche Arbeit bereits begonnen hatte. Männer und Frauen standen im Kreis und droschen mit Stöcken Haufen von grünem Reis; Kleinkinder schliefen tief auf den Rücken ihrer Mütter, obwohl ihre Köpfe bei jeder Bewegung nach vorne und hinten ruckten.

Um die Morgenmitte wechselte der Wind nach Südwesten, und

zu meiner freudigen Überraschung begann Boubacar ein Segel anzuschlagen. Ich traute meinen Augen kaum, als ich die Wackelkonstruktion aus Stöcken, Draht und Säcken sah. Im Vergleich zu dem bewundernswert erdachten Schiffsrumpf war nur schwer zu ergründen, weshalb hier nicht etwas unendlich viel Besseres ausgeheckt worden war, obwohl die Vorrichtung bezüglich Erfindergeists und eines absoluten Minimums an Kosten nichts zu wünschen übrigließ. Die einzige einigermaßen zweckdienliche und nicht nur zufällig wirkende Spiere war der Mast. Er wies einen quadratischen Querschnitt auf und hatte in seinem früheren Leben offensichtlich zu etwas anderem herhalten müssen, bevor er an mehreren Stellen zerbrochen und nutzlos geworden war. Man hatte ihn auf die übliche malische Art mit ein paar Splinten geflickt, und Boubacar band ihn nun an der ähnlich reparierten Ducht fest, wobei er ihn gegen die Bootsseiten mit ein paar kurzen Bambusstücken abstützte, die gleichermaßen mit vereinzelten Schnurenden an Ort und Stelle befestigt wurden. Das einfache Lateinsegel bestand aus alten, zusammengenähten Reissäcken, einige mit der Aufschrift »Geschenk des Volkes von Amerika – Nicht zum Wiederverkauf«. Die vielen Löcher und Risse in diesem zerfetzten Flickteppich waren sehr zweckmäßig, denn sie ließen viel Wind entweichen und milderten so den Druck auf das Gewirr dieser gefährlichen Takelage. Trotzdem mußten wir während der ersten Stunde mehrmals schnell den Platz wechseln, damit Boubacar Reparaturen ausführen konnte, wenn wieder ein verfaultes Schnurstück gerissen oder eine der völlig unzulänglichen Spiere zerbrochen war oder unter dem Druck nachgegeben hatte und die ganze Konstruktion zusammenkrachte und uns um die Ohren flog. Ein Wind aus dieser Richtung war derart ungewöhnlich, daß die anderen argwöhnten, ich hätte ihn eigens heraufbeschworen, und Boubacar warnte mich ernstlich, er werde das Segel herunternehmen, wenn es noch stärker blies. Ich versprach, mein Bestes zu geben, den Wind zu mäßigen.

Die Piroge wurde von Mohammed gesteuert, der sich an das große Ruder in seiner Seilschlinge hängte. Weil das Segel, sofern es sich selbst überlassen blieb, nur ziehen konnte, wenn der Wind von achtern kam, was nur selten der Fall war, mußte Boubacar sehr viel Zeit aufwenden, um es mit Hilfe eines langen Stockes in der richtigen Position zu halten. Trotz alledem gewährte es den beiden Jungen eine willkommene Ruhepause vom Staken, und wir zuckelten mit sechs bis sieben Knoten Geschwindigkeit auf höchst erheiternde Weise dahin. Mit der schnelleren Fahrt kam auch mehr Wasser ins Boot. Madame, die laut Boubacar noch nie zuvor in einer Piroge gefahren war, mußte sich emsig mit dem Schöpfeimer betätigen, so daß ich mich fragte, ob sie sich wohl ihr Fahrgeld als gemeiner Matrose abverdiente. Weil mein angestammter Platz jetzt von Boubacar eingenommen wurde und mir das Segel die Aussicht verdeckte, fand ich einen neuen und aufregenden Sitz auf der vorderen Plattform.

Kleine Flotillen von Pirogen, die meisten nicht einmal halb so groß wie die unsere, zogen wie wir flußaufwärts, vielleicht zum Markt oder nach Hause. Sie fuhren meist zu dritt oder zu viert. Jede trug eine kleine Familienschar an Bord und war mit ein paar Ballen, Säcken und Bündeln beladen. Einige, die wie wir über Nacht campiert hatten, überholten wir schon zum zweiten Mal. Sie waren jetzt alle auf dieselbe abstruse Weise aufgetakelt, und es sah aus, als ob sich eine Anzahl Huckleberry Finns mit von daheim entwendeten Tischdecken und Bettlaken ein lustiges Stelldichein auf dem Fluß gaben, was dem Niger einen Hauch von Fröhlichkeit verlieh.

Um elf Uhr hatte sich der Wind gelegt. Es war drückend heiß. Mir blieb nichts anderes übrig, als reglos dazusitzen und zu versuchen, an nichts zu denken, während wir Kilometer um Kilometer durch Kanäle in den Reisfeldern stakten, aus denen scharenweise Fliegen aufflogen und unser Boot heimsuchten. Als wir einer kleinen Flotille durch einen dieser Kanäle folgten, erfaßte unser Schiffsschnabel den Mann, der die letzte Piroge stakte, und schubste ihn ins Wasser. Wir hielten nicht an – ich glaube nicht, daß dies in dem engen Kanal überhaupt möglich gewesen wäre. Der Mann schwang sich im Handumdrehen wieder auf sein Podest zurück, ohne seine Stange losgelassen zu haben. Seine Schultermuskeln wirkten durch das nasse Tuch seines Hemdes ungeheuer kräftig.

Er nahm seinen Platz hinten ein, ohne daß ein einziges Wort der Beschuldigung oder der Rechtfertigung, ja nicht einmal ein Blick zwischen den beiden Pirogen gewechselt worden wäre.

Der Mittagshalt mit weiterem zermanschtem Fisch und Reis erfolgte an einem schlammigen Uferstück. Madame konnte hier keinen geeigneten Ort für ihre Waschungen finden, doch wir übrigen stiegen vom Boot ins Wasser. Die Stimmung war durch die Hitze und die Fliegen, die sich mit wilder Entschlossenheit auf unsere Mahlzeit gestürzt hatten, etwas angespannt, löste sich jedoch in der kühlen braunen Flut auf wunderbare Weise. Die arme Madame, der eine ähnliche Erfrischung verwehrt blieb, war heute sogar noch krittliger gegenüber meinen Schwimmkünsten in Hemd und Shorts als tags zuvor. Diesmal begnügte sie sich nicht, mich böse anzufunkeln, sondern stieß einen Schwall unverständlicher Worte aus, deren Sinn jedoch eindeutig war. Boubacar (nach Abu Bakr, dem Onkel des Propheten benannt) kam mir zu Hilfe und meinte, es sei sehr vernünftig, in dieser großen Hitze zu baden, obwohl ich keine Ahnung hatte, was er zu Madame sagte. Boubacar hatte ein sehr sonniges Gemüt und die große Gabe, das Leben zu genießen – Eigenschaften, die ich nach meiner ersten Bootsfahrt sehr zu schätzen wußte. Selbst Madame war nicht gegen sie gefeit. Beinahe hätte sie sich ein Lächeln abgerungen, und auch ich lachte angesichts der Wirkung seines abschließenden triumphierenden »Voilà«, mit dem er alle seine Gespräche mit mir beendete, stillvergnügt in mich hinein. Mir war, als ob wir unser Alter vertauscht hätten und er einem kleinen, nicht besonders aufgeweckten Kind erklärte, wie das Leben nun einmal so lief.

Beide Jungen hatten rosa gefärbte Fingernägel und eine Muschelschale an einem Lederband vorne am Hals befestigt. Dies habe keine besondere Bewandtnis, meinte Boubacar, sie wollten bloß gleich aussehen, denn sie seien Freunde und zudem *grandfrères* – derselbe Vater, aber verschiedene Mütter. Boubacar war um ein weniges jünger, hatte jedoch im Gegensatz zu Mohammed eine kurze Zeit die Schule besucht, was zusammen mit seinen Französischkenntnissen dazu beitragen mochte, daß er der natürliche Anführer der beiden war. Ihr einziger großer Luxus war das Radiokassettengerät, auf dem sie ihre ziemlich monotone und traurige malische Popmusik abspielten. Sie hatten jahrelang dafür gespart und konnten sich pro Fahrt nur eine Garnitur Batterien leisten. Diese wurden dreimal am Tag in der Asche des Feuers gekocht, um ihre Lebensdauer zu verlängern, was sich zu einem charakteristischen Bestandteil der Reise gestaltete, und selbst am zehnten Tag konnte mit dieser Methode noch genügend Strom für ein paar Minuten Musik produziert werden.

Den Rest des Tages wehte nicht der leiseste Windhauch, und nichts milderte die Sonne, die in dem unbeschatteten Boot auf uns niederbrannte. Die liebliche Stunde, zu der die Farben weicher wurden und die Luft sich abkühlte, war noch nie willkommener gewesen. Herden muhender Rinder schlängelten sich das Ostufer entlang heimwärts zu irgendeinem abgelegenen Dorf. Dunkle Fischreiher und leuchtend weiße Silberreiher kreisten dicht über unseren Köpfen. Boubacar hatte nichts dagegen einzuwenden, daß ich am Ufer schlafen wollte, und so schlug ich hinter einem kleinen Hügel mein Zelt auf und genoß ein paar Stunden Einsamkeit in weit komfortableren Verhältnissen als auf der Piroge. Die Crackers, der Käse und die Büchsenfrüchte aus der Schweiz, die ich anstelle von Fisch und Reis aß, waren ein weiteres Fest.

Kurz vor Anbruch der Morgendämmerung kam plötzlich ein so starker Wind auf, daß ich das Zelt nur mit äußerster Mühe abbrechen konnte, ohne daß es mir unter den Händen zerriß. Als wir aufbrachen, war das Licht so grau und trübe wie in England im Februar und die Temperatur praktisch ebenso niedrig. Um acht Uhr hatte der Wind nach Osten gedreht und wehte danach aus seinem normalen Winterquartier im Nordosten. Die Jungen mußten hart staken, denn mit dem primitiven Lateinsegel ließ sich kein Wind ausnutzen, der von seitlich vorn kam, und unser Kurs lag jetzt ungefähr bei Nordwest. Der Gegenwind blieb sehr heftig und peitschte den seichten Niger zu scharfen, kleinen, weißgekrönten Wellen auf. Wir hielten uns möglichst im Schutz der kleinen Inseln und Sandbänke, auf denen öfter Nomadenzelte standen. Weitere Zelte und Zubehör lagen in Haufen längs des

Ufers und warteten darauf, auf andere Inseln übergesetzt zu werden.

Um Viertel vor drei am Nachmittag des dritten Tages seit unserer Abreise von Gao glitten wir in Bourem an Land. Hundert Kilometer in wenig mehr als zwei Tagen sei ein Rekord, meinte Boubacar, und ausschließlich dem unberechenbaren Wind zuzuschreiben, der mehrmals ganz nach Süden abgedreht hatte und mit heulenden Stößen unser schwaches Segel in Stücke zu zerfetzen drohte. Zuweilen mußten wir eine Geschwindigkeit von bis zu zehn Knoten erreicht haben, wobei jedesmal ein Teil der baufälligen Konstruktion unter der Belastung zusammenbrach. Dann warf es uns breitseits auf die kleinen, steilen Wellen, der Niger schwappte in Strömen über das Dollbord, und Madame schöpfte Wasser auf Leben und Tod. Doch selbst als der Mast krachend nachgab und Boubacar nach vorne sprang und »doucement, doucement« schrie, ließ keiner von uns anderen auch nur einen Pieps verlauten. Es galt längst als ausgemacht, daß »Madame Blanc« für den Wind verantwortlich war. Boubacar wiederholte seine kleine Strafpredigt, er werde das Segel raffen, wenn ich die Windstärke nicht mäßigte, worauf ich ebenso ernsthaft versprach, mein Bestes zu tun.

Wir hatten schon mehrere größere Dörfer passiert, aus deren Mitte stachelige, spitz zulaufende Moscheen ragten. Im Vergleich dazu war Bourem eine recht ansehnliche Stadt, wo wir anhielten, damit die Jungen Vorräte einkaufen konnten. Madame und ich wurden am schlammigen Ufer im Boot sitzen gelassen und waren schon bald von äußerst aufdringlichen Kindern und Teenagern belagert, die meine weiße Haut erspäht hatten und eine großzügige Gabe forderten. Sie waren höchst dreist und versuchten sogar, Sachen aus dem Boot zu klauen, wenn sie unsere Aufmerksamkeit ablenken konnten. Obwohl Madame ihnen offensichtlich alle Schande sagte, blieb uns nicht viel anderes übrig, als alles festzuhalten, so gut es eben ging, und auf eine rasche Rückkehr der Besatzung zu hoffen.

Mir kam dabei Mungo Park in den Sinn, der auf seiner Fahrt den Niger hinunter nichts mit dem Land um ihn herum zu schaffen haben wollte, sich immer schön in der Mitte des Flusses hielt und auf jedes Gefährt feuerte, das ihm zu nahe kam. Man hatte ihn für diese Haltung stets heftig kritisiert, und es erscheint tatsächlich ein wenig extrem, sich das Recht herauszunehmen und sich seinen Weg durch das Land eines anderen freizuschießen, doch Bourems Hafen weckte fast zweihundert Jahre später ein gewisses Verständnis für sein Verhalten. Auf einmal erschienen in einiger Entfernung andere Weißhäute, und die beutegierigen Schreie, welche das Jungvolk ausstieß, als es sich auf seine neuen Opfer stürzte, ließen allen das Blut in den Adern gerinnen.

Boubacar und Mohammed kehrten mit einem frischen Vorrat Brennholz zurück und liehen sich eine Axt aus, um es in handliche kleine Stücke für den Feuertopf zu zerhacken. Das Beil war typisch für jene Gegend. Seit der Steinzeit hatte sich seine Form nicht verändert, außer daß jetzt ein Metallblatt anstelle eines Stücks bearbeiteten Feuersteins in die abgerundete Holzkeule gebunden war. Sie hatten auch ein Stück Nylonschnur mitgebracht, um das Fall zu reparieren, die jetzt zum fünften Mal zerrissen war und aus mehr unterschiedlichen Schnurstücken bestand, als ich zählen konnte. Es wäre eine ausgezeichnete Idee gewesen, gleich die ganze bewegliche Takelage und die verschiedenen Spiere zu ersetzen, aber ich bin mir sicher, daß ihr Zustand noch viel schlimmer sein mußte, bevor dies geschehen würde. Sobald das neue Fall gerigget worden war, hißte Boubacar unser Flicksegel, und wir brausten im Eilzugtempo von Bourem weg. Wir hielten jetzt genau nach Westen, denn hier wechselte der Fluß im rechten Winkel seine Richtung, und mit etwas Glück konnten wir den ganzen Weg nach Timbuktu mit dem Wind im Rücken segeln.

13

Der Königsweg

Je tiefer sich der Niger in den Saum der Wüste Sahara schwang, desto mehr erschien er mir als ein wahres Wunder, als eine Lebensader in einem sonst völlig toten Land. Zuweilen kehrte ich des Nachts der Piroge, die so friedlich über ihrem eigenen Spiegelbild dümpelte und aus deren Bug leise Kassettenmusik aus Mali erklang, den Rücken, ließ auch irgendeine zufällige kleine Siedlung oder einen winzigen Flecken Weide oder Ackerland hinter mir und wanderte hinaus, wo sich unter den riesigen Sternen Afrikas der gestaltlose Sand in unermeßliche Fernen erstreckte. Alle Wüsten sind eindrucksvoll, doch nie zuvor hatte mich eine solche Furcht gepackt, wie ich sie hier auf diesen einsamen Ausflügen verspürte. Ich bin nicht sicher, ob es davon herrührte, daß dieser Ödnis nichts von der dem Aïr oder der Ténéré-Wüste eigenen Schönheit innewohnte, oder ob etwas rein Atavistisches der Grund war – ein Gefühl, das ich von einstigen Reisenden aufnahm, die gegen so schreckliche Widrigkeiten angekämpft hatten, um diese unermeßlichen Sandflächen zu durchqueren, und die so oft kurz vor dem rettenden Ziel ums Leben gekommen waren.

Von den Häfen an diesem Teilstück des Niger hatten sich einst die Kamelkarawanen aufgemacht und auf das schreckliche Meer der Sahara hinaus begeben, und zu seinen Ufern kehrten sie wieder zurück – und ebensooft auch nicht. Keine Wüste hat je soviel Handelsverkehr erlebt wie diese, keine mehr Menschenleben gefordert. Sie sechsmal unbeschadet zu durchqueren galt als Grenze im arbeitsreichen Leben eines Kameltreibers, und nur wenige brachten es auf diese Zahl. Die Wasserlöcher lagen weit auseinander und waren schwierig zu finden.

Eins zu verpassen bedeutete fast immer das sichere Todesurteil für die ganze Karawane. Der Marktwert eines Sklaven, der die Reise überlebte und die Mittelmeerküste erreichte, stieg um das Hundertfache, denn die überwiegende Zahl der Abertausende aneinandergeketteter, erbarmenswürdiger Wesen, die sich unter den gnadenlosen Peitschenhieben auf den Weg machten, blieb unterwegs liegen, und ihre Knochen verblichen im Sand. Kein Wunder, daß mir die wirre silberne Weite mit ihren vielen Schatten voller Gespenster erschien.

Am vierten Tag verschärfte sich der Eindruck unendlicher Abgeschiedenheit in einer völlig abgeschnittenen Welt durch das Gefühl, die Reise werde endlos so weitergehen. Diese Vorstellung war zuweilen angenehm, konnte mich je nach Tageszeit aber auch in eine tiefe Schwermut stürzen. Besonders kritisch waren die Nachmittage, wenn der sonst so weite Horizont immer näherzurücken schien und eine kräftezehrende Hitze herrschte, die den Körper austrocknete, den geflügelten Quälgeistern jedoch neue Energie verlieh. Dann juckten die Insektenstiche an Beinen und Knöcheln so höllisch, daß es fast unmöglich war, sie nicht aufzukratzen. Die aufgesprungenen Nasenflügel und die ausgetrocknete Kehle pochten und schmerzten wie wahnsinnig, die Lippen begannen trotz der Schichten von Schutzcreme zu bluten, und die vom gnadenlos grellen Licht entzündeten Augen weigerten sich, sich auf eine Buchseite zu konzentrieren, und ließen langsame Tränen hervorquellen.

Die eiskalten Wüstennächte und die kühlen grauen Morgenstunden mit ihrem heulenden Harmattan, der unablässig versuchte, das Zelt auf Nimmerwiedersehen wegzupusten, bevor ich es verstauen konnte, setzten mir weniger zu als den Jungen, denn ich konnte mir mehrere Lagen Hemden und zuoberst eine Nylonwindjacke überstreifen und hatte ja meinen guten warmen Schlafsack, wie Boubacar jeweils halb bewundernd, halb neidisch betonte. Er und Mohammed rollten sich nachts ins Segel ein, was mit ein Grund war, daß es so viele Löcher darin gab und wir so selten in den Nachtstunden weitersegelten. Bei den sporadischen Gelegenheiten, wo wir trotzdem die Nacht durch fuhren, entfachten sie in der Tonschale ein Feuer und kauerten abwechselnd darüber. Madame trotzte der Kühle und der Hitze, indem sie stets mehrere Kleider übereinander trug und viele Lagen von Tüchern und Decken hatte, die sie in den Nächten über sich auftürmen konnte. Es war die harte Unterlage der Reissäcke, die sie schließlich zermürbte, bis sie eines Tages überzeugt war, sie sei schwer krank, und der besorgte Boubacar mich fragte, ob ich nicht eine Arznei hätte, um ihr wieder auf die Beine zu helfen. Ich gab ihr zwei Aspirintabletten, die Wunder wirkten. Danach bettelte sie ständig um Nachschub, »um ihren Freundinnen daheim zu zeigen, was ›Madame Blanc‹ ihr gegeben hatte«, wie sie Boubacar erklärte. Doch, ach, mein Arzneimittelvorrat und selbst das Aspirin war für Souvenirs leider viel zu knapp bemessen.

Ohne das großzügige Paket der Schweizer hätte sich das Essen als größtes Problem für mich erwiesen. Theoretisch mag ich Fisch und Reis, die dreimalige unveränderte Mahlzeit der Pirogiers, ganz gern. Den Fisch kauften wir in den verschiedensten hübschen Exemplaren für wenige Kupfermünzen von vorbeifahrenden Fischern. Am liebsten war mir eine Sorte von der Größe von Makrelen, silbern mit getüpfeltem Rücken wie diese, aber hellrot und gelb gepunktet. Viel Zeit blieb mir allerdings nicht, sie zu begutachten, bevor Madame die Flossen wegschnitt und sie ausnahm, während sie noch zuckten und im Boot herumzappelten. Ich bezahlte den ganzen lächerlich geringen Betrag für die Fische mit Vergnügen, damit wir jeden Tag frische hatten, doch wir erhielten immer so viele, daß es noch für den nächsten oder sogar übernächsten Tag reichte, nur stanken sie dann bereits und waren gewiß schon giftig. Der eigentliche Grund jedoch, weshalb ich es schließlich bleiben ließ, von dem Fisch und Reis auch nur zu kosten, war das Fett, das beim Kochen so großzügig verwendet wurde. Es war ein vegetarisches Produkt namens *carité*, gewonnen aus den Früchten eines Baumes, die mit einem Riesenaufwand zerstoßen und geknetet wurden. Die daraus resultierende dicke, gelbe, fettige Substanz roch scheußlicher, als sich beschreiben läßt, und schmeckte wie etwas längst Verdorbenes.

Boubacar und Mohammed waren seit ihrer Kindheit mit diesem

Gericht großgezogen worden, aber Madame war an mehr Abwechslung gewöhnt, und es kam der Tag, da auch sie über Fisch mit Reis die Nase rümpfte. Ich rückte schließlich mit den Makkaroni aus dem Paket der Schweizer heraus, die vorschriftsgemäß gekocht wurden. Alle drei aßen Unmengen davon und beteuerten, wie entzückt sie über diese Abwechslung seien. Da die Teigwaren jedoch freigebig mit demselben gräßlichen Fett durchtränkt und mit vielen verwesenden Fischstückchen gespickt waren, schmeckten sie mir nicht besser als all die anderen ungenießbaren Mahlzeiten.

In Afrika gilt die sprichwörtliche Regel: »Wenn einer ißt, essen alle.« Es fiel mir daher nicht leicht, meine Vorräte zu verzehren, ohne sie mit den anderen zu teilen. Weil nicht genug da war, um die Runde zu machen und mich gleichzeitig am Leben zu erhalten, nahm ich meine Hauptmahlzeit abends im Zelt ein. Es war selten mehr als eine kleine Dose Thunfisch, Büchsenfleisch oder Schmelzkäse mit ein paar Crackers und vielleicht eine halbe Dose Mais und ein oder zwei Stück Dörrobst. Ich hatte auch ein Päckchen Milchpulver und etwas Müsli erhalten, das ich zum Frühstück mit einem Becher Kaffee aß, während die übrigen ihrem Fisch mit Reis zusprachen. Den Rest des Tages lebte ich von den in Gao gekauften Erdnüssen, die ich mit den anderen teilte, so daß sie nicht für die ganze Reise reichten.

Jeder Fingerbreit im Boot war von einer öligschwarzen Rußschicht durchtränkt, die an allem hängenblieb, so daß Kleider, Bücher, Gepäckstücke und persönliche Besitztümer bald die gleiche schmutzige Patina erhielten. Zudem ragten überall Spitzen und Splitter hervor, an denen man sich sehr leicht Wunden und Kratzer zuziehen konnte, welche die Fliegen magnetisch anzogen. Da das reine körperliche Wohlbefinden so hohe Anforderungen stellte und jede Verrichtung oder Bewegung anstrengend war, überraschte es mich nicht, daß ich jede Nacht gut schlief.

Das Zelt gab dabei den Ausschlag und gewährte mir die nötigen Stunden der Abgeschiedenheit, um meine Energie wieder aufzuladen. Obwohl der Wind ständig Sand hereinwehte, benutzte ich das Außenzelt nur ein einziges Mal, weil ich mir den unübertrefflichen Himmel nicht verschließen wollte, den ich durch das Moskitonetz des Innenzelts fast in seiner Gesamtheit wahrnehmen konnte. Es gab mir auch weniger Anlaß zur Besorgnis, wenn ich in visuellem Kontakt mit der Außenwelt stand, statt mir bloß auszumalen, was sich draußen so alles herumtrieb. So kam es auch, daß ich den verrückten Marabut, der einmal um Mitternacht auftauchte, sich zehn Minuten lang über das Zelt beugte und gellende Verwünschungen ausstieß, gut im Blickfeld hatte. Wir hatten diese Nacht in der Nähe eines Dorfes angehalten, wo man uns eine Spur feindlich gesinnt zu sein schien. Boubacar traute keinem, der nicht mit ihm verwandt war, und normalerweise legten wir nachts weitab von jeder Zivilisation an. Als ich von dem Crescendo lauter Schreie geweckt wurde, bekam ich Angst, denn ich dachte zuerst an einen möglichen Überfall von seiten der Dorfbewohner. Plötzlich ragte eine einsame, weiß gekleidete Gestalt über mir auf, die wie wild einen Stock über ihrem Kopf schwang. Ich wußte nicht, wie ich reagieren sollte, daher hielt ich mich mucksmäuschenstill und hoffte, daß mir die Jungen zu Hilfe eilen würden. Daß trotz seiner lauten Tiraden niemand kam, beruhigte mich etwas; müde, wie ich war, schloß ich die Augen und muß wohl fast schon wieder weggetaucht sein, bevor er sich davonmachte. Am Morgen erzählte mir Boubacar, der Mann sei eine bekannte Figur am mittleren Niger, ein herumziehender Marabut, der zwischen Timbuktu und Bourem rückfällig gewordenen Muslimen den Islam predige – ziemlich verrückt, aber harmlos.

Die Pumpe, mit der ich mein Trinkwasser von schädlichen Bakterien freihielt, war immer noch fürchterlich mühsam zu bedienen, daher ging ich dazu über, das Nigerwasser mit den Tabletten aufzubereiten, die mir die Schweizer ebenfalls mitgegeben hatten. Im Niger zu baden bedeutete, mit dem Risiko zu spielen, sich eine Bilharziose zuzuziehen, doch ich wollte gleichwohl nicht darauf verzichten, denn es war das einzige, was die Nachmittage erträglich machte. Wir alle genossen diese Zeit zum Baden, nahmen sie sehr ernst und bereicherten den Niger mit großen Mengen Schaum. Ich fand mehrmals Gelegenheit, Madames Technik zu studieren, denn nach dem zweiten Tag hielt sie es nicht mehr für nötig, sich so weit zu entfernen. Sie marschierte nur eine kurze Strecke von der Piroge weg, in der Hand ihren roten Nachttopf, das Scheuerkissen aus Nylon und ein großes, gelbes Stück Waschseife, wie es meiner vagen Erinnerung nach in meiner Kindheit verwendet worden war, um die Wäsche auf einem geriffelten Waschbrett zu schrubben. Madame führte unter ihren Lagen von Kleidern komplizierte Manöver durch, wickelte sich aus verschiedenen Röcken und langen Tuchbahnen und entblößte sich schließlich schamhaft bis auf einen einzigen Umhang, der sie von den Achselhöhlen bis zur Wadenmitte hinunter bedeckte. Unter diesem machte sie sich dann tatkräftig mit Seife und Scheuerlappen zu schaffen, setzte sich darauf in ihrer ganzen Leibesfülle am Rand des Niger hin, spülte sich ab und beugte den Kopf nach vorn, bis alle ihre komplizierten kleinen Zöpfchen unter Wasser waren, was ihr wegen ihrer Fettwülste einige Mühe bereitete. Beim Auftauchen klemmte sie sich die Nasenlöcher zu und blies energisch durch. Dieser Prozedur frönten alle außer mir mehrmals am Tag. Madame war in Wirklichkeit einige Jahre älter als ich, sah jedoch beträchtlich jünger aus, weil ihr Gesicht kein einziges Fältchen zeigte – vermutlich weil sie es nie zu einem Lächeln verzog. In meinen Augen war sie eine sehr stattliche Person. Als wir eines Tages zum Einkaufen bei einem kleinen Nomadenlager anlegten, fand ein etwa sechzigjähriger Mann mit verschmitzten Augen und einem großen, silbernen Ring im einen Ohr großen Gefallen an ihr. Er verwickelte sie in ein anscheinend ziemlich anzügliches Gespräch und warf ihr dabei unmißverständliche, glühende Blicke zu. Madame zierte sich zwar, sah dabei aber recht vergnügt aus und errötete wohl auch ein bißchen. Als wir ablegen wollten, rollte ihr Verehrer als Abschiedsgeschenk zwei große Wassermelonen durch den Uferschlamm.

Im Kontrast zu den hundert kleinen Ärgernissen dieser Reise stand das beständige Wunder des breiten Streifens hellen Wassers um uns, und solange ich mich im Glauben wiegen konnte, daß er uns schließlich nach Timbuktu führen würde, wünschte ich mich nie ernstlich an einen anderen Ort. Allein schon das Leben der Vögel hielt mich die meiste Zeit des Tages mit dem Fernglas auf

Trab. Ohne ein Vogelbuch konnte ich allerdings nicht darauf hoffen, viele von ihnen näher zu bestimmen; obwohl mich dies störte (wir Westler haben ja die eingefleischte Gewohnheit, allem einen Namen geben zu müssen), bereitete es mir trotzdem ungemein viel Vergnügen, einfach nur zu beobachten, und ich schrieb mir über vierzig verschiedene Arten auf, von einem großen, einer Rohrdommel ähnlichen Exemplar bis hin zu dem unverwechselbaren kleinen Senegalesischen Feuervogel. Für die, die ich nicht kannte, prägte ich nach eigenem Gutdünken Namen wie etwa »Rosenrotbauchiger Kiebitz«, »Süßwasserausternfischer« oder »Langflüglige Nigerflußmöwe«. Irgendwo entdeckte ich, daß die lieblichen gescheckten Eisvögel, die an diesem Strom so gewöhnlich wie Spatzen waren, in Höhlen nisteten, die sie an den schlammigen Uferstellen gebohrt hatten, genau gleich wie die Uferschwalben und die Lunde, und da ich noch in keinem Buch etwas darüber gelesen hatte, fühlte ich mich, als hätte ich etwas völlig Neuartiges herausgefunden.

Der Fluß war nie leer und veränderte sich ständig. Nomaden tauchten auf und ließen sich umständlich mit ihrer Habe samt ihren Tieren auf Inseln oder ans andere Ufer übersetzen. Ich versuchte, von Boubacar soviel wie möglich über sie in Erfahrung zu bringen, doch das war nicht leicht. Das auffälligste Volk nach den Tuareg waren die Bozo, herumziehende Fischer, die sich als Stützpunkt kleine Dörfer mit charakteristischen Giebelwandhäusern bauten, wo sie den Hauptteil ihres Fangs trockneten. Die Erzeugnisse ihrer ganzjährigen Bemühungen wurden auf allen Märkten Westafrikas verkauft. Wenn der Flußspiegel fiel und seichte, vom Hauptstrom abgeschnittene Seen hinterließ, fingen sie in einer konzertierten Aktion sämtliche Fische in ihnen ein, wobei mehrere Familien zusammenarbeiteten und mit ihren Netzen den See ausräumten. Sie waren hervorragende Bootsleute mit einem natürlichen Gleichgewichtssinn, der von einem Leben auf dem Wasser seit dem Kleinkindalter herrührte. Es war nichts Ungewöhnliches, einen kleinen Knirps von vier oder fünf Jahren zu sehen, der mit weit auseinandergespreizten Beinen auf der Bugplattform einer Piroge stand, sie gegen einen furchteinflößenden Wind vorwärtsstakte und dabei geschickt jedes Gramm seiner schwächlichen Kräfte einsetzte. Sein Vater, der sich im Heck mit den Netzen beschäftigte, brauchte nicht einmal aufzublicken, so uneingeschränkt vertraute er dem Kind.

Die Vieh besitzenden Nomaden schienen zu den Ackerbauern dieselbe Beziehung zu pflegen, wie ich es im Süden beobachtet hatte. Wenn die uralten Reisfelder abgeerntet worden waren, hieß man ihre Herden darauf willkommen, damit sie den Boden für die Bepflanzung der nächsten Saison düngten. An anderen Orten schien kein eigentliches Nomadenleben mehr vorzuherrschen, sondern eine Art Transhumanz, eine saisonale Verschiebung von Herden in eine andere Gegend, wobei ein Teil des Stammes, meist die älteren Leute, seßhaft blieb und nach der jeweiligen Ernte schaute. In solchen Fällen wurden die aus Matten geflochtenen Kuppelzelte der Hirten neben den einfachen Bancohütten aufgestellt. Niemand besaß mehr als das Allernötigste zum Leben, und oft waren die Ufer bar jedes noch so dünnen Streifens bebaubaren Bodens. Ebensooft sah ich verlassene Bancodörfer, wo der Fluß seinen Lauf verändert und die Wohnstätten überflutet hatte, noch häufiger jedoch dort, wo sich ein Stück Land nicht länger als fruchtbar erwies oder die kleinen Felder von großen Sandverwehungen erstickt worden waren.

Ein Kontakt zu den echten Nomadenvölkern war selten und darum um so aufregender. Eine gewisse Eigenart schien sie zu umgeben, ganz ähnlich wie das Rotwild in den Bergen – etwas Freies und Wildes, aber im wesentlichen Unbedrohliches. Dazu trat der schmerzlich-bittere Beigeschmack, Zeuge zu sein, wie etwas Kostbares und Außergewöhnliches starb, das wir unbedingt kennenlernen mußten, bevor wir es zugrunde richteten. Ich sah die Agonie einer Lebensform, die ein vollkommenes Gleichgewicht mit der Umwelt erreicht hatte, von der sie sich ernährte. Während sich die übrige Menschheit explosionsartig auf dem ganzen Planeten ausgebreitet hat und sich mit einer Geburtenrate vermehrt, die die Ausrottung aller anderen Arten in bedrohliche Nähe rückt, weil sie die Wälder abbrennt, den Boden, die Flüsse, die Meere vergiftet und die letzte unberührte Wildnis bedroht, versuchten diese Leute einfach nur ihr seit Jahrhunderten überliefertes Leben weiterzuführen. Sie hatten dem kargen Boden, der sie erhielt, Sorge getragen, weil sie sich seiner Grenzen bewußt waren, hatten ihn weder überweidet noch zuviel darauf produziert. Wenn es nötig wurde, waren sie weitergezogen und hatten sich den klimatischen Veränderungen angepaßt, indem sie neue Weidegründe aufsuchten, bis sich der Zyklus der Regenzeit erneuerte.

Jetzt jedoch drängt das Millionenheer der Menschen Afrikas, die nicht mehr an Hunger oder Krankheit sterben, von allen Seiten auf sie ein. Ihr fragiles Weideland wird zunehmend von Hirsefeldern verschluckt, die die Wüste von morgen sind, weil es für diesen Zweck letztlich nicht geeignet ist. Die Nomaden scheinen ein Volk zu sein, das keinen anderen Ehrgeiz kennt, als zu leben und das wenige zu genießen, was sie besitzen. Was könnten sie unserer erfolgsorientierten Gesellschaft nicht alles beibringen, wenn wir es nur verstünden, ihnen die richtigen Fragen zu stellen, bevor sie dazu gezwungen werden, nach unseren Maßstäben zu leben.

Ich konnte sie nichts fragen. Ich mußte mir aus den spärlichen Fragmenten, die ich in Erfahrung brachte, ein Bild zusammensetzen, während die Piroge den Krümmungen und Windungen des Niger folgte und gemächlich nach Nordwesten, dann wieder nach Südwesten weiterglitt. Zuweilen erschienen Männer am Ufer – Roben in Gelb, Hellblau, Rot oder Jadegrün, in herrlichem Kontrast zu dem stumpfen Ocker des Landes. Ihre Frauen, alle in Schwarz, bildeten den perfekten Rahmen. Boubacar besaß eine Papptrommel, die er mit einem kleinen Metallstreifen und einem winzigen Vorhängeschloß verschließen konnte. Darin bewahrte er seine Handelsware auf, zur Hauptsache Tee und Zucker sowie ein paar Zigaretten. Wenn wir mitten auf dem Strom segelten, schossen Boote vom Ufer her auf uns zu, auf denen mehrere Männer hart paddelten, um uns abzufangen. Sie hängten sich an die Seite unserer Piroge, bis das langwierige Schachern und Tauschen beendet war, worauf sie oft mehrere Kilometer zu ihrem Ausgangsort zurückrudern mußten. Zuweilen, wenn wir dicht am

Ufer stakten, lief eine mit primitivem Silberschmuck behängte Frau neben uns her und feilschte, bis der Preis stimmte, worauf wir anhielten. Dann schüttete Boubacar ein winziges Glas Zucker in einen Fetzen abgerissenes Plastik, in dessen eine Ecke eine noch winzigere Menge Tee verknotet wurde, wobei er immer eine kleine Extraprise hinzugab.

Eines Tages sah ich, wie ein kleiner Junge, der kaum mehr als acht Jahre alt sein mochte, ganz allein am Saum der Wüste eine große, sich schnell vorwärtsbewegende Viehherde durch einen Sandsturm trieb. Die heroische kleine Gestalt war nackt bis auf den langen, hellroten Umhang, der ihr von den Schultern wegflatterte. Der Junge rannte mit einem Stock in der Hand schnellfüßig hinter dem Vieh her. Mit seinem zurückgeworfenen Kopf und dem offenen Mund, der einen Befehl hinausschrie, sah er wie das Ebenbild eines jungen Kriegers auf einer etruskischen Vase aus. In dieser Welt hatten die Jungen wenig Zeit, ihre Kindheit auszuleben, doch sie konnten Verantwortung tragen und die Arbeit von Männern verrichten.

Auf dem letzten Teil unserer Reise fuhren wir an mehreren großen Dörfern vorbei, deren Farbe je nach dem Lehm, aus dem ihre Häuser gebaut waren, von Grau bis zu einem tiefen Schokoladenbraun variierte. Dort sahen wir oft kleine Kinder, die sich in der Kunst des Bootfahrens übten. Man hatte eine spezielle Art von Schilfrohrkanus (oder besser Halbkanus) für sie hergestellt, deren eines Ende bugförmig hochgezogen, das andere dagegen einfach quer durchgeschnitten war. Sie waren nur etwa einen Meter lang, und es war verflixt schwierig, sie vor dem Kentern zu bewahren. Wenn ein Kind ein solches Kanu beherrschen lernte, mußte es unweigerlich einen hervorragenden Gleichgewichtssinn entwickeln. Es befriedigte meine westliche Einstellung bezüglich der Gleichberechtigung der Geschlechter, wenn ich gelegentlich ein Mädchen sah, das eins dieser wackeligen Gefährte meistern lernte, statt sich ein Leben lang über schmutzige Töpfe oder Wäsche bücken zu müssen.

Je näher wir Timbuktu kamen, desto weiter drang der Sand gegen den Fluß vor, und wir sahen immer mehr Kamele. Einige hatten eins ihrer Vorderbeine hochgeschlagen und festgebunden, was sie daran hindern sollte, den Reis abzufressen. Überall standen jetzt die eleganten doppelstämmigen Dumpalmen, die zwar keine nützliche Nahrung, dafür aber Holz und Material zur Herstellung von Matten lieferten. Trotzdem kauten die Kinder manchmal an den großen, roten Früchten herum, um an die kleinen Stückchen des bitteren Fruchtfleischs unter der harten Schale zu kommen. Obwohl das Land so öde aussah, wußte ich, daß es rund um Timbuktu fruchtbare Gegenden gab, wo Weizen gezogen wurde, und ich freute mich schon darauf, bald wieder Brot zu essen.

Einst war Timbuktu nicht viel mehr als eine Oase gewesen, wo ein Stamm der Tuareg sein permanentes Lager eingerichtet hatte. Um die Mitte des zwölften Jahrhunderts, als sich der Transsaharahandel langsam zu etablieren begann, machte die strategisch günstige Lage dieser fruchtbaren Oase so nahe an der Stelle, wo sich der Niger am tiefsten in die Wüste frißt, sie nicht nur zu einem bevorzugten ersten Halt für die sich von der nordafrikanischen Küste zurückkämpfenden Karawanen, sondern auch zu einem ausgezeichneten Ausgangspunkt für die Reise hinaus in die Wüste. Bald schon schossen Märkte aus dem Boden, Kaufleute zogen ein, und Timbuktu entwickelte sich rasch zu einem Handelszentrum. Die Tuareg, die keinen Appetit auf Stadtleben verspürten, zogen sich zurück, doch sie betrachteten Timbuktu stets als ihre Stadt und kamen periodisch wieder hergeritten, um Tribut einzufordern. Diesen Brauch hielten sie bis weit ins zwanzigste Jahrhundert hinein aufrecht, bis die Franzosen ihm schließlich ein Ende setzten. Die Tuareg fanden auch reiche Beute beim Plündern der Karawanen, die der Stadt zustrebten oder sie verließen, und so zählte die Gefahr, den »blauen Männern der Wüste« in die Arme zu laufen, zu einer der größten Befürchtungen für Saharareisende.

Nachdem ich der Ankunft in Timbuktu so lange entgegengefiebert hatte, ging auf dem letzten Wegstück alles viel zu schnell. Der letzte Tag an Bord begann mit einer Pracht, dazu angetan, mich mit einem Widerstreben zu erfüllen, diesen Fluß und seine Welt, die ich seit jeher zu kennen vermeinte, je wieder zu verlassen.

Mich dünkte, daß der Morgen noch nie so frisch und wie ein Edelstein funkelnd gedämmert hatte, mit weißem Sand, jadefarbenem Wasser, hellgrünen Flußufern und einem rosa und babyblauen Himmel. Ein perfekter, reiner und frischer Wind trug uns rasch den verschlungenen Flußlauf entlang voran. Den letzten Abschnitt legten wir in Windeseile zurück. Boubacar lehnte sich mit dem irrwitzigen Flicksegel hinaus, als würden wir an einer Regatta mitkämpfen. Es war ein waghalsiges Unterfangen. Jeden Augenblick konnte irgendein Teil der verrückten, zusammengeschusterten Vorrichtung nachgeben, doch wir hielten durch und jagten mitten auf dem Fluß weiter. Beide Jungen genossen die erregende Spannung, während Madame ungerührt wie immer ihrer Pflicht mit der Schöpfdose nachkam.

Mit einem plötzlichen Kurswechsel schwingen wir schnell zum Nordufer hin. Das Segel fällt, und allzu abrupt rückt das Ufer näher: ein unansehnliches Stück eingetrockneter, aufgeworfener Schlamm, übersät mit den Abfällen und Überbleibseln des zwanzigsten Jahrhunderts – Stücken zerbrochener, rostiger Winden, Ketten, Draht, dazwischen ein paar ramponierte Fahrzeuge. Hier soll ich also abgesetzt werden. Evans, der zehn Tage lang mit Taschen voller Landesprodukte und trocknenden Kleidern behängt seine Pflicht als Schiffsspund erfüllt hat, wird an Land getragen und sieht endlich wieder wie ein Fahrrad aus. Ich kann es kaum fassen, daß der große Augenblick gekommen ist. Zu spät merke ich, wie sehr mir die Gesellschaft dieses kleinen Bootes ans Herz gewachsen ist. Alles, was ich ihr hinterlassen habe, ist meine Strohmatratze für Boubacar, falls er einmal heiratet. Madame hat nicht einmal ein Aspirin als Souvenir gekriegt. Die Jungen drängen und möchten den günstigen Wind möglichst ausnützen, und nach einem kurzen »Au revoir, bon voyage« sind sie schon weg und segeln auf dem breiten Nigerstrom weiter flußaufwärts, während ich meinen Blick landeinwärts nach Timbuktu wende.

14

Timbuktu

Was, wenn die Sage deines Timbuktu
Ein zarter Traum nur wär' aus alter Zeit?

Während ich mich abmühte, die letzten paar unmöglich schwierigen Kilometer nach Timbuktu hinter mich zu bringen, kam es mir völlig unwirklich vor, beinahe in Sichtweite der »geheimnisvollen Stadt« zu sein. Gewisse Mythen lassen sich ja niemals völlig zerstören. Wie Samarkand, Petra, Troja und Palmyra, deren Geheimnisse ebenfalls längst gelüftet wurden, ist auch Timbuktu noch immer mit einer Aura behaftet, die weiterhin die Phantasie beflügelt. Jahrhundertelang stand »Timbuktu« für etwas undenkbar Fernes, praktisch Unerreichbares, und noch heute würden wohl die wenigsten eine Vermutung wagen, wo genau es zu finden ist.

Die großen Tage von Timbuktu waren längst vergangen, ehe jemand aus dem Westen die Stadt zu Gesicht bekam. Dank der Wachsamkeit der arabischen Küstenbewohner, die den Transsaharahandel fest in ihrer Hand hatten, blieb das Landesinnere Afrikas von europäischer Konkurrenz verschont. Um die Mitte des achtzehnten Jahrhunderts war Europa jedoch ebenso entschlossen, diese Geheimnisse zu ergründen. Seit 1550, als der Bericht eines gefangenen Mauren, eines gewissen Hassan Ibn Mohammed el Wazzan el Zayyati, veröffentlicht wurde, waren ausschließlich Gerüchte herumgeschwirrt. Der »Mohr« erhielt nach dem damaligen Papst, der die außerordentliche Bedeutung seiner Reisen in jenen sagenumwobenen Ländern erkannte, den neuen Namen Giovanni Leoni oder Leo Africanus. Er hatte sich dazu bewegen lassen, seine Erlebnisse niederzuschreiben, und die Neugier späterer Generationen gründete sich vorwiegend auf

seine Darstellung entschwundener Herrlichkeiten: »Der reiche König von Timbuktu hat in seinem Besitz viele Goldplatten und Zepter, von denen einige ein Gewicht von 1300 Unzen haben, und er führt einen reich bestückten und prächtigen Hof... Auf Reisen reitet er auf einem Kamel, doch alle seine Soldaten reiten auf Pferden... Wer mit dem König sprechen will, muß sich zu seinen Füßen niederwerfen und danach in den Staub greifen und ihn über seinen eigenen Kopf und seine Schultern streuen.« Niemand außerhalb Afrikas konnte wissen, daß die von Leo Africanus beschriebene reiche, geordnete Welt längst in einen Zustand der Anarchie mit zersplitterten und kriegführenden Stämmen versunken war, bis Mungo Park und seine Nachfolger am Ende des achtzehnten Jahrhunderts, als der Rausch der Landergreifung in Afrika eingesetzt hatte und sowohl Frankreich als auch Britannien ein Auge auf diesen Teil des Kontinents geworfen hatten, Zeugen dieser unbeständigen und risikoreichen Verhältnisse wurden.
Bis ins Jahr 1800 war es noch keinem Christen gelungen, sich nach Timbuktu durchzuschlagen oder – falls es einer tatsächlich geschafft hatte – zurückzukehren und seine Geschichte zu erzählen. Mungo Park versuchte es 1795 und dann nochmals 1805. Obwohl dazumal der Verlauf des Niger als ein ebenso dringliches Forschungsziel galt wie die geheimnisvolle Stadt selbst, war sie es, die die allgemeine Phantasie beflügelte, und auch Park selbst nannte Timbuktu »das große Ziel meiner Suche«. Auf seiner zweiten Expedition kam er ihr bis auf fünfzehn Kilometer nahe, als er den Niger hinuntersegelte und wild entschlossen war, ihm um jeden Preis bis zu seinem Ende zu folgen, wo immer dieses auch liegen mochte. Es besteht kein Zweifel, daß er aus dem Wettlauf um Timbuktu als Sieger hervorgegangen wäre, wenn er sich nicht in den Kopf gesetzt hätte, auf alle Eingeborenen zu schießen, die ihm feindselig gesinnt schienen. Beim Kanal von Kabara feuerte er auf eine Gruppe Tuareg und sah sich gezwungen, seine Reise fortzusetzen, so daß er diese einmalige Chance verpaßte.
Ein von den Marokkanern gefangener und als Sklave gehaltener amerikanischer Matrose namens Adams scheint der erste Nichtmuslim zu sein, der (ungefähr im Jahr 1812) Timbuktu erreichte.

Er war ein ungebildeter Mann und mußte vor seiner Rettung mehrere Jahre lang fürchterliche Qualen durchstehen, daher erstaunt es nicht, daß sein Bericht etwas verworren klang und viele Ungereimtheiten aufwies. Der Grund, weshalb man ihm im allgemeinen keinen Glauben schenkte, lag jedoch eher darin, daß er die geheimnisvolle Stadt als einen elenden, schmutzigen Ort beschrieb und niemand gewillt war, dies für bare Münze zu nehmen.

Gordon Laing, ein schottischer Offizier, war 1826 der erste Brite, der Timbuktu erreichte, nachdem ihm die eindrucksvolle Erstdurchquerung der Sahara von Norden nach Süden gelungen war. Laing war ein mutiger und talentierter Forscher. Trotz seiner erst zweiunddreißig Jahre hatte er bereits umfangreiche Reisen in Westafrika unternommen und viele gezielte – und, wie sich erweisen sollte, zutreffende – Schlußfolgerungen über den vermutlichen Verlauf des Niger gezogen. Über die Entdeckungen, die er auf seiner letzten Reise machte, und über das, was er von Timbuktu in Erfahrung brachte, wissen wir nur wenig aus ein paar kurzen Briefen. Als er sich auf die Heimreise machte, schlugen ihn fanatische Muslime, angeblich Tuareg, nur fünfzig Kilometer von der Stadt entfernt tot. Sein vorsichtshalber in Timbuktu zurückgelassenes Reisejournal verschwand spurlos und ist bis heute nicht wieder aufgetaucht.

Zwei Jahre vor Laings Expedition hatte die Geographische Gesellschaft von Paris einen Preis von zehntausend Francs für die Person ausgesetzt, die als erste mit einem auf eigenen Erlebnissen beruhenden Bericht über Timbuktu nach Europa zurückkehrte. Auf diesen Preis wurde 1828, nur zwei Jahre also nachdem er dem bedauernswerten Gordon Laing so knapp entgangen war, von einem undurchsichtigen sechsundzwanzigjährigen Franzosen Anspruch erhoben. René Caillié war seit seiner Kindheit von der Vorstellung von Timbuktu besessen, und er bereitete sich sehr viel besser als seine Vorgänger auf das Wagnis vor, indem er Arabisch lernte, den Koran studierte und in eine arabische Verkleidung schlüpfte. Im Gegensatz zu Laing bekleidete er kein öffentliches Amt und hatte auch keine Geldgeber im Rücken, und kaum jemand wußte von seinem Vorhaben. Aber genau wie Kiplings

Matrose war Caillié »ein Mann von unendlichem Erfindergeist und Scharfsinn«, zudem besaß er jenen unwiderstehlichen Charme, der die verschiedensten Leute dazu bewog, ihm behilflich zu sein. Zur Erklärung von Unstimmigkeiten in seinem Arabisch heckte er glaubwürdige Geschichten aus, wie er als Kind von Christen entführt worden sei, und schien stets neue Erfindungen auf Lager zu haben, um der Gefahr einer Entdeckung zu entgehen. Trotz des ständigen Risikos, daß seine Tarnung auffliegen könnte, schrieb er unermüdlich alles auf, was er sah, und notierte sich auch die Namen der Dörfer an seinem Weg. Wäre er beim Schreiben dieses Reisejournals erwischt worden, hätte man ihn ohne Zweifel auf der Stelle als Spion getötet. Es war jedoch gut, daß er diesen handgreiflichen Beweis für seine Reisen vorlegen konnte, denn als er nach den üblichen schrecklichen Entbehrungen einer längeren Wüstendurchquerung nach Frankreich zurückkehrte, mußte er erfahren, daß viele seiner Landsleute wenig Neigung zeigten, ihm seine Geschichte abzunehmen, da er weder die Abstammung noch die Erziehung hatte, die das Establishment des neunzehnten Jahrhunderts für seine Helden bevorzugte. Der Preis wurde ihm schließlich zugesprochen, doch als die Franzosen erwogen, eine offizielle Expedition in diese Gegend auszurüsten, wurde der arme Caillié, der darauf brannte, an die Stätte seines Triumphs zurückzukehren, mit der Begründung abgewiesen, er sei dazu »nicht qualifiziert«.

Die Veröffentlichung von René Cailliés Journal trug wenig dazu bei, den Spekulationen um Timbuktu ein Ende zu setzen. Obwohl spätere Reisende seinen Bericht erhärten konnten, weigerten sich viele Leute, allen voran die enttäuschten Briten, trotz all des Beweismaterials noch immer hartnäckig, ihm abzunehmen, daß er tatsächlich in der Stadt gewesen sei. Andere wollten unbedingt selbst nachschauen, und so oder so waren noch viele Fragen offengeblieben.

1830 ergänzten die Brüder Richard und John Lander aus Cornwall einen wichtigen Teil des geographischen Puzzlespiels um Westafrika. Von der Stelle, wo Mungo Park fünfundzwanzig Jahre zuvor auf seiner verzweifelten Fahrt der Tod ereilt hatte, fuhren sie weiter flußabwärts und lösten schließlich das Rätsel, wo der Niger endete. Rührend war, daß die Landers dabei auch Parks Bibel und seine Logarithmentafeln sicherstellen konnten.

Es war höchste Zeit für ein wissenschaftlicheres Vorgehen geworden. Britannien war viel daran gelegen, profitable Handelsabkommen abzuschließen und Informationen zu erhalten, um die Abschaffung des scheußlichen Sklavenhandels zu beschleunigen. Man beschloß, eine weitere offizielle Expedition auszurüsten. Einer der Männer, die ausgewählt wurden, um Einzelheiten für ein akkurates geographisch-ethnographisches Gesamtbild zusammenzutragen, war der Deutsche Heinrich Barth. Im Unterschied zu den inspirierten Amateuren, die ihm vorangingen, war Barth ein Ausbund an Gelehrsamkeit und verfügte nebst einem sagenhaften Sprachtalent auch über eine immense körperliche Zähigkeit. Der Enthusiasmus und die Beschreibungsgabe Mungo Parks fehlten ihm zwar, und auch ein Schuß mehr Humor hätte ihm wohl nichts geschadet, doch an seiner Unermüdlichkeit gab es keinen Zweifel. Nachdem er fünf Jahre auf seine Aufgabe verwendet hatte, verfaßte er einen eindrucksvollen fünfbändigen Bericht über seine Reisen und Entdeckungen, der Britanniens Entscheidung, sich vorderhand nicht mit diesem Teil Afrikas zu befassen, wesentlich beeinflußt haben dürfte. Von Timbuktu, das er 1853 betrat und wo er sich widerwillig vier Monate lang aufhielt, bildete er sich sogar ein noch abschätzigeres Urteil als von Gao. »Sie werden von meiner Ankunft in diesem berühmt-berüchtigten Ort gehört haben«, schrieb er nach London. »Ich erwarte geduldig die Stunde meiner Abreise, die hoffentlich nicht in allzu weiter Ferne liegt.«

Barths Charakterisierung der Stadt als eines unbedeutenden, von Unrat übersäten und zerfallenden Lehmhaufens trug jedoch fast nichts dazu bei, den Einfluß zu schmälern, den sie auf die Vorstellungskraft der Menschen ausübte. Weiterhin versuchten Reisende, sich nach Timbuktu durchzuschlagen, wurden entweder von den Tuareg ermordet oder fielen den vielen Unbilden zum Opfer, die den Unbesonnenen in diesem unwirtlichsten aller Lebensräume erwarteten. In der Zwischenzeit fuhren die entwickelten Nationen munter damit fort, sich ein Stück des afrikanischen Kontinents nach dem anderen zu schnappen. Die Briten waren mit der Kolonialisierung des untersten, reichsten Teils des Nigerlaufs im heutigen Nigeria beschäftigt und überließen die Wüsten den Franzosen, die vielleicht von ihrem Temperament her besser dafür geeignet waren. 1894 wehte die Trikolore über Timbuktu. Die Zeit der Fremdenlegion und der jahrzehntelangen Scharmützel mit den Tuareg hatte begonnen.

Im Jahr 1960 gewann Mali seine Unabhängigkeit zurück, und Timbuktu, dem ich mich jetzt näherte, stand einmal mehr unter der Ägide der Nachkommen von Kaiser Mansa Musa, der 1324 aufgebrochen war, um Mekka zu besuchen, und soviel Gold mit sich führte, daß er mit den großzügigen Gaben, mit denen er bei seinem Durchzug um sich warf, die Währung Ägyptens im Wert minderte. Doch als ich Timbuktu endlich erreichte, waren es meine eigenen dürftigen Reichtümer, auf die alle scharf waren.

Ich folgte in René Cailliés Fahrwasser, denn auch er hatte sich der Stadt auf dem Niger genähert, allerdings flußabwärts. Seine mit Sklaven vollgestopfte Piroge hatte noch den Kanal hinauffahren können, der im fünfzehnten Jahrhundert vom Niger her ausgegraben worden war und den Hafen von Kabara begründete. Da ich zwei Monate früher im Jahr hier war als er, hätte der Wasserstand theoretisch bedeutend höher liegen müssen, doch ich fand nur noch ein paar Pfützen auf dem Kanalgrund vor.

Der Weg war gräßlich. Er bestand bestenfalls aus trockenem, holprigem Schlamm und im schlimmsten Fall aus Sand von einer so bösartig weichen und klebrigen Konsistenz, daß ich keine zwanzig Meter ohne Ruhepause zurücklegen konnte. Langsam wurde mir verständlich, weshalb die Sklavenkarawanen nur acht bis zwölf Kilometer am Tag geschafft hatten. Längs des Kanals lagen die allerprimitivsten Notunterkünfte für Flüchtlinge aufgereiht, wie ich sie kaum je gesehen hatte – zusammengestückelte Wohnstätten aus Tuchfetzen und Schrott. Weil ich so oft anhalten mußte, war ich das ideale Opfer für zahllose dreiste Annäherungsversuche von alt und jung. Verschwitzt und überhitzt, wie ich war, hatte ich jedoch nicht die geringste Lust, mich mit den

Hunderten von Händen herumzuschlagen, die mir mit der unaufhörlichen Bitte um *cadeaux* entgegengestreckt wurden.

Noch viel alarmierender waren die Aufmerksamkeiten von Jugendlichen, Jungen und auch von einigen der Männer, die ebenfalls in Richtung Kabara wanderten und ihre aggressiven Forderungen mit kaum verhüllten Drohungen begleiteten, auf die ich notwendigerweise mit etwas Nachdruck reagieren mußte, bevor sie mich in Ruhe ließen. Unwillkürlich drängte sich mir der Vergleich mit den beutegierigen Tuareg aus den Tagen von Laing und Caillié auf, die alle Reisenden zwischen dem Fluß und der Stadt ausgeplündert hatten. Glücklicherweise kamen auch zwei freundlichere Zeitgenossen daher und halfen mir, Evans zu schieben, so daß ich schließlich doch noch den hoch und trocken gelegenen Hafen von Kabara und das aufgebrochene, Blasen werfende geteerte Straßenstück erreichte (das erste, das ich seit Tillabéri gesehen hatte), welches sich wie ein königlicher Teppich in Richtung Timbuktu erstreckte.

Jetzt war es einfach. Auf halber Distanz sauste ich an der Stelle vorbei, die »Keiner kann ihre Schreie hören« genannt wurde, weil dort die schlimmsten Massaker der Tuareg an den Karawanen stattgefunden hatten. Heute liegt hier nur ein Flugplatz, wo die Air Mali, besser bekannt als »Air Maybe«, ihre erratischen Flüge durchführt. Beim ersten Anblick von Timbuktu empfand ich nicht dasselbe Gefühl der Enttäuschung wie meine berühmten Vorgänger, denn ich war durch Cailliés und Barths Berichte vorgewarnt und hatte eine viel klarere Vorstellung davon, was mich erwartete. Was ich sah, war aufregend genug, denn seit jenen Beschreibungen aus dem neunzehnten Jahrhundert schien sich überhaupt nichts verändert zu haben. Timbuktu war noch immer eine Stadt, die allmählich unter dem Sand verschwand, der sie von allen Seiten umgab; eine Stadt voller zerbröckelnder Häuser, wo keiner irgendeiner Beschäftigung nachzugehen schien, außer herumzusitzen, wie man es schon damals getan hatte.

Als erstes galt es, ein Hotel zu finden. Es gab deren zwei. Das sehr teure Sofitel überstieg mein Budget bei weitem und war mit Ausnahme von schnittig gekleideten einheimischen jungen Männern beinahe leer. Sie belegten die Barstühle, konsumierten jedoch nichts, sondern lagen nur auf der Lauer nach reichen und leider so seltenen Touristen. Das andere war das ältere, heruntergekommene, aber gerade noch erschwingliche »Hôtel Tombouctou«. Jede seiner kleinen, fensterlosen Zellen kostete etwas mehr als zwölf Pfund. Dieses Etablissement wurde von noch aggressiveren, traditionell gekleideten Tuareg belagert, die die Nächte in ihren Wüstenlagern verbrachten und tagsüber herumhingen und hofften, einem zufälligen Besucher zu begegnen. Sie drängten ihren Schmuck und ihre Waffen jedem der unseligen Reisenden, der ihnen in die Arme lief, mit einer solchen Hemmungslosigkeit auf, daß die Tuareg von Agadez dagegen ziemlich maßvoll wirkten. Es stand außer Frage, den Hotelgarten mit Blick auf die Wüste zu benutzen, da alle Stühle von den Tuareg besetzt waren, und es war äußerst ratsam, so schnell als möglich nach innen zu gelangen, um ihren Zudringlichkeiten zu entgehen. Mein Zimmer führte vom staubigen Garten weg. Trotz der großen Hitze mußte die Tür geschlossen bleiben, denn ein Dutzend Tuareg-Augenpaare beäugten sie wie Wüstenfalken. Die Waschgelegenheiten waren entschieden unattraktiv, die Mahlzeiten noch schlimmer. Über der Bar hing ein verblichenes Plakat mit der Botschaft »WÄHLEN SIE NIZZA FÜR EIN ERFOLGREICHES TREFFEN«, was das »Hôtel Tombouctou« nicht schlecht charakterisierte.

Im trüben Schimmer der 15-Watt-Glühbirne schien mich mein kleiderschrankgroßes Zimmer von allen Seiten erdrücken zu wollen, und ich sehnte mich nach dem offenen Himmel über dem Fluß und der Wüste. Was mich jedoch letztlich bewog, auf den Schutz des Hotels zu verzichten, bevor ich eine einzige Nacht dort verbracht hatte, war ein spitzes Objekt, das sich mir ins Fleisch bohrte, als ich meinen müden Körper auf das schmierige Bett sinken ließ. Ich zog das Bettlaken zurück und entdeckte einen riesigen Dorn, der aus einer ekeligen, fleckigen Matratze herausragte, die so aussah, als könnte sie noch viele andere unwillkommene Überraschungen bergen. Dieser Vorfall stellte sich nachträglich als Segen heraus und war der notwendige Auslöser, um mich von einem Ort zu vertreiben, an dem mich meine ständig lauernde Klaustrophobie schliesslich eingeholt und ich die ganze Nacht elend wach gelegen hätte.

Statt dessen genoss ich das Vergnügen, nachts in der schlafenden Stadt herumzuwandern und auf jene bevorzugte Art und Weise Bekanntschaft mit ihr zu schliessen, bei der die Phantasie noch die Freiheit hat, etwas aus ihrer Vergangenheit heraufzubeschwören. Die engen, stillen und menschenleeren Gässchen, in denen zuweilen eine Fledermaus vorbeihuschte oder eine geschmeidige Katze herumstrich, lagen zur Hälfte im schweren Schatten, halb wurden sie vom sanften Mondlicht beleuchtet, das auf massiv beschlagene, in die niedrigen Fassaden bleicher Steinhäuser eingesetzte Türen fiel. An jeder Ecke erhoben sich wuchtig die exotischen, primitiven Umrisse stoppeliger Stuckmoscheen. Hinter den letzten Häusern erstreckte sich eine weitere Stadt aus Zelten wie ein sie belagerndes Heer an den von niedrigen Mäuerchen umringten Begräbnisstätten vorbei in den Wüstensaum hinaus. Ich bin noch nie in einer Stadt gewesen, die so totenstill war. Während der vier oder fünf Stunden, die ich herumschlenderte oder halb träumend im Schatten der Moscheen sass, in denen Caillié seine Notizen nachgeführt hatte, hörte ich weder einen einzigen Hund bellen noch ein Kind weinen. Ich kam mir vor wie in einer Geisterstadt.

Im Tageslicht zeigten sich dieselben Strassen in einem fortgeschrittenen Zustand des Verfalls. Überall türmte sich Sand auf und drohte sie vollends zu verschlucken. Die Wohnstätten von Caillié, Laing und Barth, mit schwarzen Gedenktafeln ausgezeichnet, waren nur noch glotzende Gerippe, die Moscheen weder gross noch besonders eindrucksvoll und ebenfalls in einem jämmerlichen baulichen Zustand. Die gähnend schwarzen Löcher von Mitternacht erwiesen sich als Stellen, wo Häuser in Trümmer gegangen waren und, wie ich hörte, beim Einsturz ihre Bewohner erdrückt hatten. Die grossen, bienenstockförmigen Lehmgebilde in den Strassen waren Öfen zum Backen der flachen, runden, stets vom allgegenwärtigen körnigen Sand gepunkteten Vollkornbrotfladen.

Timbuktus sieben Stadtviertel mit ihrer jeweils eigenen Moschee waren alle recht klein. Jede der vielfältigen Gilden und Handelszweige, die längst der Vergangenheit angehörten, hatte ihren eigenen Stadtteil bewohnt, doch obwohl ich vier Tage vorwiegend damit verbrachte, durch die Straßen zu wandern, konnte ich nicht feststellen, wo ein Viertel aufhörte und das nächste begann. Die meisten Gebäude in den gewundenen Gäßchen bestanden aus Lehmziegeln, doch es gab auch mehrere Straßen, deren Häuser aus solidem Wüstenkalkstein gebaut waren und in ihren Proportionen eine bescheidene Eleganz aufwiesen, die von den schweren, reich verzierten, mit Metallbeschlägen verstärkten hölzernen Haustüren und den geschnitzten Gittern in den winzigen Fenstern unterstrichen wurde. Diese Straßen waren breiter als die meisten übrigen Gassen. Sie zeichneten sich gelegentlich durch einen vereinzelten Baum aus, der in der trockenen, staubigen Umgebung unglaublich schön wirkte, und schienen einst bessere Tage gesehen zu haben.

Ich erfuhr, daß frühere Generationen ihre Häuser mit einem verlotterten Äußeren getarnt hatten, um nicht die Habgier der marodierenden Tuareg zu wecken, die periodisch die Stadt überfielen, um Tribut zu fordern. Die gleichen Tuareg, die einst das Leben in der Stadt verachtet hatten, waren jetzt hier Flüchtlinge. Ihre Zelte umringten Timbuktu und verdoppelten seine Bevölkerungszahl.

Ein paar wenige Häuser, meist jene aus Stein, waren kürzlich repariert worden und mochten im Innern vielleicht einen gewissen Luxus aufweisen, doch alle, in die ich hineingebeten wurde oder im Vorbeigehen einen Blick werfen konnte, sahen nicht viel besser aus als Höhlen. Alles, was einen gewissen Grad an Komfort gewährleistet hätte, war längst verschwunden, auch die Fliesenböden und der Wandverputz. Ruinen von Palästen und Lustbauten, von denen die Viktorianer geträumt hatten, waren hier keine zu finden. Doch das neunzehnte Jahrhundert sah nur das Gold und hatte ganz vergessen, daß bei Leo Africanus auch nachzulesen war: »Es gibt zahlreiche Bücher, die aus Barbarien stammen und hier für mehr Geld verkauft werden als jede andere Handelsware.« In seiner Blütezeit war Timbuktu ebenso berühmt für seine Frömmigkeit und Gelehrsamkeit wie für seinen Handel gewesen. Was hier vor meinen Augen vermoderte, war das Gerippe einer bescheidenen, nüchternen Stadt der Kaufleute und Gelehrten, ein »Oxford der Wüste«, aus welchem Handel wie Wissenschaft längst entflohen waren und das den Anschein erweckte, als sei ein fremdartiges Volk aus der Wildnis hier eingezogen, um sich wie die Vögel und Füchse in den zerfallenen Häusern der einstigen Bewohner einzunisten.

In der Dämmerung jener ersten Nacht, als ich allein in Timbuktu herumstreifte, kamen mir Thackerays köstliche Verse in den Sinn:

> In Afrika lebt eine Menschenschar
> Mit schwarzer Haut und kraus gelocktem Haar.
> Und irgendwo verborgen findest du
> Die stolze Stadt mit Namen Timbuktu.

Ich hatte das Glück, einen jungen Mann namens Amadou zu treffen, der bei einem für den Bau eines großen, neuen Krankenhauses verantwortlichen Franzosen als Koch angestellt war. Er hatte sich offenbar in den Kopf gesetzt, daß ich schutzbedürftig sei, und machte mir den Vorschlag, mit ihm zu gehen und seinen Arbeitgeber kennenzulernen, dessen Frühstück er soeben zubereitete. So kam ich nicht nur in den Genuß der ersten Tasse richtigen Kaffees seit meiner Abreise aus Niamey, sondern wurde auch eingeladen, ein Zimmer in dem großen, komfortablen Bungalow zu benutzen. Er lag am südlichen Stadtrand zwischen verstreuten Nomadenlagern und weiteren modernen Gebäuden, die die Büros internationaler Hilfswerke und ihre Direktoren beherbergten. Dieses freundliche Entgegenkommen gab meinem Aufenthalt hier ein ganz anderes Gesicht und stand überdies ganz im Einklang mit der traditionellen Höflichkeit gegenüber Reisenden, die Timbuktu erreichten – alle meine berühmten Vorgänger hatten in der Stadt Schutz und Gastfreundschaft genossen, selbst wenn einigen von ihnen übel mitgespielt wurde, als sie sie wieder verließen.

In meinem komfortablen Schlupfwinkel war ich auch vor den

Aufmerksamkeiten der jüngeren Bewohner Timbuktus sicher, die schon im zarten Alter, wenn sie sich auf wackeligen Beinen kaum aufrecht halten können, von ihren Müttern angewiesen werden, alle Bleichgesichter zu verfolgen und *cadeaux* zu verlangen, was es nicht gerade leicht macht, in Muße herumzuschlendern, wie es dieser Stadt eigentlich angemessen wäre. Die kleinsten Kinder griffen gleich scharenweise an und brachen mit immer schriller werdender Stimme in ihren üblichen Singsang aus: »Ça va? Ça va bien? Ça va très bien?«, während sie ihre Finger in Hand- und Hosentaschen steckten und alles begrapschten. Selbst die zähen, rüpelhaften Führer waren unfähig, ihre Kunden vor ihnen zu schützen. Die spärlichen Touristen, die ihren Weg in die Stadt fanden, wurden daher angehalten, unnachgiebig zu bleiben und selbst mit den Kindern zurechtzukommen. Bei zwei Gelegenheiten, als ich von allen Seiten umzingelt, gepiesackt und verhöhnt wurde, hieb ich mit meinem kleinen Notizbuch auf die jungen Quälgeister ein und landete auch wirklich einen Treffer. Statt zu protestieren, weil ich ein Kind geschlagen hatte, applaudierten mir Passanten herzhaft mit einem »Très bien, Madame«, und die kleinen Ungeheuer stoben wie erhofft auseinander. Die wenigen Male, wo ich sah, wie einheimische Erwachsene versuchten, die jungen Kinder zu verscheuchen, warfen sie mit Steinen nach ihnen.

Noch lästiger fielen mir die Jugendlichen, die mir ihre Dienste als Führer anboten. In einer Stadt, zu deren Besichtigung eine knappe Stunde vollauf genügte, war ein Führer sowieso völlig überflüssig. Mein einziger Wunsch war, meine Freiheit zu genießen und in aller Ruhe herumzubummeln, was jedoch bedeutete, sich ständig der Führer und Kinder zu erwehren. Dieses Problem löste sich auf eine ganz unerwartete Weise. Bevor ich dessen richtig gewahr wurde, hatte ich ein Gefolge von etwa einem Dutzend Jungen zwischen zehn und dreizehn Jahren um mich versammelt, die mich fortan zusammen oder grüppchenweise begleiteten, wohin ich auch ging. Nach ihrem fruchtlosen Versuch, mich zu den Sehenswürdigkeiten zu führen, hatten sie sich schlichtweg geweigert, wieder wegzugehen, und waren alle meine

»Freunde« geworden. »Madame, la maison de Gordon Laing!« Gordon Laing war allen Jungen ein Begriff. Sie eilten die Ruine hoch, um ihre Köpfe oben durch das kleine Fenster zu stecken, und rollten mit den Augen, während sie anschaulich einen Finger quer über die Kehle führten: »Voilà. Très mauvais les Tuareg, non?« Zuerst versuchte ich sie ebenfalls wegzuscheuchen, doch als dies nichts fruchtete, sagte ich ihnen, sie könnten ruhig mit mir herumspazieren, wenn sie dies wollten, aber eine Bezahlung sei von vornherein ausgeschlossen. Wer es nur auf Geld abgesehen hatte, blieb bald weg, doch ein harter Kern ließ sich nicht entmutigen – Jungen, die mich als willkommene Abwechslung betrachteten und Spaß daran hatten, mir Fragen zu stellen. Ich genoß ihre Gesellschaft ebensosehr – einmal Lehrerin, immer Lehrerin! –, und zudem halfen sie mir, die raubgierigen kleineren Kinder auf Distanz zu halten.

Alle meine jungen Freunde gingen morgens zur Schule, wo sie Französisch lernten, nur Malik behauptete jeden Tag, sein Lehrer sei krank. Obwohl ich diesbezüglich meine Zweifel hatte und ihn streng ins Gericht nahm, konnte ich ihn nicht von seiner Geschichte abbringen. Ein anderer Junge, den ich öfter sah, war Achmed, langbeinig wie ein unbeholfenes Füllen. Er besorgte gelegentlich die Wäsche für die Frau eines amerikanischen evangelischen Missionars, und eines Nachmittags, als wir an ihrem Haus vorbeikamen, wechselte ich am Tor ein paar Worte mit ihr, während Achmed eintrat, um etwas zu holen, was er dort vergessen hatte. Aus der feindseligen Art, in der sie mit ihm sprach, konnte ich spüren, daß sie völlig zermürbt war. »Man kann keinem von denen trauen«, zischte sie mir verstohlen zu. »Das sind alles Diebe.« Zu jener Zeit fühlte ich mich bereits ziemlich verantwortlich für »meine« Jungen, vor allem für Malik, Achmed und einen weiteren Getreuen namens Ibrahim, ein Kind voller Tatendrang, dessen häufige Scharmützel zur Folge hatten, daß seine abgetragenen Kleider immer zerschlissener wurden. Ich verübelte der Frau ihre Einstellung weit mehr als ihre Empfindungen. Mag sein, daß sie alle Diebe waren – es gab jedoch kaum eine Möglichkeit für Jungen in Timbuktu, sich eine Zukunft zu erarbeiten oder eine Berufslaufbahn einzuschlagen. Mir war von Anfang an völlig schleierhaft gewesen, nach welchem Wirtschaftssystem dieser Ort überhaupt funktionieren konnte, denn es war keines ersichtlich. Die meisten Leute schienen den ganzen Tag damit zu verbringen, vor ihren Häusern zu sitzen oder im Sand Brettspiele zu spielen. Mein Gastgeber Jean-Yves sagte mir, daß einzig der Bau des neuen Krankenhauses der Stadt Arbeitsplätze verschafft habe, aber bald abgeschlossen sei. Es gab ein kleines, von Hilfswerken finanziertes Bewässerungsprojekt zum Anbau von Reis in der Nähe von Kabara und ein paar wenige Gemüsegärten, sonst nichts, so daß jahraus, jahrein immer wieder dasselbe Geld zirkulieren mußte.

Bevor ich wegfuhr, erhaschte ich einen weiteren kurzen Blick auf das legendäre Timbuktu, diesmal im vollen Tageslicht. Ich spazierte mit Ibrahim am Vorabend meiner Abreise im nördlichen Stadtteil herum, als ich das laute, jammernde Geschrei und Geschnaube von Kamelen hörte. Gleich um die Ecke sahen wir eine Reihe sehr robust wirkender Lasttiere, die von zerzausten, ungepflegten Männern in archaischen kurzen Tuniken gezwungen wurden, im Sand niederzuknien. Die Kamelführer schienen den sich sträubenden Tieren in deren eigener Sprache zu antworten, und Menschen wie Tiere strahlten etwas Wildes aus und erweckten den Eindruck, als gehörten sie zu einer anderen Welt. An den großen, grabsteinförmigen Gebilden, die an beiden Seiten der Kamele festgebunden waren und wie gräulicher Quarz aussahen, erkannte ich, daß sie soeben von den Salzminen von Taoudeni hergekommen sein mußten – einem Ort so tief in der Wüste, daß nur wenige Landkarten bezüglich seiner exakten Lage übereinstimmen. Es waren ebensolche große Platten graufarbenen, granulierten Salzes aus jenen Bergwerken gewesen, die in den ruhmreichen Tagen von Timbuktu die Hand gewechselt hatten und Pfund gegen Pfund mit Gold aufgewogen wurden, so wertvoll waren sie für die salzlosen Länder im Süden und Westen. Dies also war der Stoff, auf dem sich Timbuktus Reichtum begründet hatte, und es schien mir ein passendes Souvenir für meine weitere Reise zu sein, daß ich zumindest ein winziges Überbleibsel des legendären Handels zu Gesicht bekommen hatte.

15

Zu neuen Ufern

Bis zum vierten Tag meines Aufenthalts in Timbuktu verbrachte ich viel Zeit damit, einen Weg zu finden, der wieder hinausführte, was, wie bereits Barth entdeckt hatte, ein ebenso schwieriges Unterfangen war wie der Herweg. Ich war rund um den großen Buckel des Niger gefahren, und meine Route führte jetzt südwärts gen Djenné und das Land der Dogon. Ich konnte nicht einfach Evans beladen und losradeln, denn abgesehen von der schrecklichen Wüste, die Timbuktu von allen Seiten belagerte, lag auch das gewaltige Hindernis des Binnendeltas im Weg, ein Gebiet so groß wie England, das die Hälfte des Jahres überflutet wird und die meisten verbleibenden Monate kreuz und quer von kleinen Flüssen durchzogen und von unzähligen Seen durchsetzt ist. Durch das Delta führt keine wetterfeste Straße, nur undeutliche Fahrspuren, die sich zwischen kleinen, abgelegenen Siedlungen durchschlängeln. Wenn ich nicht einen weiten Umweg nach Norden machen und in Kauf nehmen wollte, diese faszinierende Region auszulassen, verblieb wie seit frühesten Zeiten als einzig mögliche Route der Niger. Ich mußte also eine Pinasse finden, die mich bis Mopti, hundertsechzig Kilometer im Süden, mitnahm, worauf ich meine Reise wieder per Fahrrad fortsetzen konnte.

Es war jedoch fast unmöglich, in Timbuktu, so weit weg vom Fluß, Informationen über Boote einzuholen. Bevor Boubacar mich an Land setzte, hatte er mir mitgeteilt, daß der einfachste Weg über Land zum Hafen von Diré führe, wo er zu Hause sei und mir helfen könne, eine Pinasse nach Mopti zu finden. Dies erwies sich jedoch keineswegs als leichter, denn um Diré zu erreichen, mußte ich zunächst landeinwärts nach Goundam fahren und als erstes ein motorisiertes Transportmittel auftreiben, wenn ich nicht eine Woche oder mehr damit verbringen wollte, den beladenen Evans durch hundert Kilometer sehr weichen Sand zu schieben. Ich versuchte mit allen Mitteln, ein Taxi zu mieten, aber vergeblich. Alle meine Jungen aus Timbuktu schienen Brüder, Onkel, Väter oder Freunde zu haben, die gleich am nächsten Tag nach Goundam fuhren; ich mußte unzählige Male feilschen, einen Preis festsetzen und jedesmal erleben, daß nichts konkrete Gestalt annahm. Jean Yves meinte, das sei hier immer so, und schlug vor, bei den Hilfswerken nachzufragen, ob demnächst einer ihrer Lastwagen losfahre. Aber auch hier zog ich lauter Nieten, bis ich eines Abends beim lokalen malischen Organisator der UNICEF zum Essen eingeladen war.

Während wir tafelten, sagte ein weiterer Gast, er wisse von einem Lastwagen, der noch diese Nacht nach Bamako abfahre, und sei sicher, daß sich die Leute überreden ließen, Evans und mich bis Goundam mitzunehmen. Ein Dutzend Malier demonstrierte darauf, wie schnell und effizient sich in Timbuktu etwas erledigen ließ, sobald der Wille dazu vorhanden war. Es blieb mir gerade noch Zeit, mich von meinem netten Gastgeber zu verabschieden (für meine lieben Jungen von Timbuktu reichte es leider nicht mehr), und schon eine Stunde später waren Evans und ich an Bord eines Lasters, der über ein so höllisches Terrain rumpelte und schlingerte, daß es mir alle Knochen aus den Gelenkpfannen zu reißen drohte. Ich fürchtete um die Sicherheit meines Fahrrads und war froh, daß der starke junge Mann, dessen Sitzplatz ich einnahm, beauftragt worden war, sich an ihm festzuhalten.

Es war noch immer stockdunkel, als ich auf dem unebenen Areal des lokalen Forstwirtschaftsbeamten von Goundam abgesetzt wurde. Man fand eine Stelle, wo ich meinen Schlafsack ausbreiten und versuchen konnte, mich von dem fürchterlichen Gerüttel etwas zu erholen. Ganz in der Nähe lag der Fabuigine-See, ein großer, angeblich wundervoller See, der eine Unmenge Zugvögel beherbergte. Während ich ein paar Stunden später in der frühen Morgenluft fröstelnd über Kaffee und Reiskuchen saß, schwelgte der Förster in Erinnerungen, wie er vor ein paar Jahren Prinz

Philip zum See eskortiert hatte. »Was für ein wunderbarer Mann«, schwärmte er einem Kollegen vor, der auf Besuch war. »Der kümmert sich nicht um die Menschen. Er gibt alles königliche Geld für wilde Tiere aus.« Ich hätte diesen See natürlich ebenfalls gern gesehen, doch das Reisen hat unter anderem den Nachteil, daß man eine gewisse Wahl treffen muß, weil man nicht überall zugleich hingehen kann. Der Forstbeamte meinte, jetzt sei sowieso keine günstige Zeit für einen Besuch, denn das Wasser stehe so niedrig, daß man unmöglich nahe genug herankommen könne, um die Vögel richtig zu sehen.

Es blieb weiterhin kalt und grau. Ein heftiger Wind trug Staubwolken mit sich, so daß ich im Stil der Tuareg ein Tuch um Kopf und Gesicht binden mußte, damit ich atmen konnte. Als ich aus Goundam radelte, stürzte ein Jugendlicher aus einer Hütte, um meinen Namen zu notieren; dies sei wichtig, meinte er, falls ich nicht am anderen Ende der Straße ankommen sollte, was so ganz dem Gefühlseindruck dieses Tages und dem leeren, trübseligen Landstrich entsprach, den ich durchquerte. Die Straße nach Diré war gerade noch befahrbar, wenn auch anstrengend, und ich legte die dreißig Kilometer in wenig mehr als drei Stunden zurück. Unterdessen hatte sich der Wind gelegt, und die Sonne schien wieder hell wie immer.

Diré war eine weit größere Stadt, als ich erwartet hatte, und auf Hunderten von Hektar mit Reisfeldern umgeben, die man kürzlich mittels massiver Bewässerung neu angelegt hatte. Unter den Ökologen findet dieses Vorgehen viele Kritiker. Sie sind der Ansicht, daß damit unbedacht ein jahrhundertealtes System des natürlichen Gleichgewichts zerstört wird und daß das Ableiten von soviel Wasser aus einem Fluß, der bereits weit unter sein übliches Niveau abgesunken ist, im Verein mit den katastrophal geringen Regenfällen der letzten Jahre unabsehbare und verheerende Folgen haben könnte.

Auf dem Polizeiposten, den ich für den notwendigen Stempel in meinem Reisepaß aufsuchen mußte, spendierte mir der ältere verantwortliche Beamte eine Brochette. »Wenn Sie noch eine zweite möchten, müssen Sie aber selbst bezahlen«, sagte er, um allen Mißverständnissen vorzubeugen. Er war ein notorischer Schürzenjäger, wie ich nachträglich erfuhr, doch das hatte ich bereits aus dem anzüglichen Grinsen herauslesen können, mit dem er mir »kostenlos« den Schlüssel zu einer Blechhütte auf seinem Areal anbot, wo ich bleiben konnte, falls es mir nicht gelang, am gleichen Tag mit dem Boot wegzukommen.

Keinen Steinwurf vom Polizeiposten entfernt lag eine Pinasse, zu welcher eine Reihe Männer mit Reissäcken auf dem Kopf hinauswateten. Ich eilte hinunter, um den Eigentümer zu finden. Der Mann, zu dem man mich wies, war zwar ein Schwarzer, sah jedoch wie eine Romanfigur von Chaucer aus, so daß man ihn einzig mit »Schiffsmeister« betiteln konnte. Diese Wirkung war teils seiner untersetzten, in graue Roben gekleideten Gestalt und dem flachen Turban zuzuschreiben, dessen eines Ende wie von einer mittelalterlichen Kappe herunterhing, teils aber auch der Art und Weise, wie er sein Geschäft betrieb. Er schien alles so sicher unter Kontrolle zu haben und so ungerührt von dem geschäftigen Treiben und dem Durcheinander rund um ihn herum zu sein, als verfüge er über unendlich viel Zeit, um seine Befehle zu erteilen. Er wirkte derart vertrauenswürdig, daß ich mich geehrt fühlte, als er sich bereit erklärte, Evans und mich mitzunehmen, selbst wenn der Preis wie üblich ein Vielfaches dessen betrug, was andere Passagiere zahlten. Es werde keine schnelle Fahrt sein, warnte er mich. Er werde in jedem Hafen anhalten, um Waren auszuladen, doch in fünf Tagen würden wir mit Sicherheit in Mopti anlegen. Er bezweifelte, daß noch ein weiteres Boot fahren würde, weil der Wasserstand so niedrig sei und schnell falle. Nachdem wir uns auf einen Preis geeinigt hatten, wurde Evans von einem Mann gepackt und in eine Piroge getragen, worauf man uns zur Pinasse hinausstakte. Bis ich an Bord untergebracht und Evans sicher festgebunden war, mußte ich in etwa sieben verschiedene Hände Münzen stecken, und als ich wieder an Land ging, wurden es noch mehr. »Wir fahren in einer Viertelstunde los – auch ohne Sie, wenn Sie nicht da sind«, warnte mich der Schiffsmeister, als ich mit Hilfe zweier kleiner Jungen, die mir den Weg zeigen sollten, wegeilte, um etwas Vorräte einzukaufen.

Sobald ich in Diré angekommen war, hatte ich mich nach Boubacar erkundigt, doch das Eiltempo, mit dem ich ein Boot fand, hatte jeden Gedanken an ihn verscheucht. Und da stand er nun urplötzlich in einem feinen, orangefarbenen, über und über mit großen, stahlblauen Eisvögeln bedruckten Hemd und einem noch strahlenderen Lächeln neben mir in der Pinasse. Mir wurde ganz warm ums Herz, als ich merkte, wie sehr er sich freute, mich wiederzusehen. Er hatte vernommen, daß eine weiße Frau nach ihm fragte, und war Hals über Kopf hergeeilt. Er zeigte sich enttäuscht, daß ich seine Mutter und seine Freundin nicht treffen würde, denen er soviel von mir erzählt hatte, war jedoch ebenfalls der Ansicht, daß diese Pinasse sehr gut die letzte sein könnte und ich sie unbedingt nehmen müsse. »In drei Tagen sind Sie in Mopti«, meinte er. Ich sagte ihm, daß mir der Schiffsmeister fünf genannt habe. »Wer weiß das schon?« lachte er. »Sie wissen doch jetzt, daß alle Pirogiers Lügner sind.« – »Sicher nicht alle, oder?« scherzte ich. »O doch«, meinte Boubacar ernst. »Sie müssen lügen. Wenn sie die Wahrheit sagen, finden sie keine Passagiere. Sobald einmal bezahlt ist, macht es nichts mehr aus, dann müssen sie im Boot bleiben. Voilà.« Ich kann mir nicht vorstellen, je wieder ein »Voilà« zu hören, ohne an diesen Malier mit seinem fröhlichen Wesen und seinem Huckleberry-Finn-Leben zu denken.

Der Schiffsmotor wurde nur eine Stunde nach der festgesetzten Abfahrtszeit angelassen, was ich – völlig zu Unrecht, wie sich erweisen sollte – als ein gutes Omen deutete. Boubacar ging an Land, und ich hatte Zeit, eine Bestandesaufnahme von meiner neuen Umgebung zu machen. Die Pinasse war viel tiefer als eine Piroge, in ihren Grundzügen jedoch ganz ähnlich, wenn auch längst nicht so elegant konstruiert. Sie war etwa fünfunddreißig Meter lang und dreieinhalb Meter breit. Der Motor lag im Heck. Gesteuert wurde sie mit einem Rad ganz vorn im Bug, von dem zwei dicke Ketten an der Außenseite entlang nach hinten zum Ruder liefen. Das Boot war in zwei Bereiche aufgeteilt, denn das Mittelstück war unbeladen und bildete eine tiefe Kuhle. Hier kochten die Frauen in mächtigen Eisenkesseln über großen, mit

Holz beheizten Kohlepfannen das Essen für die ganze Schiffsgesellschaft. Achtern von dieser Kuhle lagen mitten in einem Sammelsurium verschiedenartigster Frachtgüter, und zum Teil von den wogenden Dampf- und Rauchwolken verhüllt, die Quartiere der etwa zwei Dutzend Frauen und Kinder. Alle waren mit dem Schiffsmeister verwandt und wurden, wie er mir bei mehreren Gelegenheiten etwas bitter erklärte, auf seine Kosten durchgefüttert.

Bugseits der Kuhle war die Fracht bis auf die Höhe der Dollborde aufgestapelt und bildete einen unebenen, holperigen Boden aus Reissäcken. Unter diesen Säcken lag noch eine weitere, viel spannendere Ladung – Salz aus den Minen von Taoudeni.

Man hatte mehrere hundert Platten des quarzähnlichen Materials, das damals in Timbuktu von den Kamelen abgeladen wurde, an genau der Stelle an Bord genommen, wo ich an Land gesetzt worden war, und wenn ich davon gewußt hätte, hätte ich die Pinasse gleich dort besteigen können. Es erschien mir angemessen, auf diesem Salz zu schlafen, während wir zu den Goldfeldern im Süden fuhren. Weniger schicklich dünkte mich allerdings, daß Evans und mir ein Platz in jenem Teil des Schiffs zugewiesen wurde, der den Männern vorbehalten war. Es gab jedoch nur wenige andere Passagiere, mit denen ich den Platz teilen mußte, denn rund ein Dutzend Männer war wieder an Land gegangen, bevor das Boot ablegte.

Schon bald merkte ich, daß es sich an Bord einer Pinasse nicht annähernd so angenehm leben ließ wie auf einer Piroge. Die über gebogene Bambusstangen gebreitete Persenning reichte bis etwa dreißig Zentimeter ans Dollbord hinunter und schränkte die Sicht sehr stark ein. Ich konnte nur hinausschauen, wenn ich mich hinlegte und durch Evans' Speichen spähte. Wegen der hohen Fracht und des tiefen Dachs war auch die Bewegungsfreiheit sehr eingeschränkt, und wenn man im Düster gebückt herumkroch, schlug man fast unweigerlich gegen die Ballen, Laternen und mannigfaltigen Gegenstände, die über den Köpfen aufgehängt waren.

Nach einer halben Stunde Fahrt ertönte vom Ufer her ein Ruf.

Wir hielten an, damit die Polizei an Bord kommen und die Papiere kontrollieren konnte. Einer von ihnen fragte mich, ob ich nicht gewußt hätte, daß es Weißen nicht erlaubt sei, auf einer Pinasse zu reisen. Ich gab ihm zur Antwort, daß mir dies nicht bekannt sei und sein Chef, mit dem ich noch vor einer Stunde Tee getrunken hatte, mir nichts von dieser Vorschrift mitgeteilt habe. »Ist erledigt«, meinte der Mann darauf hastig und schob mir meinen Paß wieder zu. Erst jetzt merkte ich, daß er auf ein Bestechungsgeld aus gewesen war und ich genau das Richtige gesagt hatte. Zehn Minuten nachdem die Polizei weg war, hielt das Boot erneut an. Die Gangway wurde ausgefahren, und das ganze Dutzend junger Männer von vorher schwärmte an Bord. Den Grund für ihren Exodus erfuhr ich bald: Alle Bewohner von Mali müssen Ausweispapiere bei sich tragen, tun dies jedoch nur selten, denn sie sind schwer erhältlich und gehen sehr leicht verloren. Fehlende Ausweise sind ein Geschenk des Himmels für die Polizisten, denen wie den meisten malischen Regierungsangestellten (so etwa den Lehrern und den Beamten im öffentlichen Dienst) selten ein Lohn ausbezahlt wird. Wenn sie jemanden ohne Papiere erwischen, lassen sie ihm die Wahl zwischen einer offiziellen Buße samt Quittungsbeleg und einer halb so hohen inoffiziellen Buße ohne Beleg. Der Schiffsmeister erzählte mir, auch er müsse der Polizei jedesmal ein hohes Schmiergeld abliefern, sonst würden die Beamten irgendwelche Mängel an Bord feststellen, so daß er lieber gleich bezahle. Schon die Forscher des neunzehnten Jahrhunderts hatten sich über ganz ähnliche Mißstände beklagt. In diesem Landesteil scheint sich diesbezüglich also wenig verändert zu haben, sieht man von ausländischen Radfahrerinnen ab, die gewöhnlich als zu gering erachtet werden, als daß eine Bezahlung von ihnen erwartet werden könnte.

Der dritte Halt erfolgte schon nach einer weiteren halben Stunde Fahrt und bedeutete zugleich das Ende dieser Tagesreise. Der Schiffsmeister, der in einem kleinen, ummauerten Dorf am Westufer wohnte, ging mit seinen Söhnen zum Übernachten an Land, während wir am Ufer vertäut blieben. An Bord versammelten sich die Menschen in Gruppen um riesige Schüsseln mit Fisch und Reis, mir dagegen reichte man eine eigene kleine Schale. Es schmeckte mir eindeutig besser als die Version desselben Gerichts auf der Piroge, war jedoch noch immer keine eigentliche Delikatesse.

Es war schon ganz dunkel. Die Persenning wurde bis auf das Dollbord hinuntergelassen, und alle legten sich schlafen. Die beiden jungen Männer, die mit mir den Platz zwischen zwei Duchten teilten, wickelten sich in dünne, geblümte Baumwolltücher. Ich takelte mein Moskitonetz an den Bambusstangen über mir auf, ließ Luft in meine selbstaufblasbare Matratze strömen und ringelte mich in meinen Schlafsack. Ich konnte nicht behaupten, daß ich auf den unebenen Reissäcken sehr bequem lag, aber es hätte schlimmer sein können. Im Licht der einzigen, trüben Sturmlaterne beobachtete ich, wie sich ein älterer Mann – der Erste Maat, wie ich vermutete – sein Nachtlager bereitete. Er legte in der Vorderpiek gleich hinter dem Steuerrad eine große, bequem aussehende Matratze über ein Bambusgestell, das mit einem Vorhang von dem Teil abgetrennt war, wo ich lag. Sobald er seine Waschungen beendet hatte, hustete er, worauf eine Frau vom hinteren Teil des Schiffs nach vorne kam, um sich zu ihm zu gesellen.

Am nächsten Tag legten wir erst um zwei Uhr nachmittags ab, obwohl der Schiffsmeister mehrmals am Ufer erschienen war, eskortiert von seinen Ehefrauen und einem Haufen Kinder, die ihn offensichtlich alle nur ungern gehen lassen wollten. Als wir schließlich wegtuckerten, wurde er standesgemäß verabschiedet: Die ganze Einwohnerschaft des kleinen Dorfes kam aus den Mauern heraus, um zu winken, während die Ehefrauen wehklagten und die Hände rangen. Ein frischer Wind kräuselte das Wasser. Der Schiffsmeister stand auf dem Verdeck und rief dem Ersten Maat Anweisungen hinunter, der seinerseits dem Steuermann Instruktionen gab. Es ließ sich nicht genau unterscheiden, wer Passagier war und wer zur Mannschaft gehörte, weil mehrere andere Männer begannen, laut herumzukommandieren und Gegenbefehle zu erteilen, bis alles in ein allgemeines Gerangel auszuarten drohte. Der Schiffsmeister ließ sie gewähren und unterhielt sich statt dessen mit mir. Er sagte mir, daß er sich wegen des

Windes große Sorgen mache, denn sein Schiff sei schwer beladen und nicht sehr robust. Bei Tonka liege eine längliche Sandbank, die es bei diesem niedrigen Wasserstand nicht passieren könne, wenn nicht absolute Windstille herrsche.

Bald teilte sich der Niger in den Issa Beri, das »Große Wasser«, auf dem wir unseren Weg fortsetzten, und den kleineren Bara Issa, der sich durch die tausend kleinen Seen des überfluteten Deltas schlängelt, bis er sich hundert Kilometer weiter südlich wieder mit dem Hauptstrom vereint. An diesem Tag gelangten wir nur gerade bis Tonka – und weiter sollte ich auf der Pinasse auch nie kommen, doch das wußte ich erst vier Tage später. An jenem schönen, sonnigen Samstag war ich noch von westlichem Optimismus erfüllt. Was machte es schon aus, daß wir in zwei Tagen nur fünfzig Kilometer zurückgelegt hatten oder daß uns der verschlungene Nigerlauf wieder näher nach Goundam geführt hatte, als wir es bei Diré gewesen waren? Die ganze Zeit stießen weitere Passagiere zu uns, so daß die Reise sicher zügiger vorangehen würde, sobald wir Tonka hinter uns hatten.

In der Nacht kam ein Wind auf, der jeden Gedanken an eine Weiterfahrt am nächsten Tag zunichte machte. Er blies mit einer Heftigkeit, die mir zu verstehen gab, daß der Harmattan, den ich bislang erlebt hatte, nichts weiter als eine steife Brise gewesen war. Die heruntergelassene Persenning schützte uns zwar vor dem Schlimmsten, doch auch so wirbelten Wolken von Staub und Sand ins Boot, und meine ganze Ausrüstung einschließlich der Nylonwindjacke, die ich anhatte, wurde ständig von feinem Grus berieselt. Die in ihre dünnen Decken gehüllten Männer wimmerten und klagten in der beißenden Kälte. Der Morgen war trostlos dunkel und grau und die Luft so dick, daß man kaum atmen konnte. Nach der Schale mit süßem Reis, der besten Mahlzeit des Tages, kämpfte ich mich die Gangway hinunter, um Tonka zu erkunden. Sobald ich aus dem Schutz des abfallenden Ufers trat, traf mich der Wind mit voller Kraft, so daß ich kaum stehen konnte. Die Oberfläche der sandigen Einöde rund um mich her war in Bewegung und die Luft voll von herumwirbelndem Schutt. Die hohen Bäume am Rand der Stadt lagen beinahe waagrecht, die

Blätter wirr zerfetzt. Die Szene hatte etwas Unwirkliches, als gebe sich die Natur eine Spur zu theatralisch. Alles wirkte unheimlich, wie die Verse über Catos letzten Aufenthalt in Utica:

> Wo sich die weite Ödnis von Numidien erstreckt,
> In wild erregten Kreisen durch die Lüfte spielt,
> Den Sand aufreißt und ganze Ebenen hinwegfegt,
> Erblickt der Reisende entsetzt und hilflos,
> Wie jäh um ihn die trockne Wüste sich erhebt –
> Und stirbt, erstickt vom staubigen Wirbelwind.

Seltsame Gestalten, die bedrohlich im Düster aufragten, erwiesen sich als rostige Überbleibsel von Zugmaschinen aus der französischen Kolonialzeit. Sie waren halb mit Flugsand gefüllt und boten den ärmeren Bewohnern von Tonka ein Wohnquartier. Die Stadt selber bestand aus Lehmziegelhütten in sandigen Wohngevierten, mit einem riesigen Markt im Zentrum. In den engen, gewundenen Gäßchen konnte man sich vor der Wucht des Windes etwas schützen, doch die Luft war so voll von Sand, daß beinahe Zwielicht herrschte. Apokalyptische Figuren auf Kamelen materialisierten plötzlich wie durch einen Vorhang. Ich sah einen Mann, der eine Ziege wie ein Kind an einer ihrer Vorderhufe festhielt, weil ihm ein Stück Schnur fehlte. In einem Seitengäßchen bemühte sich ein anderer Mann angestrengt, ein Kamel zu besteigen, das ebenso wild entschlossen war, Widerstand zu leisten, und ihn immer wieder zu beißen versuchte. Erst als er das Tier am Unterkiefer packen und seinen Kopf ganz herumreißen konnte, gelang es ihm schließlich, auf seinen Rücken zu springen, und schon war es auf und davon und verschwand augenblicklich in der wirbelnden grauen Leere. In den Hauptstraßen schien das Geschäftsleben normal weiterzugehen. Es gab einen großen Kamelmarkt mit Kühen, Eseln und Ziegen, und Hunderte von Verkaufsständen, die alles mögliche feilboten, von Mattenwerk über Teigbällchen und Nüsse bis zu verschrumpelten, undefinierbaren Eingeweideteilen verschiedener Tiere. Mehr als fünf oder sechs Meter weit konnte man jedoch nicht sehen, und die ganze Szenerie wirkte in dem trüben Licht und dem stickigen Staub phantastisch und irreal.

Am zweiten Tag unserer unfreiwilligen Wartezeit vor Tonka hatte sich der Wind beträchtlich gelegt, doch die notwendige Windstille zum Überqueren der Sandbank, die uns den Weg versperrte, ließ weiterhin auf sich warten. Das Boot hatte mittlerweile so viele zusätzliche männliche Passagiere aufgenommen, daß ich wiederholt um meinen Platz kämpfen mußte. Evans wurden dunkle Blicke zugeworfen, und ein Gemurmel entstand, daß man ihn aufs Dach verfrachten sollte, bis ich darauf hinwies, daß ich den Preis für mindestens ein Dutzend Passagiere bezahlte, worauf das Murren erstarb, denn die Malier sind im großen und ganzen fair eingestellt. Es war jedoch nicht leicht, ein so enges Quartier mit einer ständig wachsenden Anzahl Männer zu teilen. Die meisten waren recht freundlich, obwohl sie eine hemmungslose Neugier entwickelten, was mich und meine Besitztümer betraf, und schrecklich viel herumspuckten – nicht immer über den Bootsrand. Ein ziemlich unangenehmer Marabut in einem rosa Turban war diesbezüglich der schlimmste Übeltäter. Er haßte offenbar alle Frauen, und meine bloße Anwesenheit veranlaßte ihn, unaufhörlich auszuspucken, vorzugsweise direkt vor meine Füße. Außerdem hatten die Männer häufig das Bedürfnis, ins Wasser zu urinieren, und ich mußte stets wegschauen, um sie nicht in Verlegenheit zu bringen.

Ein mit dem älteren Sohn des Schiffsmeisters befreundeter Jugendlicher schien unbedingt seine Männlichkeit unter Beweis stellen zu müssen. Er huschte wie eine Spinne über die Säcke, kauerte sich vor mich hin und schrie mir »Donne-moi, donne-moi« ins Gesicht, wobei er nach allem zu grapschen versuchte, was ich in der Hand hatte. Diese Attacken dauerten an, bis ich die Geduld verlor und auf englisch eine scharfe Tirade ausstieß, die ich auf französisch wiederholte, sobald ich mich etwas beruhigt hatte und mir die entsprechenden Ausdrücke wieder einfielen. Für die gelangweilten Passagiere muß es recht unterhaltsam gewesen sein, und ich erinnerte mich dunkel daran, wie man Caillié auf seiner Flußfahrt ganz ähnlich beschimpft hatte. Es gereichte mir jedoch nicht zum Schaden, im Gegenteil: Ich wurde in einen der Klubs der Teetrinker aufgenommen, die einzige Abwechslung an Bord, was mir den Vorwand lieferte, nochmals zum Markt zu gehen, um meinen Anteil Tee und Zucker einzukaufen.

Als der dritte Tag anbrach, ohne daß das Wetter eine Besserung verhieß, hielt es mich nicht länger an Bord der unbequemen, überfüllten Pinasse, und ich wanderte ziellos am Ufer herum. Der Schiffsmeister, seine beiden Söhne und der Erste Maat überließen das Boot bei Tageslicht ebenfalls sich selbst und lagerten in einiger Entfernung eng aneinandergeschmiegt am öden Flußufer, um, wie ich vermute, dem Murren der unzufriedenen Passagiere zu entgehen. Zu den vorgeschriebenen Gebetsstunden breitete die kleine Gesellschaft ihre Matten auf dem Sand aus und führte beflissen und ausdauernd ihre Kniebeugen aus; die übrige Zeit lagen sie apathisch herum und hatten sich zum Schutz vor dem Wind, der trotz ihrer Gebete mit unverminderter Stärke blies, eng in ihre Roben gewickelt. Der Schiffsmeister erhob sich zuweilen und rief mich zu sich hinüber, um ein wenig zu plaudern. Worüber wir uns auch unterhielten, wir landeten stets bei der Religion. Über den »alleinigen wahren Gott« herrschte zwar noch Einigkeit, doch sobald ich ihn bezüglich der Position von Mohammed festnagelte, die für seinen Glauben so zentral war, hörte die Übereinstimmung auf. Diskussionen über soziale Fragen führten weitgehend zum selben Resultat. Wenn er sich über die schreckliche Armut im Land beklagte, wies ich darauf hin, daß viel zu viele Kindermäuler gefüttert werden müßten und dies die eigentliche Wurzel der meisten Probleme Afrikas sei. Darauf riß er jeweils erschrocken die Augen auf und meinte: »Aber ich bin doch Muslim, ich habe drei Frauen und viele Kinder. Es ist Gott, der gibt, und was er gibt, dafür sorgt er auch.« Dem wiederum hielt ich das Konzept des »freien Willens« und der »Verantwortlichkeit des Menschen« entgegen, doch obwohl ich merkte, daß er sich manchmal am liebsten seine Ohren zugehalten hätte, um sich nicht solche ungläubigen Ansichten anhören zu müssen, war sein Fatalismus durch nichts zu erschüttern. »Alles liegt in Allahs Hand« – zweifellos also auch dieses endlose Warten bei Tonka.

Am Morgen des vierten Tages wachte ich vergnügt vom langersehnten Tuckern des Schiffsmotors auf. Der Wind blies noch immer, doch die Sonne schien strahlend, und wir bewegten uns langsam zur Mitte des Stroms hinaus. Dann entstand plötzlich ein riesiges Chaos, als der Wind das Vorderteil des Schiffs herumschwang und es auf Grund lief. Schon sprang der Erste Maat, bis auf die voluminösen Shorts entkleidet, in den Fluß, dicht gefolgt vom Schiffsmeister in ähnlicher Aufmachung. Einer seiner Söhne und mehrere andere Männer folgten in den Kleidern. Bis zu den Schultern in der braunen Flut, stemmten sie sich gegen den Schiffsrumpf, zerrten an Seilen und schrien Befehle und Gegenbefehle, bis sie die Pinasse mit Glück ans gegenüberliegende Ufer gedrückt und wieder vertäut hatten, und damit war es für einen weiteren Tag mit jedem Vorwärtskommen vorbei.

Aus dem Eintrag dieses Tages in meinem Reisejournal wird ersichtlich, daß ich am Rand der Verzweiflung war und glaubte, nie wieder von diesem gottverlassenen Fleck wegzukommen. Die Stimmung auf dem ganzen Schiff war auf dem Nullpunkt, und der Schiffsmeister ließ erneut bittere Bemerkungen fallen, daß alle diese weiblichen Verwandten auf seine Kosten gefüttert wurden. Um die Atmosphäre etwas zu beleben (oder vielleicht als Opfer für dunklere Mächte) wurde eines der Schafe, die wir an Bord hatten und deren Blöken zu dem nächtlichen Wehklagen beigetragen hatte, von dem bösartigen Jugendlichen an Land getragen und rituell geschlachtet. Ein Teil der rohen Leber wurde unverzüglich dem Schiffsmeister vorgesetzt, das übrige Fleisch geschmort und bei der nächsten Mahlzeit verteilt.

In dieser vierten Nacht war das Boot derart überfüllt, daß an Schlaf nicht mehr zu denken war. Das Ufer war von den Passagieren vieler ähnlich vom Wind aufgehaltener Schiffe so ausgiebig benutzt worden, daß kaum ein Fußbreit unbesudelter Boden zu finden war. Während ich in der trügerischen Abgeschiedenheit unter meinem Moskitonetz lag, wurde mir klar, daß etwas geschehen mußte. Als sich der Wind auch am Morgen noch nicht verändert hatte und der Schiffsmeister mir bestätigte, daß auch heute an kein Vorwärtskommen zu denken sei, beschloß ich, den Versuch zu wagen und mich abzusetzen. Auf meiner Karte war so etwas wie ein Weg eingezeichnet, und der Erste Maat versicherte mir, daß dem so sei, obwohl keiner der Anwesenden je seinen Fuß darauf gesetzt hatte, da sie zwar alle hier ansässig waren, ihre Reisen sich jedoch ausschließlich auf den Fluß beschränkten. Mit dem Kompaß in der Hand (zum großen Interesse des Schiffsmeisters, der noch nie so ein Ding gesehen hatte) machte ich mich durch die Dornen und den Sand des zerklüfteten Geländes davon und stieß nach einer halben Stunde auf einen ganz passablen Weg. Dieser ordentlich durch das Chaos gezogene Streifen kam mir wie ein Wunder vor und ließ mich aus einem Gefühl tiefster Dankbarkeit in ein Benedictus ausbrechen.

Singend machte ich mich auf den Rückweg, um Evans zu holen und mit dem Schiffsmeister ins reine zu kommen. Der widerliche Jüngling versuchte ein letztes Mal, sich in Szene zu setzen, und schrie mich an, daß ich kein Recht hätte, von hier wegzugehen, und den gesamten Fahrpreis bezahlen müsse. Der Schiffsmeister jedoch weigerte sich, auch nur einen Pfennig anzunehmen. Er meinte, das wenige, was ich gegessen hätte, falle nicht ins Gewicht, und drängte mich zur Eile, damit ich vor Einbruch der Nacht noch ein Obdach finden könne.

Mein Ersatzkochtopf blieb ärgerlicherweise an Bord zurück, ebenso mein Reservekompaß, der zusammen mit einem meiner beiden kostbaren Taschentücher zwischen die Salztafeln hintergerutscht war. Auf Reisen ist es immer schwierig, alle Besitztümer zusammenzuhalten. Obwohl ich nur das Allernötigste mitnehme, geht ständig wieder etwas verloren, was zeigt, daß ich im Grunde mit noch weniger auskommen könnte. In jenem Augenblick hatte ich jedoch andere Dinge im Kopf, denn ich brach ins Ungewisse auf, und obwohl die Freude, der überfüllten Pinasse endlich entronnen zu sein, alles andere überwog, war mir auch etwas bange, was mich in dem unwirtlichen Gebiet vor mir erwarten würde. Dann sah ich im Heck des Bootes die Frauen und Kinder, mit denen ich bisher nur ein Lächeln ausgetauscht hatte. Sie winkten mir heftig zu, und ihre Gesichter strahlten so freundlich und aufmunternd, daß ich leichten Herzens Abschied nahm.

16

Das Binnendelta

Auf meiner Landkarte führte die Naturstraße, die ich gefunden hatte, auf verschlungenen Wegen nach Niafounké, wo Madame von der Piroge hoffentlich vor ein paar Tagen sicher angekommen war. Von Niafounké aus zeigte die Karte einen saisonal bedingten Weg, der am gegenüberliegenden Flußufer begann und sich zuerst weit nach Osten schlängelte, bevor er nach Süden drehte und einer hundertfünfzig Kilometer oder mehr entfernten richtigen Straße zustrebte. Das Gebiet, durch das er verlief, stand mehr als zwei Drittel des Jahres unter Wasser und war die restliche Zeit reichlich mit kleinen Seen und Flüssen besprenkelt. Nur der Himmel wußte, ob sich diese Route als durchführbar erweisen würde – ich mußte es einfach versuchen.

Bis Niafounké mußten es nach meiner Berechnung gute fünfzig Kilometer sein. Ich bezweifelte, daß ich es heute noch bis dorthin schaffen würde, denn als ich den Weg erreichte, war es schon mitten am Nachmittag. Die Vorstellung, eine Nacht im Busch zu campieren, machte mir jedoch keine Angst. Nach der Pinasse war es der reinste Luxus, endlich wieder allein zu sein. Schon nach einer kurzen Strecke verlor der Vorderreifen Luft, und als ich ihn zu flicken anfing, röhrte ein großer Lastwagen vorbei und hüllte mich in Staub ein. Nach wenigen Augenblicken kehrte er zurück. Ein junger Mann fragte von der Führerkabine herunter, ob ich Hilfe brauche. Ich sagte ihm, daß alles bestens sei, doch er meinte, ich solle lieber mit ihm nach Niafounké fahren, weil es bald Nacht werde. In einem Land wie Mali, wo die meisten Menschen viel zu viele eigene Probleme haben, als daß sie sich auch noch um Fremde kümmern könnten, war eine solche Anteilnahme geradezu rührend. Schon bald nachdem ich sein Angebot angenommen hatte und eingestiegen war, fand ich heraus, daß der junge Mann aus Senegal stammte und als Ingenieur für den Bau eines neuen Krankenhauses in Niafounké verantwortlich war. Wie er mir erzählte, hatte er aus den umliegenden Dörfern Bauarbeiter rekrutiert. Sie saßen zusammengepfercht hinten im Lastwagen, so daß Evans mit seinem Platten in ihrer Mitte gut aufgehoben war.

Nach der Wildnis sah Niafounké mit seinen von Bäumen gesäumten Straßen und seiner schläfrigen kolonialen Atmosphäre sehr zivilisiert aus, doch ich merkte nur allzubald, daß sich der französische Einfluß eher in der geordneten Anlage der Stadt als in irgendwelchem spürbaren Komfort niedergeschlagen hatte. Ich wurde vor dem »Campément« abgesetzt, dem einzigen Ort zum Übernachten. Der große Hof war an allen vier Seiten von niedrigen, ockerfarbenen Gebäuden mit Blechtüren und Fensterläden umgeben und erinnerte eher an eine Kaserne. Für ein Pfund erhielt ich die beste der zerbröckelnden rosa Zellen zugewiesen. Sie enthielt nichts außer einem zerbeulten eisernen Feldbett, dessen Sprungfedern dick mit Staub belegt waren. Es gab weder Licht noch fließendes Wasser, nur ein paar widerliche Plumpsklos. Der Sohn des Wächters, ein junger, etwa siebzehnjähriger Mann namens Allasane, trieb eine Bastmatte für mich auf, um die Bettfedern zu bedecken, und brachte mir einen Eimer warmes Wasser zum Waschen. Etwas später führte er mich zusammen mit einem Freund durch die Stadt, wo ich etwas zum Essen und Kerzen einkaufen wollte. Ein Restaurant gab es hier nicht, und weil der Markt geschlossen hatte, war das einzige, was ich an Nahrung auftreiben konnte, etwas zähes Fleisch von einem Straßengrill, ein Stück köstlich warmes Fladenbrot und eine Dose warmes Bier aus dem Bordell der Stadt. Danach saß ich beim Licht der flackernden Kerze auf den Bettfedern in meiner heruntergekommenen Zelle und versuchte, einen Bissen Fleisch zu zerkauen, gab dies jedoch bald auf und sparte den Rest für meine jungen Freunde auf. Diese hatten inzwischen alles mögliche versucht, um etwas über die Route des nächsten Tages herauszufinden, doch anscheinend hatte keiner ihrer Bekannten je eine Reise nach Saraféré unternommen.

Einige ihrer Gewährsleute meinten, es sei unmöglich, dorthin zu gelangen, weil zuviel Wasser den Weg versperre, andere wiederum sahen keine Probleme. Die beiden blieben unendlich lange auf einem niedrigen Mäuerchen vor meiner Zelle sitzen, kauten an dem Fleisch herum und sprachen über ihre Hoffnungen und Ziele. Der eine wollte Arzt werden, der andere in den Handel einsteigen, doch für mich waren sie inzwischen nur noch Silhouetten gegen den Sternenhimmel, und ich konnte sie nicht mehr voneinander unterscheiden. Ich war derart müde, daß ich ihren Worten kaum folgen konnte, daher scheuchte ich sie weg und sicherte meine Zelle für die Nacht, indem ich Evans quer über die Schwelle stellte.

Dank meiner kleinen Luftmatratze, dem Moskitonetz und dem Schlafsack lag es sich auf den rostigen Bettfedern recht bequem und weit besser, als ich es seit meiner Abreise von Timbuktu gewohnt war. Die Morgendämmerung schlich sich bereits bleich in mein zerbröckelndes rosa Obdach, als ich beim Gedanken an den bevorstehenden Tag mit einem Ruck erwachte. Als erstes galt es nachzuprüfen, ob die gestern angebrachten Flicken auf den Reifen dicht hielten. Die vier Löcher waren von zwei tückischen Dornen verursacht worden. Obwohl ich sie im immer schwächer werdenden Licht geflickt hatte, waren die Reifen noch hart.

Ich machte Kaffee und aß etwas Brot und ein paar Datteln, während ich auf Allasane wartete, der versprochen hatte, mich abzuholen und zur Stelle zu führen, wo ich über den Fluß setzen konnte. Der Morgen war windig und grau. Auf dem ungeheuer breiten Niger kräuselte sich ein Gewirr spitzer, weiß gekrönter Wellen. Das heftige Feilschen mit dem jungen Pirogier und der Abschied von Allasane lenkten meine Aufmerksamkeit von den Gefahren ab, die eine solche Überfahrt in einer lecken, alten Piroge barg, bis ich merkte, daß ich weit und breit die einzige war, die hinüberfuhr. Bevor ich es mit der Angst zu tun bekam, waren wir schon weit draußen, schwankten wie ein Strohhalm hin und her, der Wind blies gegen die starke Strömung an, und die Piroge nahm Unmengen von Wasser auf. Der schmächtige Pirogier konnte nicht mehr als vierzehn Jahre alt gewesen sein und sein Gehilfe etwa zehn. Die beiden waren jedoch erstaunlich zäh und wußten genau, was sie taten, aber davon war ich erst wirklich überzeugt, als die nervenaufreibende zwanzigminütige Fahrt überstanden war.

Am Ostufer fand ich ein völlig anderes Land vor. Hinter einer kleinen Ansammlung erbärmlich aussehender Hütten war nichts als der ausgetrocknete Schlamm eines leeren, flachen Überschwemmungsgebietes zu sehen, das sich öde in die Weite erstreckte. Zumindest hatte es den Anschein, als sei das Wasser soweit zurückgegangen, daß ich eine reelle Chance hatte, nach Mopti durchzukommen. Auf der Oberfläche zeichneten sich schwache Reifenabdrücke aus früheren Jahren ab. Diesen Spuren müsse ich folgen, sagte der Pirogier und führte mich ein kleines Stück landeinwärts, um sie mir zu zeigen. Das Trinkgeld, das ich aus Dankbarkeit für die sichere Überfahrt auf den Fahrpreis geschlagen hatte, hatte ihn sehr freundlich gestimmt.

Schon kurz danach verlor ich die Spur und mußte weite Kreise ziehen, bevor ich sie wiederfand. In den ersten zwei Stunden geschah dies öfter, und ich mußte mich häufig nach dem Kompaß orientieren und hoffen, weiter vorne wieder auf die Spuren zu stoßen. Der Weg führte immer wieder aus der trockenen Lehmebene zu einem sandigen Plateau mit Dumpalmen, Akazien und Strauchwerk hoch. Felder mit Hirsestengeln zeigten, daß hier einige Wochen zuvor geerntet worden war, doch von den Erntearbeitern oder von irgendwelchen Behausungen war nichts zu sehen. Den ganzen Morgen sah ich nur einen einzigen Menschen, eine alte Frau, die bei meinem Anblick das Weite suchte.

Wo sich die Route durch das dunkle, rötlichbraune Überschwemmungsgebiet klar abzeichnete, kam ich gut voran. Die sandigen Hügel dagegen waren kaum befahrbar, obwohl der Weg hier nicht zu verfehlen war, weil Fahrzeuge den empfindlichen Untergrund zu einem Streifen mit tiefem, weichem und unstabilem Sand aufgewühlt hatten. Ich schwitzte ausgiebig, während ich nach Leibeskräften versuchte, mich durchzukämpfen. Häufig zog ich es vor, den etwas festeren, von der Vegetation zusammengehaltenen Boden am Wegrand zu benutzen. Um die Mittagszeit merkte ich, daß der Hinterreifen platt war, und hielt an, um ihn zu flicken. Zu meinem Entsetzen stellte ich fest, daß er über und über mit Dornen gespickt war, die zu Hunderten daraus herausragten. Als ich nach dem Vorderreifen schaute, der noch keine Luft verloren hatte, sah ich, daß es ihm genau gleich ergangen war. Ich zog an einem der Dornen und hörte das entmutigende Zischen entweichender Luft.

Weil ich mich so sehr darauf konzentriert hatte, Evans durch die sandigen Stellen in Fahrt zu halten, in die Pedale zu treten und um jeden Preis in Schwung zu bleiben, hatte ich weder den scheußlichen, als *cram-cram* bekannten dornigen Bodenbelag noch die unzähligen übrigen Arten von Kletten und Stacheln wahrgenommen, mit denen jede der winzigen Pflanzen, jeder Baum und jeder Strauch in dieser rauhen Region gespickt war. Sogar meine Schnürsenkel und der ungeschützte Teil meiner Socken waren dick mit Kletten bedeckt. Ich versuchte sie herauszuziehen, doch sie waren rundherum so wirkungsvoll bewaffnet, daß sie sich schmerzhaft in meine Finger bohrten und ich sie mit der Zange entfernen mußte.

Es war höchste Zeit, mir meine Lage gründlich zu überlegen. Ich war ganz auf mich allein gestellt. Es galt um jeden Preis, mobil zu bleiben, denn ich konnte auf keinen Ersatzplan zurückgreifen und auch nicht damit rechnen, daß ein freundliches Fahrzeug zu meiner Rettung nahte. Die Spezialreifen, die mit dem Sand so gut zurechtgekommen waren, waren für diese von Dornen verseuchte Gegend eindeutig unbrauchbar. Ich würde sie gegen die verschmähten Hutchinsons auswechseln müssen. Sie griffen zwar viel schlechter, hatten dafür aber einen Kevlarbelag, der sie theoretisch dornensicher machen sollte. Ich führte auch zwei neue Schläuche mit, brauchte mich also nicht mit der Unmenge von Einstichen herumzuschlagen, ganz abgesehen davon, daß ich bei weitem nicht genügend Flicken bei mir hatte, um die nach vorsichtiger Schätzung etwa hundert Löcher zu reparieren. Selbst mit den Kevlarreifen war ich auf diesem höllischen Terrain nicht vor weiteren Pannen gefeit und mußte mit den restlichen Flicken sehr haushälterisch umgehen, wie sich bald bewahrheiten sollte.

Ich versuchte sehr systematisch vorzugehen, doch die Kombination aus brennender Sonne, Wind, Staub und Sand machte mir einen Strich durch die Rechnung. Ich brachte es fertig, in einem der beiden neuen Schläuche ein Loch einzufangen, noch bevor ich ihn aufgepumpt hatte. Die Dornen mußten hier Flügel haben, dachte ich verzweifelt. Um dieses neue Loch zu lokalisieren, mußte ich etwas von meinem kostbaren Wasservorrat opfern. Ich füllte meinen übriggebliebenen Kochtopf zur Hälfte, zog den Schlauch Zentimeter um Zentimeter hindurch und hielt nach den verräterischen Blasen Ausschau. Das Wichtigste beim Reparieren einer Reifenpanne ist, herauszufinden, was sie verursacht hat, denn oft sitzt ein Nagel oder ein Dorn im Reifen fest, der zu weiteren Löchern führt, wenn man ihn nicht entfernt. Ich strich mit den Fingern immer und immer wieder über die Innenseite des Reifens, ohne etwas zu finden, und wollte schon den Schlauch wieder einsetzen, als mir ein bösartiger Stich den im Felgenband steckenden Dorn anzeigte. Noch nie war mir ein Schmerz so segensreich erschienen. Es war, als hätte mir mein Schutzengel auf die Finger geklopft, und diese Vorstellung erheiterte mich derart, daß ich zur Feier das verwendete Wasser in Tee verwandelte.

Mit den Hutchinson-Reifen konnte ich nur unten auf der Ebene fahren, weil sie auf den sandigen Abhängen überhaupt nicht griffen. Ich nahm etwas Tempo weg und achtete sorgfältig darauf, mich von der Vegetation fernzuhalten. Der Boden war zuweilen so weich, daß ich kaum vorwärts kam, und ich spürte deutlich, wie der starke östliche Wind zusätzlich an meinen Kräften zehrte. Mitten in einem ausgedehnten, offenen und flachen Schlammgebiet ereignete sich etwas Befremdliches: Ich versuchte den weiteren Verlauf der Route zu bestimmen, ließ dabei den winzigen Kompaß fallen und konnte ihn lange nicht finden, obwohl ich wußte, daß er in einem Umkreis von wenigen Metern liegen mußte. Ehe ich ihn endlich entdeckte, begann ich mich langsam zu fragen, ob ich übergeschnappt war.

Trotz des Kompasses kam ich völlig vom Weg ab. Ich merkte nichts davon, bis ich von einer Gruppe Männer begrüßt wurde, die in einem schmalen Flußband Schilf schnitten. Sie schienen zu wissen, welchen Weg ich gehen mußte, und stakten ihre hoch beladene Piroge die wenigen Meter zu mir hin. Dann wateten sie durch ein Stück seichtes Wasser und klebrigen Schlamm, trugen die Satteltaschen und Evans an Bord und kehrten zurück, um mir behilflich zu sein. Der alte Mann, der mich stützte, war leprös, seine Finger und seine Nase waren weggefressen. Im Sahel gibt es sehr viele Leprakranke, doch wenigstens werden sie hier nicht verstoßen oder in Leprakolonien gesteckt, sondern bleiben in ihren Gemeinden.

Ich glaube sie für ihren Dienst mit einem großzügigen Trinkgeld bedacht zu haben, doch sie zeigten sich sehr enttäuscht, daß es nicht mehr war, und bettelten um Arzneimittel, indem sie das Schlucken von Pillen und das Anbringen einer Injektion mimten – letzteres eine ziemlich hochgestochene Bitte an einem so primitiven Ort, wie mir schien. Ich war offensichtlich etwa zwei Kilometer vom Weg abgekommen, und der kleine Junge aus der Gruppe erbot sich, mich zurückzuführen. Ich belohnte ihn mit einer Handvoll Datteln, die er dankbarer entgegennahm als die Männer ihr Geld.

Danach war der Weg leichter zu finden. Ich sah sogar eine alte französische Straßenmarkierung, eine schwere Steinpyramide, die nicht weggespült werden konnte, wenn das Gebiet unter Wasser stand. Da mir noch kein anderes Fahrzeug aus beiden Richtungen begegnet war, befürchtete ich, daß irgendein unüberwindliches Hindernis vor mir liegen könnte. Später erfuhr ich, daß ich die Strecke so früh im Jahr nur geschafft hatte, weil der letzte Regen sehr spärlich gefallen war; normalerweise wäre die Gegend noch ein paar Wochen länger überschwemmt gewesen, und nur die sandigen Hügel hätten aus dem Wasser herausgeragt. Für den motorisierten Verkehr war ein solches Terrain stets heikel. Das nächste Hindernis war ein kleiner Teich mit einem Fährmann im Dienst, der mich begrüßen kam und Evans durch den weichen Ufersand schob. Seine Piroge war die bisher primitivste – mehr Seilflickwerk als Holz, mit einer Lage Heu versehen, damit man überhaupt darin stehen konnte. Der Mann wirkte so freundlich und einsichtig, daß ich ihn die Höhe des Fährgeldes selber bestimmen ließ und ihm eine Anzahl verschiedener Münzen zur Auswahl hinstreckte. Er nahm etwa so viel, wie ich in England bezahlt hätte.

Bald darauf erspähte ich märchenhafte Türmchen und Minarette, Türme und Zinnen, und so unglaublich es auch erschien, lag tatsächlich in dieser unwirtlichen Einöde eine Stadt mit Mauern und Toren vor mir, die von der Spätnachmittagssonne rosenrot überstrahlt wurde. Aus der Weite war Saraféré so hübsch anzusehen, daß unvermeidlich eine gewisse Ernüchterung folgen mußte, obwohl mir allein schon die Tatsache, daß die Stadt überhaupt existierte und genau dort lag, wo sie laut Karte liegen mußte, nach den Strapazen der Reise wie ein kleines Wunder vorkam. Aus der Nähe nahm sie sich längst nicht so prächtig aus, aber daß Menschen, die auf dem nackten Existenzminimum lebten, trotzdem Zeit und Mittel fanden, ihre kleine Stadt zu verschönern, hatte etwas Rührendes. Die Moschee war in der überschwenglichen Art des Sahel mit phantasievollen Spitztürmchen und Dekorationen versehen, doch die Stadtmauern erwiesen sich teils als eine Vorspiegelung, erzeugt durch die langen, mit Zinnen bewehrten Seiten der Moscheen und größeren Häuser. Natürlich gab es auch hier die üblichen Müllhaufen und die stinkenden Gruben und Gräben, doch viele der sorgfältig gebauten Häuser waren sogar zweistöckig und hatten schön geschnitzte Türen und Fenstergitter, und selbst bei der kleinsten Behausung waren Muster in den Banco eingearbeitet. Auch die Anlage des Ortes auf seinen Zwillingshügeln hatte etwas Besonderes, nicht unbedingt Geplantes, aber Harmonisches an sich und verlieh ihm einen speziellen Reiz. Ich hätte gern gesehen, wie Saraféré während der Regenzeit wie eine venezianische Stadt in der Lagune aus dem Wasser ragte.

Zwei reizende kleine Jungen ließen ihre Ziegenherde stehen und halfen mir, Evans durch den weichen, nachgiebigen Sand zur Fähre über einen Flußarm des Bara Issa, der östlichen, kleineren Verzweigung des Niger, zu schieben, die ich das letzte Mal kurz hinter Diré erblickt hatte. Der Kanal verlief zwischen den beiden Zwillingshügeln durch die Stadt und schnitt sie in zwei Hälften.

Auf beiden Seiten waren sehr viele Menschen. In einem trockenen Klima geht vom Wasser stets eine magnetische Wirkung aus, und dieses Element macht das Leben erst angenehm und nicht bloß erträglich. Alle starrten mich ungläubig an, und einige Frauen brachen in ein verlegenes Kichern aus. Ein alter Narr schob sich aus der Menge vor und versuchte mich brüsk zu drängen, eine Riesensumme für die Fähre zu bezahlen, obwohl er offensichtlich nichts damit zu tun hatte. Ich schüttelte ihn ab und gab dem Pirogier dieselbe Münze, die der vorherige Fährmann genommen hatte, womit er völlig zufrieden schien. Ich war noch immer in einem gedankenverlorenen Zustand und hätte mich am liebsten wie alle anderen einfach ans Ufer gesetzt, die Fülle von Wasser genossen und die ganze Szenerie langsam in mich aufgenommen, doch ich war eine viel zu exotische Attraktion für die Stadtbewohner, und zwei junge Männer meinten zu Recht, daß ich ihnen zum *arrondissement* folgen sollte, wo der *chef d'administration* sein Büro hatte und das offizielle Campément lag. Mali ist noch heute nach den alten kolonialen Mustern organisiert. Jede Region hat von der Regierung ernannte Verwaltungsbeamte, und Saraféré war das Zentrum jener Region.

Das Netz von Rasthäusern, ein weiteres Überbleibsel aus der französischen Kolonialzeit, ist in Mali gut organisiert, denn gewöhnlich findet man im Abstand von einer Tagesreise immer wieder ein Dach über dem Kopf. Das Problem liegt viel eher darin, daß sie sich alle mehr oder weniger gleichen: eine zerbröckelnde Zelle ohne Inhalt (außer vertrockneten Spinnenleichen) und ohne die geringsten Annehmlichkeiten. Wenn Wasser verfügbar gewesen wäre, hätte ich mich in der Wildnis in meinem Zelt viel wohler gefühlt, doch überall, wo Wasser war, gab es natürlich massenhaft Leute, daher ließ ich es besser bleiben. »Le chef«, dessen Residenz gleich neben diesem erbärmlichen Rasthaus lag, lieh mir jedoch freundlicherweise einen zusammenklappbaren Liegestuhl aus Leder und einen Hocker für meine Kerze und versprach, in »quelques minutes« etwas zum Essen hinüberzuschicken. Es dauerte geschlagene drei Stunden, nach welchen ich beinahe den Geist aufgegeben hätte.

Aus der Schar der Jungen und Jugendlichen, die sich in die Prozession eingereiht hatten und mich zum Chef eskortierten, wurden zwei ausgewählt, um für mein Wohlergehen zu sorgen, die anderen wurden weggejagt. Ali, der jüngere der beiden, holte Wasser und kaufte auf dem Markt Brot, Tomaten und Kerzen für mich ein, während sich sein Bruder Mosi eine kleine Kohlenpfanne und einen Teekessel borgte und sich daranmachte, mit den von mir gelieferten Zutaten Tuareg-Tee zu kochen, wobei er mich nach altbekanntem Muster mit seinen Lebensproblemen bedachte. Er hoffte, daß ich ihn für die nächste Tagesreise als Führer anheuern würde, denn früher einmal, im Juni, als der Weg trocken war, sei ein Holländer nach Saraféré gekommen, und er, Mosi, habe ihn nach Niafounké geführt, wo er zur Belohnung soviel Geld erhalten hatte, daß sich seine ganze Familie damit neue Kleider kaufen konnte. Seither hatte er stets darauf gehofft, daß ein weiteres »Rotohr« auftauchte. Leider hatte dieses Rotohr nicht die geringste Absicht, einen Führer einzustellen, und ich wünschte mir nur eins: daß er bald wieder verschwand, damit ich mich ausziehen und mit einem nassen Tuch von oben bis unten säubern konnte.

Als es völlig dunkel war, brachte mir ein Diener in mehreren Behältern das Abendessen. Es gab Spaghetti mit Currysoße, Brot, ein winziges Stück Huhn und einen Salat aus irgendeinem Grünzeug voller Sandkörner, der wegen des Wassers, mit dem er gewaschen wurde, wahrscheinlich riskant war, den ich jedoch trotzdem verschlang, weil ich einen Mordshunger hatte. Als ich danach entspannt und gesättigt vor der Tür unter den riesigen Sternen saß, das flackernde Licht der Herdfeuer im Rund, spürte ich, wie mich ein tiefes Gefühl des Friedens und der Dankbarkeit überflutete. Ich fühlte mich klein und verletzlich, gleichzeitig jedoch geschützt und sehr glücklich darüber, daß ich sicher zu einem so abgelegenen Ort gelangt war – Emotionen, die jedem Reisenden, der die »Segnungen« der Zivilisation hinter sich gelassen hat und entdeckt, wieviel reicher das Leben ohne sie sein kann, vertraut sein dürften.

Die Frau des Chefs kam herüber, um mich zum Tee einzuladen.

Sie brachte ihren Diener mit, der einen riesigen Schlüsselbund bei sich hatte, um zuerst meine Zelle diebessicher abzuschließen. Diese eindrucksvolle Demonstration von Effizienz dauerte jedoch nur so lange, wie es brauchte, um zu entdecken, daß keiner der Schlüssel paßte, worauf flugs entschieden wurde, daß es in Saraféré gar keine Diebe geben könne. Das Haus des Chefs war fast so kahl und unkomfortabel wie meine Zelle. Eine einsame blakende Sturmlaterne verstreute ihr trübes Licht in dem großen Raum, das von den unverputzten Lehmwänden verschluckt wurde. Als sich meine Augen an das Dunkel gewöhnt hatten, konnte ich Kinder erkennen, die auf Binsenmatten auf dem Fußboden schliefen. Das einzige Möbelstück war ein harter Stuhl für den Herrn des Hauses. Er sah ziemlich gelangweilt und unzufrieden aus und erzählte mir, daß seine Ernennung zum Verwalter dieses Bezirks beinahe als Strafe anzusehen sei, weil er so weit draußen in der finstersten Provinz lag. Während der Monate, wo das Land überschwemmt wurde, gebe es keine Transportprobleme, denn der ganze Verkehr würde per Boot abgewickelt, doch die letzte Pinasse mit Vorräten aus Mopti sei vor einer Woche den Bara Issa heruntergekommen. Jetzt stehe der Fluß schon zu tief, und das nächste Boot werde erst nach den ersten Regenfällen in etwa vier Monaten eintreffen. Der Weg, dem ich morgen folgen würde, sei für Motorfahrzeuge noch nicht genügend ausgetrocknet, für ein Fahrrad jedoch sollte es reichen. Er glaubte auch, daß ich von nun an mit weniger Schwierigkeiten rechnen müsse und das Schlimmste hinter mir liege. Hier irrte er sich, doch es ist oft besser, nicht zu wissen, was einem bevorsteht.

Zu Beginn der nächsten Tagesfahrt mußte ich mehrere Teiche und Seen umrunden. Überall, wo Wasser war, gab es auch Vögel. Wenn ich mich näherte, erhoben sich Fischreiher mit ihrer charakteristischen Sprungkraft in die Lüfte und flogen mit langsamen, gemessenen Flügelschlägen weg, während die Silberreiher ihre schlangenähnlichen Hälse über das Wasser reckten und viel zu sehr mit Fischfang beschäftigt waren, als daß ich sie hätte stören können. Dies alles ließ die Wildnis etwas weniger beängstigend erscheinen. Das Terrain war anfänglich etwas leichter zu bewältigen als am Vortag, aber immer noch kein Zuckerschlecken. An einigen Stellen hatte das Vieh den Lehm zertrampelt, als er noch feucht war, und einen Boden hinterlassen, der selbst zu Fuß fast unmöglich zu überqueren war. Nach viereinhalb Stunden harter Arbeit zeigte mein Kilometerzähler nur dreißig Kilometer an, und genau dann durchbohrte ein riesiger Dorn die Seitenwand des Hinterreifens, und ich mußte anhalten, um ihn zu reparieren. Ich hatte nur noch sieben Flicken übrig und war sehr erleichtert, als sich weitere klobige Dornen, die im Vorderreifen nisteten, ohne das begleitende Zischen entweichender Luft herausziehen ließen.

Ich fühlte mich nicht besonders wohl. Mein Hals, die Nebenhöhlen und die Brust waren nun schon seit einigen Wochen von den dörrenden und sengenden Winden und der unablässigen Reizung durch Flugsand und Staub verbrannt worden, doch heute fühlten sie sich besonders empfindlich an. Die Nacht zuvor war mir aufgefallen, wie heiser meine Stimme geklungen hatte und wie sehr mich das Sprechen schmerzte. Jetzt tat auch das Schlukken weh, und mit meinen aufgesprungenen Lippen und Nasenlöchern war ich auf dem besten Weg, mich zu bemitleiden – ein gefährlicher Gemütszustand in meiner gegenwärtigen Lage, wo ich so vielen möglichen Unbilden ausgesetzt war. Zur Mittagszeit hielt ich an, um Tee zu brauen. Außer einem Stück kandiertem Ingwer, der seit der Ärmelkanalüberquerung unbeachtet in meiner Tasche gelegen hatte, konnte ich nichts essen. Nach einem wochenlangen ziemlich eintönigen und faden Speisezettel schien der exotische Geschmack in meinem Gaumen geradezu zu explodieren und beschwor Visionen von seidenen Wandbehängen in Marmorpalästen mit plätschernden Brunnen im Hintergrund herauf. Noch wichtiger war, daß ihm auch die Kraft innezuwohnen schien, mich wieder auf die Beine zu bringen. So ein Katalysator war auch dringend nötig, denn der Weg war unterdessen geradezu fürchterlich geworden und verschlimmerte sich immer mehr. Der Sand war so weich, daß ich minutenlang darin steckenblieb. Von nun an nahm der Ingwer den Platz des erschöpften Whiskyvorrats ein.

In einer kleinen Stadt mußte ich einen Fluß auf einer unglaublich schmalen Lehmziegelbrücke überqueren, die nicht breiter war als eine Mauer und zudem überall abbröckelte. Ich kann mir kaum erklären, wie ich es schaffte, nicht ins Wasser zu fallen. Auf der anderen Seite zog ich wie der Rattenfänger von Hameln alle Stadtkinder an, die mich lauthals zu verfolgen begannen und trotz der mahnenden Zurufe ihrer Eltern und Lehrer in ständig wachsender Zahl aus den Häusern und der Schule strömten. Weil sie so zahlreich waren und sich gegenseitig anstachelten, war es diesmal schwierig, meinen gewohnten Trick anzuwenden und einige wenige anzuheuern, um die übrigen loszuwerden. Ich war völlig eingeschüchtert, um so mehr, als einer der Jungen ganz in meiner Nähe plötzlich ausrief: »Regardez le fou, Madame, il vient aussi«, und als ich sah, wie ein großer, watschelnder und sabbernder schwachsinniger Junge schnell hinter uns herschlurfte, laute, unverständliche Töne ausstieß und die anderen Kinder überholte, die panikartig davonstoben, fand auch ich die Situation höchst alarmierend und war überhaupt nicht mehr Herrin der Lage. Es wäre klüger gewesen, in diesem Städtchen zu bleiben, wo es ein Rasthaus gab, doch ich konnte an nichts anderes mehr denken, als so schnell wie möglich hier wegzukommen. Einige der älteren Jungen zeigten mir den Weg, den ich inmitten einer verwirrenden Vielzahl verschiedener Pfade einschlagen mußte. In meinem Eifer, mich zu befreien, warf ich so großzügig mit Geld um mich, daß ich wie einst Mansa Musa sehr wohl die Ökonomie der Stadt beeinflußt haben mochte.

Am Ende war es jedoch »le fou«, der das größte Trinkgeld erhielt und es auch redlich verdient hatte, denn er wollte mich einfach nicht gehen lassen, sondern schlurfte mir lange Zeit, so schnell er konnte, hinterher und stieß seine unheimlichen, drängenden Laute aus, bis seine Hartnäckigkeit mich überzeugte, daß ich auf dem falschen Weg war. Nachdem er mir geholfen hatte, Evans durch den Busch auf den richtigen Pfad zu befördern, fühlte ich mich von ihm nicht mehr eingeschüchtert, weil ich inzwischen gemerkt hatte, daß er weder gefährlich noch schwachsinnig war, sondern nebst seiner chronischen Sprachhemmung fürchterlich unter mehreren grausamen Behinderungen litt. Als ich ihn bezahlt hatte und ihn überzeugen konnte, mich nicht länger zu begleiten, stand er mit einem großen, strahlenden Lächeln auf dem Gesicht da und vergewisserte sich, daß ich in die richtige Richtung weiterfuhr, während ich von meinen Gefühlen so überwältigt wurde, daß ich kaum sehen konnte, wohin ich fuhr.

Etwa eine Meile im Umkreis jedes Dorfes war der Boden noch viel schwieriger befahrbar als sonst, denn Überkultivierung und Viehhufe hatten ihn zu Wüste verwandelt, zudem lagen alle Dörfer auf kleinen Hügeln. Als ich mich einen dieser sandigen Abhänge hinaufkämpfte, sah ich von weitem einen Esel, der vor längerer Zeit ertrunken war und hoch in den Ästen eines Dornbaums hing, wo die Fluten ihn zurückgelassen hatten. Lange Zeit fiel mein Blick jedesmal, wenn ich den Kopf hob, auf das von Haut bedeckte Skelett mit seinen gähnenden Löchern und dem grinsenden Schädel. Um dem gespenstischen Anblick zu entgehen, hielt ich meine Augen auf den Boden gerichtet und muß wohl eine Weile in eine Art Benommenheit versunken sein, denn als ich den Kopf zum ersten Mal wieder hob, waren der Baum und der Esel verschwunden, und ich schob Evans durch die Hauptstraße eines sehr ärmlich wirkenden Dorfes. Vor mir glitzerten die Sonnenstrahlen in einiger Entfernung auf einem Teich oder Fluß, und mir fiel ein, daß ich meine leeren Wasserflaschen auffüllen mußte. Ich wollte mich gerade nach einem Brunnen umsehen, als ein Mann zu mir trat, Evans ergriff und zu mir sagte: »Vous êtes fatiguée, Madame, restez ici.«

Ich stolperte ihm in einen Schulhof nach, wo eine hellgelbe Pumpe mit der Aufschrift »Ein Geschenk von Indien für das Volk von Mali« stand. Dort, im Schatten eines Baumes, wurde mir ein Stuhl zum Sitzen gebracht. Ich fühlte mich recht krank und wußte, daß ich mich bald aufraffen und Arzneimittel einnehmen mußte. Doch für den Moment reichte es völlig, einfach dazusitzen und Glas um Glas kühles Wasser zu trinken, das nicht zuerst mühsam durch einen Filter gepumpt werden mußte.

17

Mit letzter Kraft

Ich lag unter meinem Moskitonetz in einem kleinen, ummauerten Garten voll niedriger, dunkelgrüner Pfefferbüsche. An der Rückseite stand eine kleine, verzierte Moschee, das einzige Gebäude im Dorf, das nicht rein zweckdienlich war und dem die rötlich hinter seinen Türmchen und Minaretten untergehende Sonne eine zusätzliche extravagante Note verlieh. Ich schaute sie unverwandt an, damit ich die vielen Gesichter nicht sehen mußte, die über der Gartenmauer auftauchten und wieder verschwanden. Es waren überwiegend junge Gesichter mit neugierig aufgesperrten Augen und gerecktem Hals, die einen Blick von der seltsamen weißen Frau mit ihrem roten Fahrrad erhaschen wollten, welche unversehens in ihrem abgelegenen Erdenwinkel aufgetaucht war. Hinter mir lag die Mauer eines bröckeligen, fensterlosen und staubigen Bancoschuppens, wo Kola Bouri (der Mann, der mir angesehen hatte, daß ich pflegebedürftig war) mich anfänglich einzuquartieren versucht hatte. Es stand jetzt zweifelsfrei fest, daß ich sehr krank war, und wenn ich diese Nacht schon mein Leben aushauchen sollte, wollte ich dies lieber unter den Sternen tun.

Ich hatte kein Fieberthermometer bei mir, wußte aber auch so, daß ich hohes Fieber und eine schlimme Entzündung in der Brust hatte, die vermutlich dem ausgiebigen Spucken auf der Pinasse zuzuschreiben war. Ich hatte bereits angefangen, Antibiotika zu schlucken; jetzt blieb mir nichts anderes übrig, als mich auszuruhen und zu hoffen, daß das Mittel wirkte. Kola Bouri hatte sich anerboten, ein Huhn zu kaufen und für mich zuzubereiten, und mich um vierhundert CFA-Franc gebeten. Ich hatte ihm eine Tausend-Franc-Note gegeben. Später erklärte er mir, die restlichen sechshundert seien für Öl, Holz und Salz zum Kochen verwendet worden. Er brachte mir den flatternden und laut kreischenden Vogel zur Inspektion. Ein wenig später lag er tot in einem Eimer, und ich verspürte kurz die vertrauten Gewissensbisse, daß etwas so Quicklebendiges in einen schlaffen, gestaltlosen Leichnam verwandelt werden mußte.

Gute fünf Stunden später, als die Dunkelheit der Peep-Show ein Ende gesetzt hatte und ich endlich in einen unruhigen Schlaf gefallen war, kam Kola mich wecken, damit ich das Huhn essen konnte. Ich bemitleidete mich sehr. Alles tat mir weh, und ich hatte überhaupt keinen Appetit, doch er ließ sich nicht davon abbringen. Stöhnend hievte ich mich mühsam in eine sitzende Stellung hoch, hob den Deckel vom Topf und stocherte behutsam darin herum. Das erste Stück, das ich herauszog, war ein Schenkel samt Fuß, an dem noch die Krallen steckten. In meinem elenden Zustand dünkte es mich ebenso scheußlich wie eine menschliche Hand oder ein Fuß, und ich ließ es voll Abscheu wieder zurückfallen. Für den armen Kola muß es ein unerwartetes Geschenk gewesen sein, als ich ihm die ganze gekochte Henne überreichte und ihm sagte, er könne damit machen, was er wolle, aber ich bin sicher, daß es ihm trotz seiner Armut lieber gewesen wäre, wenn ich wenigstens ein kleines Stück davon gegessen hätte.

Am Morgen war mein Fieber weg. Kola erschien mit ein paar scheußlich schwammigen Reiskuchen, die in »Kuhöl« eingeweicht waren. Ich legte sie beiseite, um sie später wegzuwerfen, weil ich es nicht übers Herz brachte, ihn ein zweites Mal zu beleidigen. Ich fühlte mich noch schwach, aber wieder einigermaßen klar im Kopf, und die vielen Schmerzen in Brust, Hals und Ohren waren deutlich zurückgegangen, was darauf schließen ließ, daß die Antibiotika bereits wirkten. Ich hatte nicht im Sinn, einen weiteren Tag in diesem unhygienischen kleinen Dorf zu verbringen. Es war gescheiter, so rasch wie möglich in zivilisierte Verhältnisse zurückzukehren, wo ich mit anständigem Essen und ein wenig Komfort sicher viel schneller genesen würde.

Kola begleitete mich durch die reizlose Umgebung seines Dorfes zum Koli Koli hinunter, einem weiteren großen Zufluß des kleineren der beiden Nigerarme. Das schwierigste Teilstück, wo sich der Fluß mäanderförmig durch den unteren Teil des Binnendeltas schlängelt, lag jetzt hinter mir, doch als kleine Vorwarnung, daß die Strapazen der Reise noch längst nicht zu Ende waren, hatte ich auf dem kurzen Marsch zur Fähre eine Reifenpanne. Das nächste größere Hindernis war ein kleiner See, der quer zum Weg verlief. Ein Boot, das als Fähre gedient hätte, war nicht in Sicht. Wäre ich nicht so sehr in Eile gewesen, hätte mir ein junges Mädchen alles hinübergetragen, aber das wußte ich leider nicht, und so kämpfte ich mich mit Evans auf der Schulter hinüber und überließ dem Mädchen nur die Satteltaschen. Zu den Mißfallensäußerungen einer älteren Frau, die im Hintergrund Hirsestengel aufsammelte, wateten wir beide bis zu den Hüften im Wasser. In dem heftigen Wind und der sengenden Sonne waren meine Kleider bereits nach zehn Minuten schon wieder trocken.

Im Abstand von etwa drei Kilometern lagen Dörfer auf kleinen Hügeln. Die spärlichen, dicht aneinandergedrängten und von Dornenhecken eingefaßten kleinen Hütten waren von einem Meer von Sand umgeben, der zum Fahren viel zu tief war. Mit Ausnahme einiger Grüppchen älterer Frauen, die in geselligem Kreis Hirse zerstießen, waren fast keine Menschen zu sehen. Das Jungvolk und die Männer waren weg. Sie arbeiteten auf entlegenen Feldern oder führten ihre Herden auf die Weide. Zuweilen sah ich sie von fern – winzige Gestalten in einer ungeheuren Weite. Die Frauen zeigten sich durch mein plötzliches Erscheinen nicht alarmiert, wie sie es weiter im Norden gewesen waren. In einem kleinen Dorf kam eine alte Frau zu mir her. Sie sprach ein bißchen Französisch und sagte mir, daß der Weg weiter vorn besser werde. Ich legte mich, so gut es ging, ins Zeug, denn ich hoffte, in Korientzé, einer Stadt, die auf meiner Karte als Regionalzentrum eingezeichnet war, Nahrung und ein Obdach zu finden. Sie war auch wirklich größer als Saraféré, doch weil heute kein Markttag war, fand ich nur eine Tasse Nescafé, zwei Apfelsinen und ein paar Stücke altbackenes Brot. Mir blieb nichts anderes übrig, als die verbleibenden fünfundsechzig Kilometer nach Konna in Angriff zu nehmen, wo die wichtigste Hauptstraße Malis durchführte.

Mein Weg verlief jetzt entlang der Südseite des Korientzé-Sees, wo vor kurzem eine riesengroße landwirtschaftlich genutzte Ebene abgeerntet worden war. Der See war bald außer Sicht, doch das flache, öde Land erstreckte sich scheinbar ins Unendliche. Es gemahnte an Teile der östlichen Counties von England, die das gleiche konturlose Gesicht zeigten, seit Bäume und Hecken im Interesse eines sogenannten effizienten Anbaus umgelegt worden waren. Ein erbarmungsloser Wind blies mir heftig ins Gesicht und erinnerte mich ebenfalls an die windigkalten englischen Marschgebiete im Winter, doch als ich anhielt und mich auf einen der seltenen vereinzelten Felsen setzte, um meine Apfelsinen zu essen, sah ich mit jähem Entzücken, wie intensiv und schön der Himmel über dieser häßlichen Landschaft leuchtete. Ohne die geringste Spur von Luftverschmutzung durch Verkehrsdunst und Industriesmog strahlte er in einem funkelnden Blau, durchströmt von langen, zerfetzten Wolkenfahnen.

Während ich mich durch den unerbittlich heißen Nachmittag schleppte, verwandelte sich das Land allmählich wieder in trockene Savanne mit kleinen Bäumen und Strauchwerk auf einem hügeligen Lateritboden. Was blieb, waren die verdorbenen, überweideten und überkultivierten Sandgebiete, die sich um jedes Dorf erstreckten. Wenn ich völlig im Sand versank und Kinder zur Stelle waren, rief ich sie zu mir, damit sie mir halfen, Evans weiterzuschieben. Vier oder fünf kleine Jungen oder Mädchen, barfuß und in zerfetzten Lumpen aus westlichen Kleidern, konnten das Rad so schnell vorwärtsbefördern, wie ich selbst gehen konnte, und so betraten wir schließlich das Dorf an der Spitze einer kleinen Prozession, die sich hinter uns gebildet hatte. Dort wurde Evans von den Männern übernommen. Ein Stock wurde mir in die Hand gedrückt, damit sein Besitzer beide Hände für den Lenker frei hatte. Die übrigen bedeuteten mir, daß ich ihn ja verwenden konnte, um den Mann anzutreiben. Es galt offensichtlich als eine Ehre oder zumindest als eine willkommene Abwechslung, das rote Fahrrad schieben zu dürfen, und in dem daraus resultierenden Gerangel verlor ich meine ursprünglichen Helfer, die ich gerne belohnt hätte, schnell aus den Augen.

Auf diese Weise legte ich unter sehr viel Gelächter und Neckereien, die mir die Mühsal erleichterten, etwa die Hälfte der fünfundsechzig verbleibenden Kilometer zurück. Als ich den Anfang der richtigen Straße erreichte, verspürte ich ein momentanes Hochgefühl. Die breite Fahrspur hatte zwar keinen Belag, dafür war sie von Telegraphenstangen gesäumt, zwischen denen jedoch keine Drähte gespannt waren. Wie ich erfuhr, hatte man sie vor fünfundzwanzig Jahren während eines Staatsstreichs zerschnitten und seither nie wieder ersetzt. Doch auch so erweckten die nackten, in regelmäßigem Abstand aufgestellten Stangen den Eindruck technischer Perfektion und schienen nach der primitiven Welt, durch die ich gefahren war, an ein Wunder zu grenzen. Leider kündeten sie auch das Ende der freundlichen und hilfsbereiten Dörfer an, und als ich merkte, daß ich hier sogar noch schlechter vorankam als zuvor auf den Wegen, verflog die Euphorie vollends. Da die Straße über dem Flutwasserstand des Deltas lag, war sie die meiste Zeit des Jahres in Gebrauch und führte regelmäßig Verkehr, doch nichts zerpflügt den heiklen Boden im Sahel schneller als Motorfahrzeuge. Es war bereits halb sechs. Ich schaffte nicht einmal drei Kilometer in der Stunde, und es sah nicht so aus, als könnte ich Konna noch diese Nacht erreichen. Anstelle eines weichen Betts und einer warmen Mahlzeit begann ich bereits eine weitere Nacht im Busch ins Auge zu fassen, als im abnehmenden Licht hinter mir ein Fahrzeug durch den Sand schlingerte und bockte – das erste, das ich seit Niafounké gesehen hatte. Es war ein Buschtaxi, umgebaut aus einem alten Lieferwagen. Sein Dach war hoch mit verschiedenen Bündeln beladen, der roh konstruierte Karosserieaufbau zum Bersten voll mit Menschen, Vierbeinern, Hühnern und Körben. Wir befanden uns am Rand eines Dorfes, das sich beidseits der Straße erstreckte. Das Taxi hielt an, um Leute abzusetzen und andere aufzunehmen. Der Fahrer rief mir zu, ob ich mitfahren wolle, doch ich verneinte, ohne mir etwas dabei zu überlegen, denn ich hatte schon wieder Fieber und war etwas benommen. Eine weitere Verszeile aus T. S. Eliots »Vier Quartetten« ging mir wie eine Ermahnung wieder und wieder durch den Kopf:

»Kein ›Gute Fahrt‹, Ihr Reisenden, nur weiter, weiter.«

Das Taxi fuhr weiter, doch ein kleines Stück hinter dem Dorf hielt es erneut an, und der Fahrer schickte den jungen Mann herüber, der das Aufladen besorgte, um auf französisch mit mir zu verhandeln. Sie wollten kein Geld, erklärte er, doch die Straße sei zu schwierig für ein Fahrrad. Selbst wenn ich nicht den ganzen Weg bis Konna mitzufahren wünsche, solle ich doch wenigstens zulassen, daß sie mich über diesen sandigen Abschnitt setzten, denn nach kurzer Zeit werde es noch schlimmer. »Wenn Sie sich Sorgen um Ihr Fahrrad machen, können Sie mit ihm oben auf dem Dach fahren«, meinte er noch. Ich konnte endlich wieder vernünftig denken. Erneut war ich von soviel Fürsorglichkeit fast zu Tränen gerührt und kletterte dankbar aufs Dach, wo ich mich mit einer Hand festhielt und mit der anderen Evans umklammerte, während wir über die verbleibenden Kilometer nach Konna schwankten und schlingerten. Ich dachte keinen Augenblick daran, wieder hinunterzuklettern, sobald die sandige Strecke zu Ende war, denn erstens nahm sie gar kein Ende, und zweitens hatte ich alle Eigeninitiative verloren. Ich hatte aufgegeben und jemand anderem das Steuer überlassen, was keinen Gedanken an weitere Anstrengungen mehr aufkommen ließ und mich zugleich auf eine höchst segensreiche Weise erleichterte, so daß ich die Fahrt durch die samtene Dunkelheit in vollen Zügen genießen konnte. Die Sterne standen hell am Himmel, und der Fahrtwind verschaffte mir zum ersten Mal seit unendlich langer Zeit wieder ein Gefühl von Kühle.

Das Campément in Konna, dem ich überantwortet wurde, summte vor Geschäftigkeit. Jede seiner zwanzig kleinen Zellen war mit *commerçants* aus Mopti gefüllt, die hergekommen waren, um auf dem Markt mit Artikeln wie Taschenlampen, Plastikspielzeug und anderen westlichen Gütern »Made in Taiwan« zu handeln. Ich stand in einem dunklen Hof. Im Kerzenlicht, das rundherum aus den offenen Eingängen flackerte, sah ich undeutlich Gestalten in Roben und auf den Erdboden ausgelegte Schlafmatten, Ballen und Rollen mit Bettzeug, die diesem Platz das Gepräge einer uralten Karawanserei verliehen. Dieser Eindruck wurde allerdings durch das laute Schmettern einer Lautsprecheranlage ziemlich gemindert. Es drang aus einer Art Dorfsaal aus Lehmziegeln auf der anderen Seite der unbeleuchteten Straße, wo ein Film gezeigt wurde. Weil alle Zellen belegt waren, bot mir der Wächter zu einem nur leicht überhöhten Preis seine eigene an. Sie war etwa zweieinhalb Meter lang und halb so breit. Den meisten Platz nahm ein richtiges Bett mit einer Schaumstoffmatratze ein, der Rest des Fußbodens war mit den Kleidern und Schuhen des Besitzers übersät. Auf beiden Längsseiten verliefen oben an der Wand zwei Spruchbänder mit mehr als dreißig Zentimeter hohen Buchstaben und der Aufschrift »BIENVENUE AUX DÉLÉGATIONS« – als ob man mich bereits erwartet hätte. Über dem Bett leistete ein psychodelischer Wandteppich, der Jesus als Guten Hirten zeigte, aus Illustrierten herausgeschnittenen Bildern von Boxern Gesellschaft. Der Wächter räumte einige seiner Besitztümer beiseite, um mir etwas Platz zu schaffen, und erläuterte mir den seltsamen Wandschmuck: Obwohl selber Muslim, glaube er, daß alle Religionen gut seien, und zudem interessiere er sich sehr für Sport. Er heiße mich als Sportlerin in seinem Zimmer willkommen, meinte er, und werde alles daran setzen, mir meinen Aufenthalt so angenehm wie möglich zu machen. Ob er mir nicht ein Abendessen kommen lassen dürfe? Seit die Antibiotika zu wirken begonnen hatten, waren mir die ganze Zeit Phantasie von einem einfachen Omelett durch den Kopf gegangen, und mein Appetit war wieder geweckt. Der Wächter versprach, sein Bestes zu tun.

Eine Stunde später kam er mit einem Omelett zurück, das er eigenhändig zubereitet hatte, denn eine solche gastronomische Spitzfindigkeit war in Konna nicht erhältlich. Es war flach wie ein Pfannkuchen und schwamm auf einem Teller mit brutzelndem Öl. Dazu gab es einen Salat, den ich meiner Meinung nach ungestraft essen durfte, da ich bereits Antibiotika einnahm, und eine Flasche mit grünem Sprudel, die im Licht der Kerze wie ein Edelstein schimmerte. Ich hatte einen Bärenhunger, weil ich mehrere Tage nichts gegessen hatte, deshalb konnte ich vermutlich kein verläßliches Qualitätsurteil abgeben, für mich jedenfalls war es ein Festessen! Während ich den Rest des Öls mit dem Brot auftunkte, kam mich einer der Händler besuchen, um sein Englisch zu üben. Er schaute mich nur kurz an, ging wieder weg und kehrte in kürzester Zeit mit einem großen Becher Reispudding mit Milch zurück, der ebenfalls köstlich schmeckte und auch ohne einen Löffel in Windeseile aufgegessen war. Danach setzte eine Reihe monumentaler Gähner, die ich beim besten Willen nicht unterdrücken konnte, dem Besuch des Händlers ein baldiges Ende.

Bevor ich endlich in einen seligen Schlaf versinken konnte, mußte ich noch eine unerwartete Nervenprobe durchstehen. Der Wächter hatte einen Eimer Wasser aufgewärmt, damit ich mich waschen konnte, und trug ihn für mich in die »Toilette« des Campéments, wo er mich allein ließ, um draußen Wache zu stehen, weil sie kein Türschloß hatte. Die Kerze erleuchtete eine höhlenartige Kammer. Sie war ein paarmal so groß wie meine Zelle und überall dick mit Kakerlaken bedeckt, deren riesige Schatten sich alptraumartig auf den dunklen Wänden und der Decke abzeichneten. Mitten im Raum war eine offene Grube, aus der ein so penetranter Gestank drang, daß ich unverzüglich Reißaus genommen hätte, wenn nicht auch noch andere Erwägungen mitgespielt hätten. Doch leider konnte ich nicht einfach verschwinden, bevor eine angemessene Zeit verstrichen war, denn das wäre eine Beleidigung für den netten und aufmerksamen Wächter gewesen. Also begann ich zu zählen – wenigstens fünf Minuten mußte ich schon ausharren. Beim Abzählen fiel mir ein, daß ich ja auch all das herrlich warme Wasser ausgießen mußte, was mich ein solches Sakrileg dünkte, daß ich mich kurzerhand zu der bisher mutigsten Tat meines Lebens entschloß. Beim Gedanken an die Kakerlaken und die Grube bekam ich zwar über und über eine Gänsehaut, doch ich zog meine Kleider aus und goß einen Becher Wasser nach dem anderen über mich aus, bis der Eimer leer war.

18

Mopti

Was immer diese Reise mir bisher gebracht hatte – sie bewies mir deutlich, daß eine beschwerliche Periode das beste Mittel ist, um das Wahrnehmungsvermögen zu schärfen und selbst völlig alltägliche und vertraute Gegebenheiten in einem neuen, aufregenden Licht zu sehen. Gestern abend war es das köstliche Omelett gewesen, und heute entdeckte ich das berauschende Vergnügen, wieder auf einer leeren asphaltierten Schnellstraße zu radeln. Ich erreichte sie schon bald, nachdem mir der liebenswürdige Wächter und die *commerçants* beim Abschied aus Konna zugewinkt hatten. Diese Straße verband Gao mit der Hauptstadt Bamako und war erst kürzlich von einem deutsch-kanadischen Team fertiggestellt worden. Eigentlich war sie gar nichts Besonderes und begann wegen mangelnder Unterhaltsarbeiten bereits an mehreren Stellen aufzubrechen, doch nach fünfhundert Kilometern durch ein brutales und praktisch wegloses Gelände, durch das ich mich in letzter Zeit gekämpft hatte, war ihr herrlich unnachgiebiger Belag die reinste Wonne.

Eins der Geschenke, die ich für meine Reise erhalten hatte, war ein winziger Computer, der auf die Lenkstange paßte und mich mit allen möglichen Informationen versah: wie spät es war, wie schnell ich fuhr, welche Distanz ich zurückgelegt hatte und welches meine Höchstgeschwindigkeit gewesen war. Auf die kleinen Jungen übte er eine größere Anziehungskraft aus als das ganze Fahrrad, und auch ich hatte meine Freude daran, vor allem an der Geschwindigkeitsanzeige. Die zuckenden Ziffern lenkten mich ab, wenn das Gelände schwierig wurde, und belohnten mich für die kleinste Extraanstrengung mit zusätzlichen 0,5 Stundenkilometern. Während der vergangenen Wochen hatte der Tacho jedoch nur dazu gedient, mir vor Augen zu halten, wie langsam und zäh ich auf den sandigen Strecken vorwärts kam. Ich beobachtete, wie die Ziffern zwischen 2,25 und 2,5 schwankten und gelegentliche drei Stundenkilometer ein kurzlebiges Hochgefühl vermittelten. Ich hatte bereits vergessen, daß mein Fahrrad mehr war als nur ein Packesel. Auf der verkehrsfreien Hauptstraße schien ich mit einem starken Wind im Rücken beinahe zu fliegen, und der Geschwindigkeitsmesser wirbelte die Anzeige getreulich auf so schwindelnde Höhen wie 30 und zuweilen sogar 50, wenn es bergab ging. Der Temporausch hatte mich gepackt! Laut summten die Reifen in triumphierendem Ton, und ich fiel mit einem Jubilate ein.

Nach fünfunddreißig Kilometern zweigte die Straße nach Mopti von der Schnellstraße ab, und die Liebelei mit der Geschwindigkeit nahm ein jähes Ende. Mopti war einst nicht viel mehr gewesen als ein paar Hügel inmitten ausgedehnter Reisfelder. Die Franzosen erkannten die geographische Bedeutung einer Siedlung so nahe am Hauptast des Niger und bauten sie zum Haupthandelshafen am mittleren Niger aus, indem sie einen dreizehn Kilometer langen Zufahrtsdamm quer durch das Überschwemmungsgebiet errichteten. Auf diesem schmalen Deich führte die Teerstraße weiter. Sie war aufgerissen und voller Schlaglöcher und knapp breit genug, daß sich zwei Fahrzeuge kreuzen konnten. Zerbeulte Taxis sausten im Pendelbetrieb wie aus der Hölle aufgescheuchte Fledermäuse in beide Richtungen über sie hin. Hätten die Franzosen in ihrer zivilisierten Art nicht auf beiden Seiten eine Reihe großer Bäume gepflanzt, wo es sich direkt neben der Fahrbahn radeln ließ, wäre ein Radfahrer wohl kaum je mit heiler Haut nach Mopti gelangt. Aber auch so schwebte ich ständig in großer Gefahr, weil die Taxis immer wieder plötzlich ausscherten, während sie ungestüm und rücksichtslos ihrem Fahrziel zustrebten. Ich hatte nur ein paar kurze Blicke für die Gestalten übrig, die mit Eseln und Rindvieh durch die riesige Weite der praktisch trockenen Reisfelder unter mir wanderten. Dort standen auch Bozo-Fischer, die in den letzten seichten Tümpeln die winzigen silbernen Fische erbeuteten, doch ich erhaschte nur ferne, vereinfachte, mitten in der Bewegung erstarrte Bilder von ihnen, wie Figuren von L. S. Lowry, die man in eine andere Landschaft versetzt hatte.

Das geschäftige Treiben von Mopti, in das ich unversehens am Ende des Damms geriet, kam wie ein Schock. Nach all den Tagen in der leeren, eintönigen Wildnis wurde mir von der Orgie von Farben, Lärm, überwältigenden Gerüchen und vom Gedränge der Menschen ganz schwindelig. Einen Zufluchtsort zu finden, wo ich mich sammeln konnte, hatte absoluten Vorrang, war sogar noch wichtiger als Essen und Trinken, auf das ich mich schon lebhaft gefreut hatte. Es ist ohnehin nicht einfach, sich in einer fremden Stadt zurechtzufinden, besonders wenn man kein bestimmtes Ziel vor Augen hat, und die ständige Belästigung durch aggressive junge Männer, die sich vor mich hinstellten, den Weg versperrten und unbedingt wissen wollten, wohin ich ging, machten die Sache auch nicht leichter.

Ich wußte bereits, daß Mopti keine große Auswahl an Unterkunftsmöglichkeiten bot. Für die Peace-Corps-Volontäre, die aus ihren Dörfern in die Stadt kamen, gab es ein *Maison du Passage*, wo Fremde zuweilen gegen ein geringes Entgelt übernachten konnten. Dies lag auch in meiner Absicht, und ich hoffte, dort von den Volontären etwas über jene Gegend erfahren zu können. Die jungen, nach Mali versetzten Amerikaner fanden das Leben in ihren Dörfern jedoch so hart und so wenig lohnenswert, daß sie in Scharen zu den Fleischtöpfen von Mopti strömten und die Herberge stets belegt war. Die wenigen billigen Möglichkeiten in der Nähe der Moschee schlug ich mir schnell aus dem Kopf, denn obwohl ich mich inzwischen einigermaßen an die überbeanspruchten offenen Straßengräben westafrikanischer Städte gewöhnt hatte, rochen sie in Moptis ältestem Stadtviertel derart schlimm, daß es mir schon widerstrebte, dort nur durchzuradeln. Das Campément in mittlerer Preislage war gemessen an westlichem Standard gewiß kein vorteilhaftes Angebot, doch in Mali wird Unterkunft zu hoch inflationären Preisen gehandelt, und unter normalen Umständen hätte ich mich mit einem seiner dunklen, schäbigen Zimmer begnügt. Nach all den Tagen im Delta jedoch gelüstete es mich nach mehr. Nicht daß ich nach Luxus gegiert hätte – ich konnte liebend gern auf seidene Bettwäsche und Einbaubäder verzichten –, aber ich sehnte mich nach einem sauberen, aufgeräumten Zimmer mit funktionierendem Licht, unbegrenzten Mengen fließenden Wassers und frei von Kakerlaken. Ich brauchte einen Ort, an dem ich die Tür hinter mir zuschließen und ungestört wieder meine Mitte finden konnte, ohne daß reihenweise Leute kamen und etwas von mir wollten. Da solche Bedürfnisse in diesem Teil der Welt eindeutig als luxuriös eingestuft werden, waren sie nur am obersten Ende des Marktangebots einzulösen.

Als ich mein Zimmer betrat, kam ich mir vor wie im Paradies, mit Ausnahme des Spiegels freilich, in dem ich seit Wochen erstmals wieder mein Konterfei erblickte: eine sehr braune, ausgedörrte Person, die ich anfänglich gar nicht wiedererkannte. Ich hatte nicht gewußt, daß ich so alt aussah. Der arme Evans sah sogar noch schlimmer aus. Dicker Ockerstaub verklumpte seine Zahnräder und Kettenglieder, so daß es mir ein Rätsel war, wie wir am Morgen so mühelos dahinsausen konnten. Ich warf die Kleider, die ich am Leib trug, zum Einweichen in die Duschwanne und stampfte auf ihnen herum, während ich unter der herrlichen Kaskade des warmen, belebenden Wassers stand. Darauf stellte ich auch Evans darunter und sah zu, wie er sich langsam wieder in ein schmuckes rotes Fahrrad zurückverwandelte. Es fiel mir schwer, den lieblichen Wasserstrahl zu verlassen, und so holte ich den Rest meiner Ausrüstung herbei und schrubbte sie vom Staub frei, der nach eingetrockneten Exkrementen roch.

Mit tropfenden Satteltaschen, Zelt, Moskitonetz, Schlafsack und den gewaschenen Kleidern behängt, die an Leinen aus Nylonschnur, Ersatzschnürsenkeln und Spanngummis baumelten, glich mein Zimmer längst nicht mehr einem Paradies. Es war angezeigt, anderswo Zuflucht zu suchen, bis ich alles wieder herunternehmen konnte. Auf dem Hinweg war mir die Bar Bozo aufgefallen, ein unprätentiöser kleiner Bancoschuppen mit einer getünchten, schattigen Terrasse. Sie stand auf einem kleinen Vorsprung mit

Blick auf das Hafenbecken und wurde bald mein Lieblingsplatz in Mopti. Der Niger teilte sich an dieser Stelle ein weiteres Mal, und der Hafen lag direkt bei der Einmündung des Bani, der sich von Süden mit dem Hauptstrom vereinigt. Die Bar Bozo war daher sehr zentral gelegen und gab einen ausgezeichneten Standort ab, von wo ich den Duft der ganzen Stadt in mich einsaugen konnte. Ich saß bequem in einem Rohrstuhl, auf einem niedrigen Tisch vor mir stand ein eiskaltes Bier, und ein Gericht mit Nigerhecht war auch schon unterwegs. Ich verspürte eine tiefe Zufriedenheit und konnte mir nicht vorstellen, daß mir das Leben je etwas Schöneres bieten würde.

Unter mir pendelten Pirogen quer über das Hafenbecken hin und her, um den Leuten die zweihundert Meter Uferweg zu ersparen. Andere Pirogen, auf denen oft Jungen die Stakstange führten und sich in ihren Fertigkeiten als Bootsleute übten, kreuzten langsam auf und ab. Die schwarzen, schlanken Gestalten formten ständig neue Muster auf dem Wasser, wie ein sich langsam drehendes Kaleidoskop. Das braune Wasser bildete den Hintergrund für die allgegenwärtigen prächtigen grellen Farben: leuchtende Roben und Kopftücher auf glänzend schwarzer Haut und reiche, wie Edelsteine schimmernde Früchte – Mangos, Orangen, Papayas, Bananen, Ananas, Limonen, Tomaten –, die in Hülle und Fülle zu Haufen aufgetürmt auf niedrigen Verkaufsständen rund um die Hafenmauern oder in überquellenden Körben lagen, wie ich es seit Niamey nicht mehr gesehen hatte. Nach der trockenen, dornigen Wildnis erschien mir Mopti wie ein einziges riesiges Füllhorn. Sogar die wenigen zerbröckelnden Kolonialgebäude hinter dem Hafen zerfielen ohne jeden Anflug von Melancholie. Die Atmosphäre der ganzen Stadt atmete etwas Buntes und Leichtes.

Hinter dem alten Zollhaus war ein Dutzend großer Pinassen auf das ausgetrocknete, lehmige Flußufer hochgezogen worden. Ihre Ladung aus kostbaren Salztafeln lag sorgfältig aufgeschichtet daneben, doch meine Pinasse war nicht dabei. Als ich in der trostlosen Einöde bei Tonka die Gesellschaft mit meinem Wunsch für eine sichere Ankunft verlassen hatte, erwiderte der Schiffsmeister, dem man eine Spur von Verzweiflung ansah, weil er all die hungrigen Mäuler füttern mußte und nicht das geringste Anzeichen bestand, daß sich der Wind bald legen würde: »Die Fäden unseres Lebens trennen sich hier. Was weiter mit uns geschieht, ist nicht mehr Ihre Sache.« Da ich einer anderen Kultur entstammte, fühlte ich nicht so wie er und hätte mich sehr gefreut, sie hier ankommen zu sehen. Ich hätte auch gern den Kochtopf wieder zurückbekommen, der an Bord geblieben war.

In der Nähe der Boote, auf dem Damm, der die Inseln verband, standen Marktstände, wo man das Salz aus der Wüste verkaufte. Kleine Mengen glitzernder Bruchstücke wurden auf Papierfetzen gehäuft, als ob sie wahrhaftige Edelsteine wären. Über diesen Ständen schwebten die zarten, ätherischen Türmchen der Moschee. Da sie Ungläubigen nicht zugänglich war, mußte ich mich gar nicht erst bemühen, sie zu besuchen, und konnte sie aus einer gewissen Distanz genießen, von wo sie zweifellos am hübschesten aussah.

Der Fischmarkt, Moptis einzige andere Sehenswürdigkeit, lag gleich neben der Bar. Der scharfe, stechende Geruch von Häufchen kleiner, getrockneter Fische überdeckte alle anderen Düfte. Sie waren auf Säcken über rund ein Hektar Boden ausgebreitet, der jahrelang das überschüssige Öl aufgesogen hatte. Dies war einer der Gerüche von Mopti, die ich liebte, denn er erinnerte mich stark an jene Tage, die schon so lange zurückzuliegen schienen, als der Niger meine Schnellstraße gewesen war und ich von einer Strohmatte auf einer Piroge zugeschaut hatte, wie ein Teil dieser Beute von Bozo-Fischern eingefangen wurde.

Am Rand des Wassers waren Leute mit Aktivitäten beschäftigt, für die der reichere Westen eine gewisse Privatsphäre vorsieht. Vor aller Augen wurden hier die intimsten Verrichtungen persönlicher Hygiene ausgeführt, als ob es möglich wäre, so zu tun, als sei man völlig allein, wenn man nur Stille bewahrte und den Rücken unverwandt dem Ufer zukehrte, selbst wenn die nächste Person nicht mehr als eine Armeslänge entfernt war. In Tuchfühlung mit den Badenden seiften Frauen kreischende Säuglinge ein, säuberten Töpfe und Pfannen oder wuschen Kleider aus, wie ich es in all den kleinen Dörfern gesehen hatte, die den Niger säumten. In der Nähe meines Hotels spielten sich am Flußufer ebenfalls sehr bewegte Szenen ab. Der Sand war hier fest, und alle Autos, Last- und Lieferwagen, Motorräder und Fahrräder der Stadt wurden ins seichte Wasser geschoben und geschrubbt. Daß die Menschen im Sahel dasselbe Bedürfnis verspürten wie ich, sich und ihre Habe von dem scheußlichen Staub ihrer Umgebung zu befreien, ließ ein Gefühl der Affinität in mir entstehen. Wie immer die Leute von Mopti den Niger auch nutzten, ihr Entzücken dabei war unverkennbar. Kaum hatten sie ihren Körper oder ihr Auto fertig gewaschen, schöpften sie mit der größten Wonne mit ihren Händen dasselbe Wasser, um es zu trinken oder sich damit das Gesicht abzuspülen. Sie genossen das Wasser in vollen Zügen. Wie sie es vermieden, sich dabei schwere Krankheiten zuzuziehen, war mir allerdings ein Rätsel.

Unter den Badenden befand sich auch ein vereinzelter Bozo, der sein kleines, rundes Netz am Rand des Wassers auswarf. Trotz der ungeklärten Abwässer und allen möglichen Unrats, der dort herumschwamm, zog er mit jedem Wurf ein paar kleine, silberne Fische heraus. Mich schauderte beim Gedanken, was dieses Wasser so alles enthielt, und ich hatte mich auch insgeheim gefragt, woher wohl unser Hotel mit Wasser versorgt wurde. Als ich jedoch zusah, wie der Fischer seinen bescheidenen Fang einholte, wurde mir auf einmal bewußt, in wie vielen verschiedenen Verkleidungen die Gewässerverschmutzung auftreten kann. Wir im Westen bringen es ohne weiteres fertig, die Augen davor zu verschließen, wie unsere Flüsse tagtäglich mit tödlichen Industrieabwässern, Kunstdünger und weiteren modernen Schadstoffen vergiftet werden. Hier dagegen spielt der Niger eine zentrale Rolle für die Menschen, denn ohne ihn könnte in dem ganzen riesigen Gebiet gar kein Leben existieren. Der Fluß mag uns zwar äußerst unhygienisch und mißhandelt vorkommen, doch wie der permanente Fischbestand deutlich belegt, hat sich hier bis jetzt ein Gleichgewicht zwischen Mensch und Natur erhalten können.

Zwei Tage Mopti, und schon war ich wieder eine neue Frau voller Vitalität und Tatendrang, dieses faszinierende Land weiter zu erforschen. Ich hatte mir in den ausgezeichneten Cafés der Stadt zu einem Fünftel des vom Hotel berechneten Preises den Bauch vollgeschlagen, und mit den vielen überall erhältlichen, herrlich frischen Früchten und dem köstlichen Brot war es mir ein leichtes gewesen, in meinem Zimmer ein Frühstück zuzubereiten. Dank dem Bier und den drei Mahlzeiten am Tag hingen mir meine Hosen nicht mehr ganz so weit unten an den Hüften.

Auf dem Markt hatte ich *pièces d'attacher* gefunden, um denjenigen der durchlöcherten Fahrradschläuche zu flicken, der weniger Einstiche aufwies. Dazu hatte ich sechzig Flicken benötigt, die einzeln zu einem Wucherpreis verkauft wurden. Ich hoffte von Herzen, daß ich den Schlauch nie auf die Probe stellen mußte, doch es war tröstlich, für die Reise ins Land der Dogon, das ich als nächstes anpeilte, wieder einen Ersatzschlauch zu haben.

Die Dogon waren ursprünglich kriegerische Bauern, die bis ins zwölfte Jahrhundert am Niger gewohnt hatten. Damals schwappte eine Welle von islamischem Reformeifer von Norden her durch das Land, und da sich die Dogon ihren animistischen Glauben und ihre angestammten religiösen Praktiken bewahren wollten, flohen sie zu den Felsenfestungen der »Falaise von Bandiagara«, einem großen, rund hundertfünfzig Kilometer langen Bogen steil abstürzender Felsklippen, der an seinem nächsten Punkt bis etwa fünfzig Kilometer an Mopti heranreicht. Dort haben sie bis heute ihre einzigartige Religion und ihre Bräuche in einem ebenso einzigartigen Umfeld bewahren können. Sie bestellen ihre Gärten und verfertigen eigenwillige Kunstgegenstände, die inzwischen in ganz Westafrika die größte Nachfrage erzielen. Allen Berichten zufolge ist ihre Lebensweise ein weiteres Mal ernstlich bedroht, diesmal vom Druck des Fremdenverkehrs im zwanzigsten Jahrhundert. Es war gar nicht leicht, einen Teil der Falaise zu finden, der bisher von Touristen weitgehend verschont geblieben war. Ich wollte um keinen Preis an einer der geführten Touren teilnehmen, zu denen mich die aggressiven jungen Schlepper von Mopti gedrängt hatten, doch anderseits war die schändliche Fremdenpolizei in diesem Gebiet sehr aktiv und sprang mit Reisenden, die ohne einen Führer herumwanderten, zuweilen sehr hart um. Nachdem ich unter den Mitarbeitern des Peace Corps alle Kenner der Materie konsultiert hatte, die ich finden konnte, faßte ich den Entschluß, zu einem Städtchen namens Bankas am südlichen Ende der Klippen zu radeln, Evans dort zurückzulassen und mir einen Führer zu mieten, der mich zu einigen der unberührteren Dörfer bringen sollte.

Ich verließ Mopti am frühen Morgen mit einem sicheren Vorsprung vor den verwegenen Taxifahrern unter einem schneidend scharfen Harmattan, der all meine jüngsten Bemühungen mit Wasser und Seife schnell wieder zunichte machte. Schon nach einer kurzen Strecke auf der asphaltierten Schnellstraße rief mir der Fahrer eines Buschtaxis etwas zu. Er hatte erraten, daß ich nach Bankas wollte, und war der Ansicht, bei diesem Wind sei es doch weit bequemer, in seinem Wagen dorthin zu fahren. Ich schloß mich seiner Meinung bereitwillig an, doch hinsichtlich Kräfteersparnis hätte ich es ebensogut bleiben lassen können, denn wir fuhren nur etwa fünfundzwanzig Kilometer bis zur Stelle, wo die Naturstraße nach Bankas abzweigte. Dort warteten wir in einem trübseligen kleinen Dorf, bis genügend Passagiere einträfen, damit sich die Fahrt finanziell auch lohnte, denn wenn der Wagen nicht zum Bersten voll war, galt es als Verlustgeschäft.

Wir saßen auf wackeligen Schemeln im Schatten eines Baumes. Bei den wenigen Dorfbewohnern weckten wir nur geringes Interesse. Ein hübsches, aber jämmerlich mageres Mädchen, dessen Haar auf die übliche Weise in einer Unmenge kurzer Zöpfchen vom Kopf abstand, hatte seine Blechschüssel mit gewaschenen Kleidern auf den Boden gestellt. Es stand da und betrachtete uns eindringlich, wobei es die Beine unter dem Stoffetzen kreuzte, der es vom Nabel bis zur Wadenmitte einhüllte und mit Ausnahme einer Perlenschnur seine einzige Bekleidung darstellte. Eine junge, ähnlich gekleidete Frau, die zusätzlich ein Tuch um den Kopf trug, schaute uns ebenfalls aufmerksam zu. Auf ihren Rücken war ein Säugling gebunden, der fast sicher einen Wasserkopf hatte, ein spindeldürres Kind mit geschlossenen, triefenden, dick von Fliegen besetzten Augen. Es stöhnte schwach, während es vergeblich versuchte, sich unter dem Arm seiner Mutter durchzuwinden, um an ihre leeren, schlaffen Brüste zu gelangen. Mehrere knochige kleine Jungen in zerschlissenen Lumpen aus westlichen Kleidern oder Baumwollwamsen, die nur noch aus Löchern bestanden, schlenderten die Straße hinauf und hinunter und warfen uns im Vorbeigehen verstohlene Blicke zu. Einer von ihnen, ein etwa acht- oder neunjähriger Junge mit einem schüchternen, sanften Gesicht, das von einem gehäkelten Babyhut beschattet war, setzte sich etwas abseits von uns hin und strahlte süß in unsere Richtung herüber. Ich fragte Amadou, den Fahrer, was sie Interessantes an uns fanden, worauf er erwiderte, sie seien nur hungrig. Alle trugen kleine Blechschüsseln oder Plastikbehälter mit sich, wie es die Jungen tun, die bei einem Marabut in die Lehre gehen und in den Pausen zwischen dem Auswendiglernen von Koranstellen weggeschickt werden und um Essen betteln müssen, was mit zu ihrer Ausbildung gehört. Im ganzen vom Islam geprägten Afrika gibt es viele solche »Koranschulen«, doch wie Amadou sagte, waren diese Jungen keinem heiligen Mann unterstellt, sondern sie litten Not, so daß ihnen nichts anderes übrigblieb, als ihren Lebensunterhalt mit Betteln zu bestreiten.

Mali war voll von solchen Kindern, denn überall hatten die Dürre, die Heuschrecken und der ausgelaugte Boden Mißernten zur Folge. Amadou selbst war Dogon, während die Leute hier zu den Bambara zählten, der größten Bevölkerungsgruppe Malis, doch er meinte, es spiele gar keine Rolle, welchem Stamm man angehöre, denn die Verhältnisse seien überall ziemlich ähnlich. Überall in Mali gebe es Menschen, die ihre Dörfer verlassen hätten und am Straßenrand dahinwanderten. Seine Schilderung war eine exakte Innenansicht der verheerenden Landflucht in der Dritten Welt. Amadou war viel daran gelegen, daß ich wirklich verstand, was hier vorging, und da ich hören wollte, was er mir zu sagen hatte, blieb ich noch lange dort sitzen, als längst schon feststand, daß an diesem Tag kein weiterer Passagier eintreffen und er die Nacht über in seinem Taxi schlafen würde, während ich nach Bankas weiterradelte.

Die Reserven der Leute seien erschöpft, berichtete er mir. Die

Ziegen, die sie sich als finanzielle Absicherung hielten, falls die Ernte ausfiel und schlechte Zeiten bevorstanden, waren bereits verkauft worden, um frühere Katastrophen zu überbrücken. Beim nächsten Schicksalsschlag mußten sie unverzüglich wegziehen, um dem sicheren Tod zu entgehen. Die Alten und die ganz Jungen wurden zurückgelassen, der Rest der Familie machte sich auf die Wanderschaft. Sie zogen von Dorf zu Dorf, suchten nach Nahrung, nach Arbeit, nach irgendeiner Möglichkeit zum Überleben. Wenn sie nichts fanden, zogen sie weiter und immer weiter, bis sie starben oder eine Stadt erreichten. Die Zurückgebliebenen versuchten sich durchzuschlagen, so gut es eben ging. Die meisten mußten betteln, wie diese Jungen mit ihren Schalen, die für ihre Mütter vielfach die wichtigste Stütze geworden waren. Amadou rief den süßen Kleinen herüber und nahm den Deckel von dem kleinen, roten Plastikeimer ab, den er in der Hand hielt. Ein einziger winziger Reiskuchen lag darin, so kalt und schlaff wie die Brüste der jungen Frau. »Den ißt er nicht«, sagte Amadu. »Er spart ihn den ganzen Tag auf, für den Fall, daß er nichts anderes erhält. Am Abend geht er dann heim und fragt seine Mutter, ob sie heute schon gegessen hat, und wenn sie verneint, sagt er: ›Das ist für dich, Mama, ich hab' schon gegessen.‹«

Ich überreichte dem Kind mein Mittagessen aus Tomaten und Brot und wurde von einem Aufleuchten des kleinen, vertrauensseligen Gesichts mehr als belohnt, während ich die Gabe in den flotten roten Eimer legte, der weit besser für Badeferien als zum Betteln geeignet schien. Bevor ich losfuhr, sah ich, wie er ein Stück Brot mit einem anderen Jungen teilte, und mußte wieder an die Redewendung denken: »Wenn in Afrika einer ißt, essen alle.« Sie brachen kleine Krümel ab, um das Mahl in die Länge zu ziehen, und schleckten sich genüßlich, aber auch mit einer gewissen Ehrfurcht vor dem Essen die Brotkrumen von den Fingern. Sie erinnerten mich wieder daran, was mich in Mopti an der Einstellung der Menschen zum Niger so berührt hatte: Obwohl sie so hoffnungslos arm waren und ihr Land zugrunde ging, waren sie sich einer Lebensqualität bewußt, die der Westen mit all seinem Überfluß längst vergessen oder nie gekannt hat.

Bis Bankas waren es noch etwa achtzig Kilometer. Fast unvermittelt fuhr ich durch eine ganz neuartige Landschaft, wo vieles meine Aufmerksamkeit fesselte und meine Gedanken von der Armut in Afrika, der Hitze, dem Gegenwind und der weichen Fahrbahn ablenkte, die an den Reifen zerrte. Als sich die Straße zum Plateau hochwand, ragten zu beiden Seiten Hügelzüge auf. Ein Fluß lief nebenher, meist außer Sicht, in einer Schlucht versteckt oder von Büschen und Unterholz verdeckt. Nach dem Delta wirkte das Land mit seinen Sandsteinausläufern und der dunkler gefärbten Erde sehr solide. Zwischen all den vielen Akazien sorgten ein paar zarte Laubbäume für etwas Abwechslung.

Als ich mich nach etwa der Hälfte der Strecke den steilsten Teil des Anstiegs hochkämpfte, funktionierte plötzlich die Schaltvorrichtung zum Wechseln der Gänge nicht mehr, und ich blieb in einer zu großen Übersetzung stecken. Wäre ich nicht so müde gewesen, hätte ich einfach zeitweilig den Wechsel am Hinterrad verstellt, doch statt dessen begann ich, den fehlerhaften Mechanismus auseinanderzunehmen. Viele der vierzig oder fünfzig winzigen Federn, Zahnrädchen, Unterlagscheibchen und Rätschen, aus denen sich die komplizierte kleine Vorrichtung zusammensetzte, waren bereits im Sand verschwunden, als ein Lieferwagen heranfuhr und anhielt. Der Fahrer, ein Onkel von Amadou, war beauftragt worden, nach mir Ausschau zu halten und dafür zu sorgen, daß ich sicher in Bankas ankam. Er forderte doppelt soviel Geld für die verbleibende Hälfte wie Amadou für die ganze Strecke, kam mir jedoch entgegen, als ich ihm sagte, daß er die Zähnchen und Rädchen behalten dürfe, die er für mich aus dem Sand gefischt hatte. Ich wußte, daß ich sie nie wieder zu etwas Sinnvollem zusammensetzen konnte.

Während ich mich mit der Reparatur beschäftigt hatte, war das Licht schnell schwächer geworden. Jetzt ging die Sonne hinter uns unter, und wir fuhren in unseren immer länger werdenden Schatten hinein. Ich schlief ein, zusammengequetscht zwischen dem Onkel und seiner dicken, vergnügten Frau, die ihren Arm auf dem Rückpolster ausgestreckt hatte, um mich weich zu betten und die schlimmsten Stöße und das Gerüttel zu dämpfen. Einige Zeit später wurde ich beim Eingang zur Bar Faida geweckt, wo ich Bourema treffen sollte, einen jüngeren Bruder von Amadou, der, wie man mir zu verstehen gab, ein ausgezeichneter und kundiger Führer sei. Selbst im trüben Glanz von ein paar wenigen Sturmlaternen verspürte ich in seiner Gegenwart sofort ein instinktives Mißtrauen. Bourema war ein sehr großgewachsener, gelenkiger junger Mann mit einem weichlichen Mund und einem fliehenden Kinn und bewegte sich mit einstudierter Nonchalance. Er steckte in modischen, teuren Jeans und hatte trotz der Dunkelheit eine Sonnenbrille aufgesetzt, was seinen versteckten Augen etwas Unstetes verlieh. Weil mich sein sanfter und scharfsichtiger Bruder jedoch so beeindruckt hatte, wollte ich ihn nicht einfach kurzerhand wegschicken. Einen Führer anzuheuern und technische Reparaturen auszuführen hat offenbar eines gemeinsam – wenn man nachts vor lauter Müdigkeit kein klares Urteil mehr fällen kann, sollte man beides besser bleiben lassen.

Im wirren Durcheinander im Hof des »Hotels« machte mir Bourema seine Aufwartung. Er holte mir ein sehniges gebratenes Hühnchen und angebrannte Kartoffeln zum Essen und sah zu, daß niemand anders in meine Nähe kam. Dann besprach er die Tour mit mir und stellte auf Papierfetzen vielfältige Berechnungen an, die ich im trüben Licht nicht richtig lesen konnte. Wie beiläufig wurden Geldsummen erwähnt, berichtigt, diskutiert, erneut berichtigt, und ehe ich mir richtig bewußt wurde, was ich tat, hatte ich ihn wie durch ein Versehen zu einem mindestens doppelt so hohen Tarif als üblich für eine Woche in meinen Dienst genommen. Noch viel schlimmer war, daß ich gegen alle meine guten Vorsätze verstieß und ihm im voraus eine beträchtliche Summe Geld aushändigte, damit er Vorräte für die Reise einkaufen konnte.

Sobald Bourema das Geld in den Händen hatte, verschwand er schleunigst, und ich zog mich zum Schlafen zurück. Mir war eindeutig unwohl beim Gedanken an unsere Abmachung. Mein Bett stand auf dem Lehmboden eines angebauten Schuppens aus Hirsestengeln, den ich mit zwei angebundenen Schafen teilte, die ruhig in einer Ecke ihr Abendessen futterten. Das Licht der rußgeschwärzten Sturmlaterne warf einen trüben, weichen Glanz, und durch die großzügig bemessenen Lücken in Dach und Wänden glitzerten helle Sterne. Die Szene erinnerte mich an den Rahmen für die »Geburt Christi« von Giotto, und langsam verflüchtigte sich die Beklommenheit bezüglich meines Führers und der bevorstehenden Reise.

19

Im Land der Dogon

Am nächsten Morgen erschien Bourema mit einem Eselkarren, und wir brachen gleich auf. Der Weg führte durch eine weite, sandige Ebene zu der großen Felswand, der Falaise, die unwirklich aus dunstiger Ferne herüberschimmerte. Gruppen barfüßiger, bunt bekleideter junger Frauen eilten uns entgegen. Auf den Köpfen trugen sie Körbe mit den kleinen, schalottenartigen Dogon-Zwiebeln, die ein Franzose vor etwa hundert Jahren hier eingeführt hatte und die mittlerweile in ganz Westafrika berühmt sind. Da die Zwiebeln auf dem Plateau über jenen fernen Klippen wuchsen, mußten die Mädchen ihre Last also bereits fünfzehn Kilometer oder mehr getragen haben. Der Tag war bereits unangenehm heiß, und der Schweiß strömte ihnen übers Gesicht, während sie mit federndem Gang dem Markt von Bankas zustrebten.

Die Dogon haben ihre Dörfer auf allen drei Stufen des Landes errichtet. Die ursprünglichen Festungen kleben auf den Simsen und Terrassen der hoch aufragenden Falaise. Sie stammten von früheren Völkern, die hier lange vor dem Eintreffen der Dogon Zuflucht vor feindlichen Stämmen und wilden Tieren gefunden hatten. Auf dem Plateau darüber legten die ersten richtigen Siedler an abgeschiedenen Orten Felder und Gärten an. Sie wurden von den Dogon vertrieben, und als die Zeiten friedlicher geworden waren, konnten diese sowohl dort oben wie auch unten auf den Ebenen am Fuß der Falaise feste Dörfer errichten.

Diese flachen Gegenden, durch die wir jetzt mühsam voranholperten, waren einst dicht bewaldet und wimmelten von Wild. Nach jahrzehntelangem Abholzen der Bäume und Überkultivieren des Bodens verwandelten sie sich schnell in nicht regenerierbare Wüste. Über den abgeweideten Hirsefeldern und den weichen Wegen, die sie kreuz und quer durchzogen, lagen sterile weiße Sandverwehungen. Für Verkehr auf Rädern waren sie nicht sehr geeignet, und unser armer kleiner Esel wurde ständig angetrieben und hatte eine schwere Zeit.

Auf halbem Weg hielten wir bei einem Dorf an, das von vielen hohen, entlaubten Affenbrotbäumen umgeben war. Sie wirkten noch bizarrer als üblich, weil sie mit Früchten, so groß und so schwer wie Kanonenkugeln, behängt waren, die in gefährlicher Höhe an langen, dicken Stengeln baumelten, so daß man sich leicht den Kopf anschlagen konnte, wenn man nicht aufpaßte. Um ihre Stämme ringelten sich regelmäßige Bänder, wo die dicke, faserige Rinde zur Herstellung von Seilwerk entfernt worden war, was sie wie eine merkwürdige Abart von Laternenmasten aussehen ließ. Das Dorf mußte über eine gute Wasserversorgung verfügen, denn es wirkte viel wohlhabender als alle anderen, die ich noch zu sehen bekam. Die Fassade eines Heiligtums war frisch mit Totemsymbolen und Tieren bemalt, unter anderem mit einer riesigen Schlange, einem Symbol des Lebens, die so aussah, als würde sie den Schrein unten durch ein Loch betreten und fast zuoberst wieder hervorkriechen.

Um die Religion der Dogon, eine reiche und komplexe Form des Fetischismus, in dessen Zentrum die Ahnenverehrung steht, in all ihren Subtilitäten zu verstehen, wäre ein jahrelanges Studium erforderlich. In einem Dogon-Dorf kommt fast jedem Stein eine tiefere Bedeutung zu, die sich in einer Äquivalenz mit der kosmischen Welt manifestiert. Es gibt beinahe keinen Fleck, der nicht mit einem Tabu behaftet oder mit einem phallusförmigen Fetisch-Stein ausgestattet ist, den das seit Jahrhunderten über ihn ausgegossene Opferblut braun gefärbt hat.

Alle Wohnhäuser hatten Flachdächer, denn bei heißem Wetter schläft die ganze Familie auf dem Dach. Weil Treppen im Land der Dogon unbekannt sind, erfolgt der Zutritt von außen über einen eingekerbten Baumstamm, der sich oben Y-förmig gabelt. Die Häuser dieses Dorfs besaßen fast alle einen Hof, auch wenn die meisten sehr klein waren. Das Haus des Dorfchefs war mit einem großen, hölzernen Doppeltor mit fein geschnitzten männlichen und weiblichen Ahnenfiguren geschmückt. Einige Häuser wiesen die traditionelle, in Nischen gegliederte Vorderfront auf. In jeder Reihe befanden sich acht solcher Nischen, welche die acht ursprünglichen Ahnen repräsentierten, vier männliche und vier weibliche, durch die alles menschliche und tierische Leben auf die Erde gekommen war und erhalten wurde. Gleichzeitig mit diesen Urahnen war – zusammen mit den Gaben der Sprache, des Feuers, der Metalle usw. – auch der Tod in Erscheinung getreten, dessen Macht durch eine Form von Auferstehung in der Waage gehalten wurde. Die Dogon glaubten an ein Leben nach dem Tod und an eine allmächtige, wenn auch ziemlich schattenhafte oberste Gottheit. Die Nischen bildeten Schreine, in welchen die Familien Memorabilien ihrer Vorfahren, heilige »Bündnissteine«, Andenken an verstorbene Kleinkinder, traditionelle Zaubermittel und ähnliches aufbewahrten. Bourema drängte mich eilig an diesen mit Nischen besetzten Fassaden vorbei. Er sagte, sie seien die Wohnstätten der Dorfzauberer und sehr gefährlich. Obwohl er selbst Dogon war, legte er Verachtung für die meisten ihrer Glaubensinhalte an den Tag, schien jedoch gleichzeitig eine Riesenangst davor zu haben. Religion, wie er sie auffaßte, lag weit näher bei dem, was der Westen als »Schwarze Magie« zu bezeichnen pflegt – ein Vehikel für irrationale Ängste und Befürchtungen. Seine Welt wurde von Zauberern regiert, die größtenteils darauf aus zu sein schienen, Leiden, Krankheit und Tod zu bewirken, und deren schädlicher Einfluß nur durch die Bemühungen eines noch mächtigeren Zauberers bekämpft werden konnte. Für Bourema existierte kein definiertes Prinzip von »Gut und Böse«, nur »Macht«. Er war überzeugt, daß überall Zauberer in der Maske gewöhnlicher Leute nach Opfern ausspähten, um ihnen »die Seele auszusaugen und sich daran zu laben«.

Die auffälligsten Bauten im Dorf waren die Kornspeicher. Es gab Hunderte davon, weil nicht nur Korn, sondern alles Erdenkliche darin aufbewahrt wurde. Ob gewollt oder ungewollt – sie waren wundervoll belebte kleine Konstruktionen mit völlig individuellem Gepräge und sahen aus wie stämmige kleine Wachthäuschen aus geglättetem Banco. Sie waren unten etwas angeschrägt und standen erhöht auf niedrigen Steinhäufchen, die wie Füße unter einer Robe hervorguckten, während mehrere quadratische, oft exquisit geschnitzte eingesetzte Holztürchen Gesichtszüge zu bilden schienen. Oben waren sie von einem spitzen Strohdach mit tief überhängendem Dachsims gekrönt, aus dessen Gipfel in schrägem Winkel ein paar lange Stöcke abstanden wie Federn aus einem feschen Tirolerhut. Wenn man sie über der Umfassungsmauer eines Dorfs erblickte, wirkten sie insgesamt wie ein Heer wohlgesinnter vierschrötiger Gnomen, die einer gegnerischen Armee von Affenbrotbäumen gegenüberstanden. Sie waren so entzückend, daß sich ein Besuch im Land der Dogon allein schon ihretwegen gelohnt hätte.

Zur Mittagszeit hielten wir in einem Dorf am Fuß der Falaise an. Es gab viel Touristenverkehr, weil es dank einer für Motorfahrzeuge befahrbaren Straße in bequemer Reichweite derer lag, die nur einen oder zwei Tage Zeit hatten. Infolgedessen war es ziemlich verkommen und voll von Plastikbeuteln und anderem Abfall des zwanzigsten Jahrhunderts, der über die sandigen Straßen wehte. Zähes Ziegenfleisch war das einzige, was zum Essen erhältlich war, doch weil der frisch abgetrennte schwarze Kopf uns mit einem schwachen Lächeln von einer Mauerkrone anblickte und Fliegen in Hülle und Fülle herumschwirrten, verging mir der Appetit.

Die Stimmung wurde auch durch den wütenden Streit nicht besser, der sehr zum Interesse der anderen jungen Männer, die in der Gaststätte herumhingen, plötzlich zwischen Bourema und dem Besitzer aufflammte. Solche Vorfälle sind im Sahel selten, denn die Menschen sind hier sehr friedfertig, was oft darauf zurückgeführt wird, daß sie während der französischen Besetzung eingeschüchtert worden waren. Während der Zeit, die ich mit Bourema verbrachte, sollte ich jedoch noch mehrere hitzige Szenen erleben. Er schuldete überall Geld, weil er es monatelang versäumt hatte, den Dorfältesten die erforderlichen Gebühren für das Herbringen von Touristen und die Kosten für ihre Unterkunft und Verpflegung zu entrichten. In der Folge erfuhr ich, daß

Bouremas Probleme von Drogen herrührten und daß er einen Punkt erreicht hatte, wo ihm in Bankas keiner mehr traute. Ich hatte bereits so etwas vermutet, weil er oft unvermittelt bizarren Stimmungsumschwüngen ausgesetzt war und jeden Tag meist gegen drei Uhr nachmittags entweder einen depressiven Anfall oder einen Wutausbruch hatte, tobte, wirre Worte ausstieß und mir sogar mit den Fäusten vor der Nase herumfuchtelte, bis er ebenso plötzlich innehielt, mich um Verzeihung bat und wieder völlig vernünftig wurde.

Bourema führte mich schnell weg von der unangenehmen Szene, bevor ich herausfinden konnte, worum es ging. Wir machten uns an einen steilen Anstieg, um ein Dorf hoch oben in der Falaise aufzusuchen. Diese Siedlung war praktisch ausgestorben, denn ihre einstigen Bewohner waren in die Ebenen hinuntergezogen, wo das Leben leichter war. Nur der Hogon, ein alter, heiliger Mann, war zurückgeblieben. Er amtierte bei Begräbnissen, doch seine Hauptaufgabe bestand darin, am Sitz der Vorfahren auszuharren. Für Erkundungen war dieser Ort geradezu ideal, denn hier waren alle drei Hauptperioden der Klippenbehausungen noch klar ersichtlich.

Die ältesten Siedlungsstufen lagen auf den höchsten Felsgesimsen, wo sich eine heute völlig verschwundene Pygmäenrasse ihre einfachen Unterkünfte errichtet hatte – rührende kleine Relikte, nicht viel mehr als rohe Bancomauern, die den Zutritt zu einer Reihe niedriger natürlicher Höhlen schützten. Diese kleinwüchsige Rasse von Sammlern und Jägern hinterließ keine weiteren Spuren ihres Erdendaseins, mit einer einzigen Ausnahme: Auf den abgeflachten Felsplatten über ihren Höhlen, wo sich die steilen Wände der Falaise jäh zu dem hervorspringenden Klippenrand emporschwangen, fanden sich die wundervollsten Felsmalereien mit stilisierten Strichmännchen, die verschiedene Arten von Wild jagten. Sie unterschieden sich stark von den naturalistischeren Felszeichnungen, die ich im Aïr gesehen hatte, doch auch ihnen haftete etwas Geheimnisvolles und Ehrfurchtgebietendes an.

Gleich unterhalb der Pygmäenhöhlen standen Trauben schlanker, meist viereckiger, zuweilen aber auch abgerundeter wohlproportionierter Türme auf sinnreich konstruierten Terrassen. Sie waren das Werk der Tellem, jenes Volkes, das vermutlich die Pygmäen verdrängt hatte und seinerseits von den Dogon völlig absorbiert oder sogar ausgemerzt worden war, weil diese den Vorteil von Eisenwaffen auf ihrer Seite hatten. Die Tellem legten die ersten Gärten auf dem Plateau an. Aus ihrer Architektur, ihrer Technik und aus den wenigen erhaltenen Tonscherben läßt sich auf eine hochentwickelte Kultur schließen. Ihre schönen Türmchen, nach denen die Dogon offensichtlich ihre Kornspeicher gestaltet hatten, werden wahrscheinlich die Dörfer ihrer Eroberer überdauern, denn die Tellem stellten ihre Bauten so geschickt auf, daß der große Überhang am Gipfel der Falaise die jährlichen Regenfälle in Güssen und Wasservorhängen von ihnen weglenkt. Zudem wußten sie einen Banco zu mischen, der härter und dauerhafter war als Beton und dessen Geheimnis mit ihnen verlorenging.

Die heiligen Stätten der Pygmäen waren von den Tellem zum selben Zweck benutzt worden und werden es auch heute noch von den Dogon. Eine solche Kontinuität in der Ausübung religiöser Praktiken läßt sich an vielen Orten der Welt nachweisen und liegt meiner Ansicht nach an einem tiefen Gespür für das Numinose, das an solchen Stellen auftritt. Wenn es je einen natürlichen Rahmen für eine heilige Stätte gegeben hat, dann hier, zuoberst auf diesen Terrassenanlagen, die auf das riesige Amphitheater der Ebenen blicken und über denen die Malereien der Pygmäen wie Ikonen an der steil aufragenden Klippenwand erglühen. Hier liegt auf einer kleinen, ebenen Fläche der heilige Tanzboden, wo das wichtigste aller Dogon-Rituale, das Begräbnis, abgehalten wird. Wenn einer der Ältesten stirbt, werden große, wundervoll geschnitzte Masken und spezielle Trommeln aus ihren Verstecken hervorgeholt, mit denen ein komplizierter Ritus inszeniert wird. Auf dem Höhepunkt wird der mit Maske und Grabschmuck verzierte Leichnam zu einer schmalen Plattform oben in den Klippen hochgezogen, wo man den Putz entfernt und den Toten in seine letzte Ruhestätte in einer verborgenen Felsspalte hinabsenkt.

Im Land der Dogon wurde mir mehrmals eine Aufführung

dieses Begräbnistanzes angetragen, falls ich bereit war, dafür zu bezahlen. Es hätte vermutlich meine Mittel überstiegen, aber mir lag sowieso nichts an einer solchen Imitation. Im allgemeinen sind Weiße von den echten Totenfeiern ausgeschlossen, weil man nie sicher sein kann, ob sie nicht heimlich fotografieren, was nach Meinung der Dogon die Wirksamkeit der Zeremonie zerstört. Obwohl ich nie einen Tanz der Masken sah, war mir dennoch ein kleiner Trost beschieden. In einem abgelegenen Dorf sah ich eines Morgens in der Frühe von meinem Schlafplatz auf einem Dach, wie mehrere alte Männer in Roben und phrygischen Kappen zur Musik von Trommeln und einfachen Flöten vor einem Stein langsam vor und zurück tanzten. Während sie vorrückten und wieder zurückwichen, trotteten alle Tiere des Dorfes, Schafe, Ziegen und Rindvieh, an ihnen vorbei zu ihren Weidegründen hinaus. Ich hatte keine Ahnung, was hier inszeniert wurde, doch das spielte auch gar keine Rolle – es erlaubte mir einen winzigen Einblick ins Leben der Dogon.

Da die Dogon ihre Glaubenspraktiken acht Jahrhunderte lang vor islamischem Reformeifer schützen mußten, zeigen sie sich Fremden gegenüber nicht sehr zugänglich. Sie sind aber auch sehr arm, und obwohl Touristen so Beunruhigendes wie das Fotografieren betreiben, bringen sie Geld und werden in den meisten Dörfern willkommen geheißen. An den leichter zugänglichen Orten wird die traditionelle Lebensweise dadurch schnell ausgehöhlt. Wenn das Vermieten einer Schlafgelegenheit auf dem Dach mehr als einen Monatsverdienst einbringt, führt dies fast unweigerlich dazu, daß die herkömmlichen Werte in Frage gestellt werden. Die Kinder halten sich mehr und mehr an die Touristen, und kleine Jungen lernen von ihnen nicht nur, Zigaretten zu rauchen, sondern auch, daß es in der Welt noch ganz andere Normen und Einstellungen gibt als jene ihrer Eltern.

Auf dem Plateau oben konnte ich Dörfer sehen, in die sich Weiße nur selten verirrten. Dies war genau das, was ich wollte, und es kam auch Bourema sehr gelegen, der lieber Orte besuchte, wo man ihn noch nicht kannte und er auf Pump leben konnte. Hier gab es wenig zu essen, keine sanitären Einrichtungen und nirgendwo eine Waschgelegenheit. Hätte ich wegen der Brustfellentzündung, die nur langsam abklingen wollte, nicht noch immer unter Antibiotika gestanden, wäre es wohl nicht sehr klug gewesen, von den Tomatensalaten mit Zwiebeln zu essen. Die Nächte schlief ich vom Wind umfächelt auf einem Hausdach unter den Sternen, und die ganze Nacht rief der endlose Chor der Ziegen wie Todesfeen aus irischen Märchen. In meinem Schlafsack fühlte ich mich wohlig geborgen, aber trotz meiner kleinen Luftmatratze lag ich alles andere als bequem. Die Reise begann ihren Tribut zu fordern, und weil meine Knochen nicht mehr so gut gepolstert waren, um die Unebenheiten auszugleichen, fiel mir das Einschlafen schwer.

Tag für Tag wanderten wir durch eine steinige, gewellte Landschaft mit Gebirgskämmen und flachen Tälern. Sie war zuweilen von kleinen Schluchten durchsetzt, deren Klippen Spuren von Pygmäenbauten aufwiesen. Es gab hier nur noch wenig Strauchwerk und kaum noch Bäume, denn jedes Fleckchen Erde, wie klein und steinig es auch sein mochte, war für den Anbau von Hirse in Anspruch genommen worden. Jede Parzelle hatte ihren Opferstein, wo das Frühjahrsopfer einer schwarzen Ziege dargebracht wurde, um die Fruchtbarkeit der Erde sicherzustellen.

Die Dörfer wuchsen in einer lieblichen organischen Einheit aus ihrer Umgebung heraus, die ihre verzweifelte Armut solange kaschierte, bis man näherkam. Auf dem Plateau war es schwierig, Banco herzustellen, daher bestanden die Häuser ebenso wie die niedrigen Umfassungsmauern aus unbehauenen und unverputzten Feldsteinen. Das einzige Möbelstück, das ich in diesen abgelegenen Dörfern je zu Gesicht bekam, war eine Art Bett. Manchmal stand es im Haus, manchmal aber auch draußen auf einem erhöhten Vorbau. Kleider und Geräte hingen an Pflöcken, die man zwischen die Steine in die Mauern getrieben hatte. Das meiste war jedoch in den Kornspeichern verstaut, wo es vor räuberischen Wesen sicher war, was die Häuser und Dörfer nackt und spartanisch aussehen ließ. Gekocht wurde draußen oder in einem kleinen Vorbau aus Steinen über spärlichen Feuern auf der Erde. Das Wasser mußte fast immer auf den Köpfen der Mädchen und

Frauen von weither getragen werden. Die rauhen Steine der Häuser, das Fehlen von Wegen mit Ausnahme einfachster Trampelpfade, die nackten Kinder und die geflickten und zerschlissenen Roben und Tuniken der älteren Bewohner weckten in mir ein Gefühl, als würde ich mich nicht eigentlich in einem fremden Land, sondern vielmehr in einem früheren Zeitalter befinden. Zuzeiten glaubte ich mich geradezu ins Neolithikum zurückversetzt. Daß es hier praktisch keine der elementarsten Bequemlichkeiten wie beispielsweise Stühle gab, trug ebenso zu diesem Eindruck bei wie die Fülle der Opfersteine, die in dem Durcheinander der rudimentären Pfade oft nicht zu erkennen waren, bis mich jemand auf sie hinwies.

Dank der unendlichen Vielfalt seiner anthropomorphen Kornspeicher war kein Dogon-Dorf völlig unattraktiv oder uninteressant. Einige der Siedlungen, die wir besuchten, schienen jedoch kurz vor dem Zusammenbruch zu stehen. Es war offensichtlich, daß das Leben auf dem Plateau schon seit Jahren mehr und mehr zu einem Kampf um die nackte Existenz verkümmerte, weil es immer schwieriger wurde, dem erschöpften Boden genug zum Überleben abzugewinnen. Viele junge Männer waren bereits weggezogen, um in den Küstenstädten zu arbeiten, was den sozialen Zusammenhalt zerstörte und das Dorf der notwendigen Hände beraubte, um die zerbröckelnden Bauten zu reparieren.

Das Entzückendste auf dem Plateau waren die Gärten. Wo immer sich ein kleiner Fleck gute Erde in der Nähe einer geeigneten Wasserstelle fand, war eine dieser kleinen Oasen anzutreffen – wie grüne Augen in der Ödnis des trockenen, steinigen Bodens. Diese Gärten wurden so intensiv bestellt, daß das Erdreich unter einem Teppich erstaunlich zarten Grüns vollkommen verborgen war. Auf alle, die ich zu sehen bekam, spritzten Jungen und Männer wie menschliche Sprinkler ständig Wasser aus Kalebassen. Neben den berühmten Zwiebeln gab es auch Mangobäume, deren Früchte soeben heranreiften, Papayas und Tomaten, so daß wir uns zuweilen mit frischem Obst und Gemüse eindecken konnten.

Einige der größeren Dörfer besaßen eine kleine Moschee. Bourema sagte mir, sie seien den Einwohnern von verschiedenen Reformern aufgezwungen worden und nur zum Vorzeigen da. Ich sah oder hörte auch nie, daß eine von ihnen besucht wurde. Einmal kam ich an einer kleinen Steinhütte, einer christlichen Kirche, vorbei. Drinnen thronten in einer Nische an der Giebelwand eine geschnitzte schwarze Madonna und ein vierschrötiger kleiner Christus, die wie Nachbildungen einer angelsächsischen Schnitzerei aussahen. Eine Frau stürzte wütend auf mich zu, weil ich diese Kirche betreten hatte, worauf ich ziemlich verdutzt durch Bourema zur Antwort gab, daß ich jedes Recht dazu hätte, weil ich Christin sei, und mein Kreuz herausfischte, um diese Behauptung zu belegen. Es fiel ihr offenbar schwer zu glauben, daß jemand mit weißer Hautfarbe ihre Religion teilen könnte, doch schließlich lud sie mich zu sich nach Hause ein. Dort saßen wir in ihrem Hof zwischen scharrenden Hühnern und tranken Hirsebier (ein Getränk, das ich verabscheute), doch weil Bourema gerade wieder ein Tief hatte und nicht übersetzen wollte, blieb uns nichts anderes übrig, als einfach dazusitzen und einander zuzulächeln.

Als wir eines Tages ein Dorf betraten, umtanzte uns eine Schar Jungen in kurzen, weißen Wamsen, die Rasseln aus Kalebassen schwangen, welche man auf eine Schnur gefädelt hatte. Sie steckten mitten in den einwöchigen Beschneidungsriten, lebten in Hütten im Busch und kamen täglich ins Dorf, um Essensgaben abzuholen. Während dieser Zeit durften sie von keiner Frau gesehen werden. Die Rasseln sollten alle weiblichen Wesen warnen, sich fernzuhalten, doch vermutlich zählte ich nicht dazu.

In einem anderen Dorf erbot sich ein Zauberer, sich gegen ein Honorar fotografieren zu lassen. Er verschwand kopfüber durch die kleine Tür eines Kornspeichers, um das notwendige Zubehör hervorzuholen und sich für diese schwere Prüfung vorzubereiten. Ich war versucht, die wedelnden, körperlosen Füße im Bild festzuhalten, doch aus Angst, dabei erwischt zu werden, ließ ich es bleiben. Als er mir sagte, er sei jetzt bereit, war er mit einem Jägerkostüm ausstaffiert – im weitesten Sinn zählen auch die Jäger und die Schmiede zu den Zauberern, denn sie befassen sich mit dem Mysterium von Leben und Tod beziehungsweise mit Feuer und Metall, und ebenso muß jeder Zauberer zugleich ein Jäger sein, um die wild lebenden Geschöpfe zu fangen, die er für seine Mixturen benötigt. Er sah ähnlich aus wie ein Sherwood-Förster in Hut, Umhang und Stiefeln und hatte sich für diese Begegnung sicherheitshalber mit einem uralten Steinschloßgewehr bewaffnet. Diese *fizzy*, wie man sie hier nennt, war vielleicht ein Überbleibsel aus einem längst vergessenen Krieg, doch schon Caillié erwähnt, daß solche Gewehre aus dem Westen auf dem Markt in Djenné feilgeboten würden. Als zusätzlicher Schutz stand ihm sein Talisman zu Füßen, und um sein Gesicht zu verhüllen und seine Seele vor der Macht meiner Fotokamera zu bewahren, hatte er eine Sonnenbrille aufgesetzt. Der Gesamteffekt war so komisch, daß ich mir nur schwerlich das Lachen verkneifen konnte, als er sich in eine heldenhafte Pose warf, die Fizzy hoch zum Himmel gereckt und mit Schießpulver geladen, damit er sie abfeuern konnte, sobald ich den Auslöser drückte. Als ich ihn jedoch dazu überredete, seine dunkle Brille abzulegen, kam ein verschlagener und schlauer Gesichtsausdruck zum Vorschein, der nicht im mindesten komisch wirkte.

Bouremas Vetter hatte denselben Gesichtsausdruck, aber ich mochte ihn trotzdem gut leiden. Wie ich hörte, hatte er seine Stellung als Zauberer erst vor kurzem nach dem Tod seines Großvaters ererbt und war jetzt »Hüter der Großen Türen«, was bedeutete, daß er nach den Masken und Totenschnitzereien des Dorfs schaute. Über die Zauberer herrschte bei mir inzwischen einige Verwirrung. Laut Bourema gab es ganz unterschiedliche, einschließlich jener heimlichen Sorte, die sich nachts im Busch herumschlich und Böses aushecke und von deren unsichtbarer Einflußnahme er einmal in den frühen Morgenstunden in hellem Entsetzen geflohen war, als wir eine Hütte am Rand eines Dorfes teilten.

Doumo, sein Vetter, war von seiner Stelle als Nachtwächter beim jugoslawischen Botschafter in Bamako nach Hause zurückgekehrt, um hier Neujahr zu feiern. Der Kalender der Dogon ist kompliziert, weil ihre Woche nur fünf Tage hat, so daß ihr Neujahrsfest vermutlich kaum je mit dem anderer Menschen zusammenfällt. Dieses hier fiel in den Februar. Die Feierlichkeiten waren nicht sehr beeindruckend: Es wurde ausgiebig Hirsebier konsumiert, und plötzlich stürzten alle ein enges Gäßchen hinunter, um beim Haus des Chefzauberes ihre Fizzys abzufeuern. Außer in historischen Filmen hatte ich noch nie so viele uralte, rostige Musketen auf einem Haufen gesehen. Obwohl sie nur mit Schießpulver geladen waren, bestand vermutlich ein hohes Risiko, daß unversehens ein Gewehrlauf zerbarst.

Der eigentliche Gewinn dieses Besuchs lag darin, daß Vetter Doumo mir gestattete, die prächtigen Masken und Schnitzereien in seiner Obhut zu studieren, und sich von Bourema überreden ließ, uns für den Rest der Reise zu begleiten. Seine Anwesenheit gab der Sache ein ganz anderes Gesicht, denn es gelang ihm, Bouremas Wutanfälle zu mildern und ihn mit großen Mengen Hirsebier sanft wie ein Lamm zu halten. Und als es Zeit wurde, wieder zu den Ebenen hinunterzusteigen, führte er uns über einen Geheimpfad der Tellem durch eine senkrechte Kluft die Falaise hinunter, die von einer unscheinbaren Felsspalte im Boden hundert Meter oder mehr direkt zum Fuß der Klippen abfiel.

Ich war für die Kletterei am besten ausgerüstet, denn meine Stiefel mit Vibramsohlen fanden auf dem jahrhundertelang benutzten und glatten Fels einigermaßen sicheren Halt. Meine beiden Begleiter dagegen waren barfuß – Doumo voller Selbstvertrauen und mit dem natürlichen Talent des geborenen Athleten, der arme Bourema unbeholfen und steif vor Angst, aber mit eindrucksvollem Mut. Dies war nicht der geeignete Ort für jemanden, der nicht schwindelfrei war. Immer wieder öffneten sich unter glatten, furchteinflößenden Überhängen Abgründe, die kurze Blicke auf das Tageslicht hundert Meter unter uns gewährten. Was den Abstieg überhaupt erst ermöglichte, waren die künstlichen Hilfen, welche die Tellem an den Stellen angebracht hatten, wo der Fels zu schwierig oder der Abstand der Tritte zu lang war. Ein, zwei fest verkeilte Steine boten den Füßen zuweilen einen temporären Rastplatz oder stützten Reihen der vertrauten eingekerbten Y-förmigen Baumstämme ab, und manchmal ermöglichte es uns eine Spiere, deren Ende äußerst geschickt an einem Felsen eingehakt war, wie ein Pendel quer über eine glatte Felswand auszuschwingen und eine weitere Y-Leiter zu erreichen. Es hatte etwas ungemein Befriedigendes, diese genial konstruierten Low-Tech-Hilfsmittel aus längst vergangenen Zeiten zu benutzen, die vor über achthundert Jahren errichtet worden waren und immer noch perfekt funktionierten. Kein Fremder, der zufällig auf diese Route gestoßen wäre, hätte ihr folgen können, denn nach dem Gebrauch wurden an Schlüsselstellen die Kletterhilfen wieder entfernt, und zudem lag ein Großteil des Weges im Dunkel und mußte »blind« begangen werden. Vom Hauptschacht führten Galerien weg, die in vergangenen Zeiten eine sichere Zuflucht vor Angreifern geboten hatten. Dieser Ort barg ebenso viele Erinnerungen an die Geschichte der Falaise wie die heiligen Tanzplätze, und ich war sehr froh um dieses Erlebnis, denn wie ich später herausfand, war die Route noch immer ein streng gehütetes Geheimnis, und man hätte mich nicht hinunterführen dürfen.

Der letzte Tag erlaubte mir einen weiteren Blick hinter die Fassade, welche die Dogon Fremden gegenüber präsentieren. Bourema und ich wanderten auf einem sandigen Pfad am Fuß der Falaise nach Bankas zurück, als wir eingeladen wurden, ein bestimmtes Dorf zu besuchen. Der Mann gebrauchte dabei das imperative »Il faut visiter«, so daß es eher wie ein Befehl als wie eine Einladung klang. Er war der Dorfvorsteher von Yabatalou, einem kleinen, auf halbem Weg in der Falaise oben nistenden Dorf, und es hatte den Anschein, als seien Yabatalou und sein Schwesterdorf unten auf der Ebene beide in Not – die Brunnen waren ausgetrocknet. Sie mußten sich das Wasser von einer schwer zugänglichen Stelle holen, doch auch diese würde bald versiegen. Ich war Weiße, vielleicht wußte ich Rat.

Damit ich mich über das Ausmaß der Problematik besser ins Bild setzen konnte, wurde ich von seinem Bruder auf einen Rundgang in jeden Winkel des Dorfs mitgenommen, als ob sein Liebreiz mich bewegen könnte, etwas zu ihrer Hilfe zu unternehmen. Ankoudia war ein sanfter, selbstkritischer Mann, der seinem jüngeren Bruder das Amt des Dorfchefs überlassen hatte, weil er ihn geeigneter fand. Er war der einzige Mensch in ganz Westafrika, den ich je im Vorbeigehen die Ohren eines Esels kraulen sah.

Wir stiegen von Terrasse zu Terrasse und trafen dabei verschiedene Mitglieder der fünf verzweigten Familien an, die das kleine Dorf bildeten. Die freundliche, kooperative Atmosphäre unterschied sich vermutlich nur wenig von vielen anderen Dogon-Dörfern, doch weil diese Leute so offen zu mir waren, wurde mir die Natur ihrer engmaschigen Gemeinschaft viel stärker bewußt als anderswo. Der reizende Ort war viel reinlicher als alle anderen Dörfer der Dogon, die ich bisher gesehen hatte. Bäume sorgten für Abwechslung, und an den flachen Stellen spendeten Mattendächer Schatten, während ein leichter Wind für luftige Kühle sorgte und die Fliegen fernhielt. Die Kornspeicher sahen besonders lustig aus, und die Häuser waren in besserem Zustand und ein wenig komfortabler als jene, welche ich auf dem Plateau oben besucht hatte. Alle Bewohner waren mit vielfältigen Aktivitäten beschäftigt. Die Männer flochten Körbe für den Verkauf, verfertigten Seile und schauten nach den Tieren, die Mädchen und Frauen nähten, zerstießen Getreide und bereiteten das Essen zu. Die kleinen nackten Kinder hatten zuerst Angst vor meiner weißen Haut, ein untrügliches Zeichen, daß es hier keine Touristen gab, doch schon bald guckten sie der Reihe nach durch mein Fernglas und krähten vor Entzücken über das, was sie sahen.

Ganz zuoberst im Dorf lag der heilige Tanzboden. Zu meiner Überraschung wurde ich auch dorthin geführt und durfte mir kurz die Trommeln und den formlosen Fetisch ansehen, der in der Nähe einer prächtigen Felsmalerei der Pygmäen aufgehängt war, welche Männer mit Pferden und Affen zeigte. Und genau wie zuvor auf dem anderen leeren Tanzplatz hatte ich wiederum das Gefühl, mich an einer machtvollen Kultstätte zu befinden.

Gleich unterhalb des Tanzbodens, zu dem wir über einen abschüssigen Pfad gelangt waren, lag eine tiefe Kluft, wo klares, kaltes Wasser aus den Felsen tröpfelte und sich in einem Becken sammelte. Von dort oder von einer ähnlichen Quelle mußte es einst zu den Brunnen unten durchgesickert sein. Schmächtige kleine Mädchen rackerten sich den steilen Pfad hinauf und hinunter, wozu sie mindestens eine halbe Stunde benötigten. Während sie sich Schritt für Schritt über das rauhe Gestein nach unten tasteten, schwappte das Wasser aus den schweren Eimern auf ihren Köpfen über und durchnäßte sie, und ich zitterte beim Gedanken, daß schon ein einziger Ausrutscher zu einem schrecklichen Sturz führen konnte.

Aber das war noch längst nicht das Schlimmste. Die nächste Regenzeit ließ noch viele Monate auf sich warten, doch das Wasser im Becken reichte nur noch für ein paar Wochen, und wenn das letzte verbraucht war, blieb den Bewohnern von Yabatalou nichts anderes übrig, als von hier wegzuziehen. Im Schwesterdorf unten auf der Ebene mußten die Menschen fast zwei Kilometer marschieren, um sich ihr Wasser zu holen. Beide Siedlungen standen unversehens vor der Notwendigkeit, etwas zurücklassen zu müssen, was ihnen viel mehr bedeutete als nur ein Zuhause: den innersten Kern ihrer Existenz, den Ort ihrer Vorfahren, der seit Menschengedenken ständig bewohnt worden war.

Wie hatte es soweit kommen können? Niemand wußte eine Antwort, denn das Phänomen war völlig neu. Wie ich erfuhr, waren auch früher schon in sehr trockenen Jahren die Brunnen zuweilen kurz vor Beginn des Regens versiegt, doch der Wasserspiegel dieser erhöht liegenden Quelle war stets unverändert geblieben. Niemand von ihnen wußte, woher das Wasser kam, das ihre Brunnen speiste. Es war schon immer dagewesen, war Teil ihres Erbes und der eigentliche Grund, weshalb die Ahnen diesen Platz ausgewählt hatten. Und schon gar keiner wußte, weshalb das Wasser zurückging. Ich aber wußte es, oder zumindest hegte ich einen schrecklichen Verdacht. Die Quelle ihres Wassers war der Regen, der langsam, Tropfen für Tropfen, vom Plateau über ihnen durch das Felsgestein sickerte. Auf dem Plateau selbst hatte schon immer Wassermangel geherrscht. Mit westlicher Hilfe waren kürzlich mehrere Staudämme errichtet worden, um Reservoirs anzulegen, die den Regen sammelten und speicherten. Ich hatte in einigen dieser unter Wasser gesetzten Täler gebadet und machte mir inzwischen bereits Gedanken, ob ich mir dort nicht eine Bilharziose zugezogen hatte. Nun begann ich mich auch zu fragen, ob jene Dämme nicht vielleicht die Wasserquelle abgeleitet hatten, welche die Brunnen in diesem Teil der Falaise speiste. Man kann das Wasser nicht an einem Ort zurückhalten, ohne seinen weiteren Verlauf zu beeinträchtigen. Die moderne Technologie erweist sich sehr oft als ein zweischneidiges Schwert, und der moderne Mensch ist sich häufig überhaupt nicht bewußt, welche neuen Probleme er schafft, wenn er darangeht, alte zu lösen.

Ich konnte den Bewohnern von Yabatalou nur vorschlagen, an eines der vielen Hilfswerke zu schreiben, die überall in Westafrika wie Pilze aus dem Boden schossen, von ihren Problemen zu berichten und um Hilfe zu bitten. Niemand im Dorf konnte schreiben, deshalb mußte ich einspringen. Ich gebrauchte dabei ihre eigenen Worte, die mir von einem kleinen Jungen übersetzt wurden – einem der wenigen, die hier im Dorf entbehrlich waren und die Schule besuchten. Ich verstand sein Französisch viel besser als jenes von Bourema und war fast zu Tränen gerührt, als er mir die einfache Botschaft wiedergab. Sie begann: »In unserem Dorf gibt es viele Kinder, und ihr Leben ist sehr hart«, und sie endete: »Dies ist der Platz unserer Vorfahren, und es ist nicht richtig, daß wir hier wegziehen müssen.«

Ich adressierte den Brief ans Weltkinderhilfswerk UNICEF, weil ich glaubte, daß man dort am ehesten für die Kinder sorgen würde, und fügte meine eigenen Beobachtungen hinzu. Mehrere Monate nach meiner Rückkehr aus Westafrika erhielt ich eine Kopie des Antwortschreibens zugestellt, das die UNICEF dem Dorfchef geschickt hatte. Darin war zu lesen, daß sich die Organisation selbst nicht mit dem Wasser in jener Gegend befaßte, den Brief jedoch an die dafür zuständige Regierungsstelle weitergeleitet habe. Mehr konnte ich nicht erfahren, doch es blieb nur sehr wenig Zeit, um Yabatalou noch zu retten.

20

Djenné

Evans und ich waren beide ziemlich mitgenommen vom Land der Dogon abgereist. Nicht nur die Gangschaltung war kaputt, auch die beiden letzten Reifen waren inzwischen abgefahren und ausgefranst und verloren auf der steinigen Straße von Bankas mit monotoner Regelmäßigkeit Luft. Ich bezweifelte, daß sie es trotz der geteerten Schnellstraße die letzten achthundert Kilometer nach Bamako schaffen würden, und in Mali ließ sich kein Ersatz in der richtigen Größe finden. Mir selbst ging es nicht viel besser. Es waren weder meine geflickten und abgegriffenen Kleider noch meine ausgetrockneten und aufgerissenen Lippen und Nasenlöcher oder meine versengte Kehle, die mir Sorgen bereiteten; vielmehr hatte sich der vage Verdacht, daß ich mir womöglich eine Bilharziose geholt haben könnte, unterdessen fast zur Gewißheit verdichtet. Zwar konnte ich noch kein Blut in meinem Urin entdecken, was als ein sicheres Symptom galt, doch dies war kaum verwunderlich, denn der einzige Ort zum Pinkeln war Gottes weite Natur. Meine Energie war ständig auf einem Tiefpunkt. Jedesmal, wenn ich den Blick senkte, sah ich, daß die Haut an meinen Unterarmen wie bei einer Greisin stark gerunzelt war, was mir wieder ins Bewußtsein rief, daß ich trotz der vielen Flüssigkeit, die ich getrunken hatte, ziemlich arg ausgetrocknet war. Ich muß schrecklich ausgesehen haben, denn wenn ich anhielt, um mir am Straßenrand etwas zum Essen zu kaufen, sprachen mich oft Leute an und drückten ihr Erstaunen aus, daß jemand in so hohem Alter noch Fahrrad fuhr. »Mais vous êtes une vieille«, meinten sie jeweils mit zunehmend verwundertem Tonfall.

Mein nächstes Ziel sollte Djenné sein, eine Stadt, die mir seit der ersten Planung der Reise zugewinkt hatte. Alle frühen Berichte über die großen Reiche von Mali und Songhai nennen Djenné und Timbuktu im gleichen Atemzug – Zwillingszentren des Wohlstands, des Handels und der Gelehrsamkeit. Djenné war bei weitem die ältere, vielleicht sogar die älteste Siedlung in ganz Westafrika. Es waren Händler und Kunsthandwerker aus dieser Stadt gewesen, die im zwölften Jahrhundert mit ihren Fertigkeiten ins aufblühende Timbuktu zogen und bei seinem Aufstieg mitwirkten. Im neunzehnten Jahrhundert, als Timbuktu von seiner einstigen Größe nur noch träumen konnte, fanden Forscher wie Caillié an Djenné noch immer viel Bewundernswertes. Ich hatte gehofft, dort ebenfalls etwas vorzufinden, was in Timbuktu gefehlt hatte – einen Abglanz dessen, wie es sich zu jener Zeit gelebt haben mochte, als Leo Africanus Djenné so vorteilhaft mit den Städten Europas vergleichen konnte. Angesichts der Verfassung von Fahrrad und Radfahrerin schien es jedoch ratsam, Djenné links liegen zu lassen und so schnell wie möglich die Hauptstraße nach Bamako unter die Räder zu nehmen, wo ich ärztliche Hilfe finden konnte.

Ich hatte nicht geahnt, daß schon ein bloßer Wegweiser einen so starken Einfluß auf jemanden ausüben kann, dem das Erforschen entlegener Orte im Blut liegt. Als ich zu der steinernen Wegmarkierung gelangte, die den legendären Namen trug, warf ich trotz meiner vielen Besorgnisse meinen vernünftigen Entschluß über den Haufen und bog beinahe schuldbewußt nach rechts auf die Naturstraße nach Djenné ab. Der Weg verwandelte sich bald in einen Damm, der hoch über der Überschwemmungsebene des Deltas pfeilgerade weiterführte und so eng war, daß sich ein Fahrrad und ein Auto nur mit Mühe kreuzen konnten, was allerdings keineswegs dazu führte, daß die glücklicherweise nur wenigen Fahrzeuge ihr Tempo gedrosselt hätten. Ich fing auf der dreißig Kilometer langen Traverse zwar keine Reifenpanne ein, wurde jedoch bei mehreren Gelegenheiten beinahe über den Rand des Damms gedrängt. Bis ich die Anlegestelle an einem Nebenarm des Bani erreichte, hinter welchem Djenné lag, begann ich meinen zweiten Sinneswandel langsam zu bereuen.

Dieser südliche Nigerzufluß war so zusammengeschrumpft und seicht, daß die moderne Autofähre ihren Motor nicht mehr einsetzen konnte und gestakt werden mußte, als wäre sie eine Piroge. Mehrere ausländische Fahrzeuge fuhren quer durch den Fluß, um den Wucherpreis für die Fähre zu sparen. Als ich den geforderten Betrag beanstandete – ein Vielfaches dessen, was Einheimische bezahlten –, wurde mir bedeutet: »Sie sind reich, und wir sind arm, darum müssen Sie natürlich sehr viel bezahlen.« Ich hatte dieser Logik nichts entgegenzusetzen, doch langsam fiel es mir schwer, sie zu schlucken.

Meine Empörung verflog jedoch schnell, denn auf der anderen Seite des Flusses wartete ein britischer Armeelastwagen voll junger Soldaten darauf, übergesetzt zu werden. Sie nahmen an einer Abenteuerreise durch Afrika teil und wurden – o Wunder! – von Ärzten begleitet, die Erfahrung mit Tropenkrankheiten sammelten. Einer von ihnen versicherte mir fröhlich, daß sie Unmengen von Pillen gegen Bilharziose bei sich hatten und sich glücklich schätzen würden, einer Landsmännin helfen zu können. Er riet mir, zuerst Penicillin zu nehmen, falls es sich um eine kleinere Infektion handelte. Wenn der Körper austrocknet, was bei diesem Klima im Sahel unvermeidlich sei, wie er mir tröstlich versicherte, könne man leicht alles mögliche auflesen. Diese kleine Ad-hoc-Konsultation hatte eine ungemein belebende Wirkung, ebenso wie der Gedanke, daß mich mein Schutzengel wieder einmal in die richtige Richtung gelenkt hatte.

Dank der Zufallsbekanntschaft mit einem kanadischen Ehepaar, das in der Entwicklungshilfe arbeitete und mir freundlicherweise ihr Gästezimmer anbot, blieb es mir erspart, in dem schrecklichen Campément von Djenné hausen zu müssen. Die beiden wohnten im Obergeschoß eines großen Hauses, das auf den ersten Blick wie ein gut erhaltener alter Palast aussah. Seine hohen, mit Türmen und Zinnen versehenen Steinmauern waren von Fenstern mit schmuckvollen Läden durchbrochen. Sie ragten hoch über die niedrigen Lehmziegelhäuser auf und verliehen diesem ärmeren Viertel der Stadt einen Hauch von Romantik. Das Bauwerk erwies sich jedoch als völlig modern. Es war der Marotte eines reichen lokalen Geschäftsmannes entsprungen, der im folgenden beschlossen hatte, lieber anderswo zu wohnen. Es war nie richtig fertiggestellt worden und deshalb im Innern unangenehm verlottert. Obwohl es sich des ersten Bads rühmen konnte, das ich seit der Residenz des Botschafters in Niamey zu Gesicht bekam, fehlte es an Elektrizität und warmem Wasser, und die sanitären Einrichtungen ließen die Bewohner vergessen, daß sie in Afrika waren. Eine recht hübsche Bozo-Frau namens Fanta besorgte die Einkäufe und kochte auf einem Holzkohleherd auf einem der Balkone inmitten eines Wirrwarrs von Wäsche und Haushaltwaren samt zwei Gockeln mit beschnittenen Flügeln, die darauf warteten, im Kochtopf zu landen.

Das erhöhte, geschwungene Gelände, auf dem die Stadt errichtet war, wies an einer Stelle eine Senke auf. Die eine Hälfte des Jahres bildete sie einen See, die andere ein riesiges, leeres Ödland, wo Jungen Fußball spielten. Vom Dach des Palasts konnte ich auf ein weites Gewirr flacher, grauer Dächer blicken, die sich über den engen, schattigen Straßen beinahe berührten. Hier und dort wurde es von Gevierten und kleinen Gärten mit staubigen Bäumen und Büschen durchbrochen, in deren Schatten gackernde Hühner steifbeinig herumstolzierten. Ein sonnig helles Aufblitzen von Wasser im Süden verriet einen Flußarm des Bani am Rand der Stadt. Die Ebenen rundherum waren von weiteren, inzwischen meist ausgetrockneten Flüßchen durchsetzt, zwischen denen niedrige Hügel mit Dörfern und dunkelgrünen Obstgärten standen.

Mit dem Penicillin verschwand die Bilharziose allmählich. Ruhe und regelmäßige Mahlzeiten bewirkten, daß sich meine Gesundheit ständig besserte. Ich fühlte mich immer noch matt, verbrachte lange Stunden auf dem Dach oder auf den schattigen Balkonen und schaute dem Leben von Djenné unter mir zu. Irgendwann zwischen halb sechs und sechs Uhr abends gab es jedesmal einen bestimmten Moment, wo eine deutliche Veränderung eintrat, wie wenn jemand in die Hände geklatscht hätte, um zu signalisieren, daß das Stück beginnen konnte. Dies war die beste Zeit, um auf dem Dach zu verweilen – wenn die Hitze den eisernen Griff, mit dem sie das Land gefangenhielt, ein wenig lockerte und die Farbe des Himmels zu einem wunderbaren staubigen Gelb aufweichte. Zum ersten Mal seit der Morgendämmerung war die Sonne nicht mehr so bedrohlich gegenwärtig, daß man sich vor ihr verstecken mußte. Sie hing jetzt tief im Westen, um ein paar Schattierungen dunkler als der Himmel. Frauen, die gemächlich von den Brunnen zurückkamen, schritten mit ihren schweren Töpfen auf dem Kopf wie Königinnen einher. Schafherden mit ihren Hirten kehrten langsam von entfernten Weidegründen heim. In den Straßen der Stadt teilten die Tiere sich in Zweier- und Dreiergruppen auf und hasteten ihren eigenen Gevierten zu, schnappten im Vorbeigehen nach jedem grünen Blatt und ließen in Erwartung der abendlichen Fütterung ein dringliches Blöken vernehmen.

Von der großen Moschee erklang die Stimme des Muezzins, ein weiterer Faden im Gewebe dieser schallenden Sinfonie, die von einem Chor scheltender Mütter und vom Geschrei kleiner Kinder, denen der Schmutz des Tages abgeschrubbt wurde, immer mehr anschwoll. Irgendwo erwachte eine Trommel zum Leben. Ihr Klang loderte auf, dröhnte und widerhallte durch die Lücken zwischen den Häusern. Die Sonne, blutrot und riesig, versank schnell zwischen gelben und rosa Wolken, die sich rasch ins Orange, Rote und Violette verfärbten und sich auflösten, als die große Scheibe endgültig untertauchte und einen schwachen Glorienschein am dunklen Horizont hinterließ.

Wie wenn die Hände ein zweites Mal geklatscht hätten, machten all der Tumult und das geschäftige Treiben auf einen Schlag einer Atmosphäre ruhiger und friedfertiger Häuslichkeit Platz. Aus der zunehmenden Dunkelheit flackerten eins nach dem andern die Herdfeuer auf, um die sich erwartungsvoll frisch gesäuberte Kinder sammelten, die Gesichter vom warmen Licht verklärt. Noch immer schlugen Trommeln – in Afrika verfolgt ihr Klang den Reisenden auf Schritt und Tritt –, doch jetzt gesellte sich zu ihrem sanfteren Pochen das hohle Dröhnen der Stößel, die rhythmisch in die großen, hölzernen Mörser schlugen. Ältere Mädchen, die den Frauen bei der Zubereitung des Abendessens halfen, traten aus den dunklen Flecken und verschwanden wieder darin.

Als ich später durch die engen, gewundenen Gäßchen schlenderte, schnitten die groben Bancomauern bis auf einen dünnen Streifen den ganzen samtenen, von Sternen übersäten Nachthimmel ab. Aus der Schwärze erglühten mit dem dunklen Timbre Rembrandtscher Gemälde höhlenartige Innenräume, wo Leute im Kreis um ein einziges Gericht kauerten. Sturmlaternen warfen Lichtlachen auf andere Gruppen, die vor der Schwelle saßen und die kalte Nachtluft genossen. Im Vorbeigehen riefen mir aus den Schatten versteckte Stimmen ein »Ça va?« zu.

Sieht man von der Ähnlichkeit in der Lehmziegelbauweise ab, zeigte Djenné ein ganz anderes Gesicht als Timbuktu. Hier kam mir nicht als erstes in den Sinn, weshalb die Leute eigentlich nichts anderes zu tun hatten als den ganzen Tag herumzusitzen – ganz im Gegenteil: Djenné war das reinste Bienenhaus. Von den engen, schattigen Gäßchen öffneten sich Türen in dunkle Werkstätten oder kleine Höfe, wo unter anderem Töpfer, Gold-, Silber- und Grobschmiede, Lederarbeiter, Sticker, Masken- und Teppichhersteller ihrem Handwerk nachgingen und dabei größtenteils dieselben primitiven Werkzeuge und Verfahren benutzten, wie sie seit Jahrhunderten verwendet worden waren. Seite an Seite mit den traditionellen Handwerkern arbeiteten Automechaniker und Radiotechniker mit fast ebenso primitiven Geräten. Als die Brücke meiner billigen Lesebrille zerbrach, saß ich in einem düsteren, höhlenartigen Raum und wartete, während ein Juwelier mit allerlei Metallen experimentierte, bis er die richtige Legierung fand, mit der er sie zusammenlöten konnte.

Das »Jenne«, das Caillié fast zweihundert Jahre zuvor gesehen hatte, war in seiner Substanz unverändert geblieben. »Die Stadt Jenne ist voller Geschäftigkeit und Leben. Jeder beschäftigt sich mit einem nützlichen Gewerbe ... Den Leuten geht es sehr gut; nicht einmal die Kinder der Sklaven müssen barfuß laufen ... Jeden Tag gibt es Fleisch zum Reis zu essen ... Obwohl ihre Straßen ungepflastert sind, werden sie täglich gekehrt.« Besonders beeindruckte ihn, daß er sich hier unbekümmert die Nase putzen konnte: »Ich sah mit Freuden, daß man in Jenne ein Taschentuch gebrauchen konnte, ohne Gefahr zu laufen, verspottet zu werden, denn die Einwohner machen selbst davon Gebrauch, wogegen es in den Ländern, die ich zuvor durchquert hatte, gefährlich gewesen wäre, mit einem solchen Ding gesehen zu werden.«

Mein Besuch fiel in die Zeit, wo man den Häusern eine frische Schicht Banco verpaßte, um die Schäden der jährlichen Regenzeit auszubessern. Einige waren zwei- oder dreistöckig und mit reich verzierten Fenstergittern und beschlagenen Türen geschmückt. In Cailliés Tagen gehörten sie »den reichen maurischen Kaufleuten, die den Handel der Stadt in ihrer Hand haben«. Die meisten Häuser sahen zwar bescheidener aus, doch immer noch genau so, wie er sie beschrieben hatte: »Sie sind sehr niedrig, mit einem einzigen Geschoß, alle terrassiert und gegen außen ohne Fenster. Die Wohnungen erhalten nur von einem Innenhof Luft.« Der Lehm für den neuen Verputz kam direkt von der Straße. Vor jedem reparaturbedürftigen Haus wurde eine Grube ausgehoben, Wasser hineingespritzt und herumgerührt, bis die richtige Konsistenz erreicht war. Diese Gruben ließen oft nur so viel Platz frei, daß man sich knapp zwischen ihnen hindurchzwängen konnte, und bildeten eine große Gefahr für Leute wie mich, die viel mehr damit beschäftigt waren, sich die lebhaften Szenen anzugucken, als auf ihre Füße zu achten. Alle Beteiligten, die den Lehm von Hand aufklatschten, schienen viel Spaß zu haben, besonders die Kinder, die offensichtlich von klein auf in der Arbeitsmoral von Djenné erzogen wurden. Ich sah kaum welche, die nicht geschäftig etwas auf dem Kopf transportierten, Mädchen wie Jungen. Einmal erlebte ich sogar, wie ein kleiner, kaum zweijähriger Knirps alle seine Kleider bis auf eine Halskette aus Perlen auszog und sich sorgfältig auf den Kopf legte, bevor er splitternackt und feierlich durch das Gäßchen weitermarschierte.

Vielleicht schloß sich mir in Djenné nur deshalb nur ein einziger Junge an, weil alle anderen etwas zu tun hatten. Sori war ein etwa fünfzehnjähriger Bozo-Jüngling, doch unsere Freundschaft währte nur kurz, denn seine Philosophie war zu radikal für mich.

Ein Freund war für ihn jemand, der alles mit ihm teilte, was er besaß. Ich hatte viele Dinge, die er sehr begehrte: Fahrrad, Kamera, Messer, Brille, Stiefel – eigentlich alles und jedes. Sori sagte, daß er sich glücklich schätzen würde, alles mit mir zu teilen, wenn er etwas besäße, was ich mir wünschte, und war zugleich traurig und entrüstet, daß ich nicht empfand wie er.

Ich traf mich mit Sori bei der Großen Moschee von Djenné, die vielfach als das hervorragendste Beispiel islamischer Lehmziegelarchitektur bezeichnet wird. Sie wurde im Jahr 1905 im gleichen Stil wie die ursprüngliche Moschee aus dem elften Jahrhundert gebaut, welche kurz nach Cailliés Besuch von Cheikou Amadou, dem Fulbe-Herrscher über Djenné, angeblich in einem Anfall von Gereiztheit zerstört worden war. Hätte Caillié etwas davon erfahren, wäre er wohl kaum zu Tode betrübt gewesen, denn er äußerte sich alles andere als begeistert über dieses Bauwerk: »In Jenne steht eine aus Erde gebaute Moschee, überragt von zwei massiven, aber nicht allzu hohen Türmen; sie ist plump konstruiert, aber sehr groß. Man hat sie Tausenden von Schwalben überlassen, die darin ihre Nester bauen, was einen sehr unangenehmen Geruch verursacht. Um ihm zu entgehen, ist man dazu übergegangen, das gebräuchliche Aufsagen der Gebete in einem kleinen Außenhof abzuhalten.« Sie war die einzige Moschee im Sahel, die ich je betrat, und auch dies eigentlich nur, um Sori abzuschütteln, der mir keine Ruhe ließ. Weiße und besonders Frauen sind in Moscheen oft unwillkommen, denn im Islam beten die Frauen zu Hause, wie der Türhüter einer kleinen Touristenschar erklärte, mit der ich Zutritt erlangt hatte. »Nur wenn sie so alt sind wie diese Person dort«, meinte er und zeigte dabei auf mich, die durch die Dehydrierung noch immer ein wenig verschrumpelt war, »findet man Muslimfrauen in der Moschee.«

Drinnen erhob sich ein Meer von eng aneinanderstehenden rauhen Pfeilern von einem unebenen Lehmboden. Zwischen ihnen waren Netze aufgespannt, um die Tausende von Fledermäusen abzuhalten, die den trüben Schatten aufsuchten. Möglicherweise hatte Caillié, der sich verstohlen und in ständiger Gefahr, entdeckt zu werden, Notizen machen mußte, diese Fledermäuse irrtümlich für Schwalben gehalten. Der Raum gab mir das Gefühl, unter Wasser zwischen rauhstengeligem Seetang herumzuschwimmen. Abgesehen von seiner Größe und der ungeheuren Arbeit, die dahintersteckte, war ich ebenso wie Caillié nicht sehr beeindruckt von der Moschee. Ihr ganzer Zauber lag einzig in ihrem überschwenglichen und seltsam märchenhaft anmutenden, mit luftigen Türmchen versehenen Äußeren, das mit seiner einheitlichen Farbe und Textur den Anschein erweckte, als hätte ein gütiger Riese sie beim Spielen modelliert, wie wenn sich ein Kind eine Sandburg baut.

Djenné war voller Überraschungen. Eines Nachts erlebte ich eine Mondfinsternis, die hier ganz anders erlebt wurde als in irgendeiner westlichen Stadt, wo die Straßenbeleuchtung den Nachthimmel seines ehrfurchtgebietenden Zaubers beraubt. Hier kam der großen, silbernen Scheibe noch Wert und Wirklichkeit zu, und als der scharfe runde Rand des schwarzen Schattens sie langsam verschluckte, tanzten die Leute zum Klang der Trommeln durch die dunklen Straßen, um die bösartige Katze zu vertreiben, die nach ihrem Glauben den Mond zu verschlingen drohte. Seine schönste Überraschung sparte sich Djenné jedoch bis zum letzten Tag auf, als sich die Stadt in einen mittelalterlichen Marktplatz verwandelte, der einen Sammelpunkt für die hundert umliegenden kleinen Dörfer bildete. Aus allen Richtungen kamen reihenweise Esel- und Pferdekarren, Packpferde und Menschen zu Fuß durch die Ebene, beladen mit gehäuften Körben voller Früchte, Gemüse, Nüsse, Fische, Fleisch, Stoffballen, Hühner, Perlhühner, Gewürze, Salben, heiliger Texte, Schmuck und natürlich mit dem kostbaren kristallinen Salz, das in immer kleinere Stücke zerbrochen wurde und an Wert gewann, je weiter es reiste. Den ganzen Morgen strömten diese Prozessionen herbei und sammelten sich auf dem großen, offenen Platz vor der Moschee, bis jeder Fußbreit mit Menschen vollgestopft war und ein Potpourri starker Gerüche die Luft erfüllte.

Mit der großen, barbarischen Moschee im Hintergrund, die über das wogende Farbenmeer aufragte, konnte sich dies alles gar nicht so sehr von jenen Zeiten unterscheiden, als Djenné in der ganzen Welt des Islam sprichwörtlich für seinen Reichtum, seinen Handel und seine Gelehrsamkeit bekannt war. Von den belebten Szenen, die Caillié beschrieben hatte, unterschied es sich jedenfalls nicht groß, obwohl zu seiner Zeit der Markt noch täglich abgehalten wurde: »Die Stadt ist mit allem Lebensnotwendigen gut versorgt und ständig von sehr vielen Fremden sowie den Bewohnern der umliegenden Dörfer überfüllt, die sie aufsuchen, um hier ihre Produkte zu verkaufen und sich mit Salz und anderen Gebrauchswaren einzudecken. Die Händler, männliche wie auch weibliche, stehen zu mehreren Reihen. Einige errichten kleine Strohpalisaden, um sich vor der übermäßigen Hitze der Sonne zu schützen; darüber werfen sie eine Pagne (ein Stück Tuch) und machen sich so eine kleine Hütte ... Es gibt Metzger, die ihr Fleisch auf dieselbe Weise auslegen wie ihre Brüder in Europa. Sie stoßen auch Bratspieße durch kleine Fleischstücke, die sie räuchern und einzeln verkaufen ... Große Mengen von Fisch, sowohl frischer als auch getrockneter, werden auf diesen Markt gebracht, auf dem auch irdene Töpfe, Kalebassen, Matten und Tuch feilgeboten werden. An den Straßen gibt es sehr viele Straßenhändler, die auf dem Land hergestellte Stoffe, haltbar gemachte Vorräte, Kolanüsse, süßes Gemüse und tierische Butter, Milch und Brennholz verkaufen ... Ich entdeckte auch einige Läden, die reichlich mit europäischen Gebrauchsartikeln bestückt waren, welche sehr teuer verkauft wurden.«

Während ich mich durch die überfüllten Stände drängte, um die wenigen prosaischen Dinge einzukaufen, die ich für meine Weiterreise benötigte, fiel mir wieder ein, was der Forscher Heinrich Barth über die Vorzüge des ungeheuren Reichtums geäußert hatte, den Imperien wie jenes von Mali und Songhai aufwiesen: daß sie ein System entwickelten, welches das Gewerbe auf lokaler Ebene förderte, so daß »der Handel Hand in Hand mit der Fabrikation einhergeht und fast jede Familie daran teilnimmt«. Die Goldquellen, die den sagenhaften Reichtum im Sahel begründet hatten, waren seither längst versiegt, und das weitläufige Netz der Handelsrouten existierte größtenteils nur noch im Stammesgedächtnis der Wüstennomaden. Doch ich hatte mit eigenen Augen gesehen, wie einige der Güter hergestellt wurden, die auf diesem Markt zum Verkauf kamen. Ich hatte gesehen, wo die Früchte und das Gemüse wuchsen, wie das Vieh gehütet und wo die Fische gefangen und getrocknet wurden. In einem Land wie dem geplagten Mali mit seiner erschreckenden Armut war es ein tröstlicher Gedanke, daß das vor so langer Zeit eingeführte System aus Djenné und seiner Umgebung noch nicht gänzlich verschwunden war.

Epilog

Das Große Wasser

In Ségou, kaum zwei Tagesfahrten von Bamako, dem Ende meiner Reise entfernt, saß ich zum letzten Mal da und blickte auf ein Teilstück des Niger. Ich war zu Gast bei einer großen Familie libanesischer Brüder, die die *auberge* in der Nähe des Hafengebiets führten, wo ich nach einer Woche auf der Straße heißhungrig und verschmutzt aufgetaucht war, um etwas zu essen. Die Brüder waren begeistert von ihrer Wahlheimat und fanden die Vorstellung, daß jemand sie per Fahrrad erkundete, so drollig, daß sie mich freundlich, aber bestimmt dazu drängten, eine oder zwei Nächte zu bleiben. Dies stand in so auffälligem Kontrast zu der Einstellung eines amerikanischen Missionarehepaars, dem ich vor kurzem begegnet war, daß ich gern zusagte.

Die Reise auf der Hauptstraße von Djenné her hatte mir einen wundervollen Einblick in die offene Weite der Savanne gewährt, aber nur wenige Betten bereitgehalten. Die Städte am Weg waren spärlich gesät und lagen in ungünstigem Abstand für Radfahrer. Abgesehen von einer gelegentlichen Mahlzeit aus Reis an Erdnußsoße in einem Schuppen an der Straße hatte ich mich ausschließlich von Nescafé, Tomaten und ziemlich trockenen Apfelsinen ernährt, gewürzt durch die letzten Krümel des kandierten Ingwers. Die Dörfer waren ausnahmslos mausearm, und so war ich die meisten Nächte von der Straße abgebogen und hatte mein Zelt im Busch aufgeschlagen, wo das dichte Strauchwerk Deckung bot. Trotz der erholsamen Abgeschiedenheit und der lieblichen Vögel hatte dies auch seine Schattenseiten, wobei der Wassermangel wie üblich am schwersten ins Gewicht fiel.

Weil ich ein dringendes Bedürfnis verspürte, den seit mehreren

Tagen angesammelten Staub und Schweiß abzuspülen, hatte ich bei einer Bibelschule am Rand eines kleinen Städtchens angehalten, wo es keinerlei Unterkunftsmöglichkeiten und nur wenig zu kaufen gab. Ich fand einen blassen, wohlgenährten amerikanischen Missionar vor, der in einem hübschen Garten vor einem modernen Bungalow saß, und hoffte zuversichtlich auf ein wenig willkommene Gastfreundschaft. Doch nach einem Glas wundervoll kaltem Wasser aus einem der seltenen Kühlschränke wurde ich zu einem schäbigen Betonschuppen eskortiert, der ein gutes Stück vom Bungalow entfernt mit anderen auf einem öden, von Abfall übersäten Stück Land stand. Er enthielt ein paar zerbeulte Schreibpulte und war, wie mir der Amerikaner sagte, ein Klassenzimmer, das im Moment nicht benutzt wurde, so daß ich herzlich gern meine Sachen dort ausbreiten und mich unter dem Wasserhahn waschen könne, den die Schüler benutzten. Von Herzlichkeit spürte ich dabei wenig, doch unterdessen war es zu spät zum Weiterfahren, und so stellte ich in dem trostlosen kleinen Schulzimmer mein Zelt auf, um dem Unrat, den Moskitos und den zahlreichen unheimlichen Krabbeltieren zu entfliehen, von denen es in Mali nur so wimmelt. Zum Glück funktionierte der Wasserhahn, so daß ich mich wenigstens waschen konnte.

Als ich am Morgen eben wegfahren wollte, sprach mich die ebenso blasse und wohlgenährte Frau des Missionars an. Sie schien den Drang zu verspüren, mir zu erklären, weshalb mir keine Gastfreundschaft in ihrem geräumigen Bungalow gewährt worden war. »Wir nehmen nie Leute von der Straße bei uns auf«, sagte sie, »man weiß ja schließlich nie, wem man trauen kann.« Mir kamen dabei die Worte unseres Herrn aus dem Matthäusevangelium in den Sinn: »Ich war ein Fremder, doch ihr habt mich willkommen geheißen«, und gleichzeitig hatte ich die genüßliche, aber unwahrscheinliche Vision vor Augen, wie Dutzende einsamer Engländerinnen auf Fahrrädern in diesem gottverlassenen Winkel von Mali auftauchten. Ich ließ jedoch weder das eine noch das andere verlauten, weil ich befürchtete, daß die Ironie hier auf unfruchtbaren Boden fiel.

Der warme Empfang, die Anteilnahme und auch der Luxus hier

in Ségou waren daher sehr willkommen. Hier saß ich nun und blickte auf dieselbe Stelle des Flusses, wo Mungo Park nach weit schlimmeren Entbehrungen, als ich sie erleiden mußte, zum ersten Mal den Niger zu Gesicht bekommen hatte. Er beginnt den Eintrag in sein Reisejournal mit seiner üblichen pedantischen Genauigkeit: »Die Neger nennen ihn Jolliba oder das Große Wasser.« Doch dann springt die Erregung und der Triumph des Augenblicks dem Leser auf jeder Seite entgegen: »Einer meiner Gefährten rief plötzlich ›geo affili‹ – schau, das Wasser! –, und als ich nach vorn sah, erblickte ich mit unendlichem Vergnügen das große Ziel meiner Mission – den langgesuchten majestätischen Niger, so breit wie die Themse bei Westminster, wie er in der Morgensonne glitzerte und langsam ostwärts floß.«

In einem Punkt irrte er sich, dachte ich mir, während ich meine Augen anstrengte, um das gegenüberliegende Ufer zu sehen: Der Niger bei Ségou schien mir mindestens doppelt so breit zu sein wie die Themse bei Westminster. Doch im übrigen spiegelte meine Reaktion auf die großartige funkelnde Weite in jeder Beziehung die seine wider. Wie recht er doch gehabt hatte, dem Kartographieren des Flußlaufs vor allem anderen den Vorrang zu geben, sogar vor der Möglichkeit, als erster nach Timbuktu zu gelangen. Er hatte sich für das Substantielle entschieden, statt einem Traumgespinst nachzujagen, so verlockend dieses auch winken mochte.

Denn es waren die großen Flüsse im westlichen Afrika gewesen, deren größter der Niger ist, die den Handelsreichen, welche in jenen unermeßlichen Weiten aufblühten, ihr Gepräge gegeben hatten. Jahrhunderte bevor sich Timbuktu von einem Wasserloch für die Nomaden zu einem Handelszentrum entwickelte und lange nachdem es wieder in die Bedeutungslosigkeit versunken war, blieb der Niger die Lebensader des Sahel. Als das neunzehnte Jahrhundert zur Neige ging und die westliche Welt nach Land gierte und begehrliche Blicke auf den herzförmigen Kontinent warf, waren diese Flüsse weiterhin der Schlüssel zur Ausbeutung des beträchtlichen Reichtums, der auch nach der Aufsplitterung des letzten der großen Reiche in sich befehdende Fraktionen noch immer nicht versiegt war.

Trotz Mungo Parks Zielstrebigkeit, mit der es ihm gelang, den Verlauf des großen Stroms nachzuweisen, waren es französische und nicht britische Kanonenboote gewesen, die fast hundert Jahre später in seinem Kielwasser folgten, um sich diese Gegend zu unterwerfen. Wer wie ich nochmals hundert Jahre später durch die Straßen von Ségou schlenderte, stieß überall auf die Spuren der französischen Kolonialisierung, denn hier war ihr Verwaltungszentrum gewesen, bevor Bamako zur Hauptstadt wurde. Es war eine erholsame Stadt, ein Ort zum Verweilen. Die weiträumigen klassischen Gebäude behielten selbst im Verfallszustand eine gewisse Eleganz bei, und hohe Bäume verstreuten ihr trockenes Laub über breite, ungepflasterte Alleen und große, leere Plätze. Ich hätte mich ebensogut in einem schläfrigen Provinznest tief im französischen Landesinnern befinden können, nur daß die vertrauten langen Stangenweißbrote hier von schwarzen Frauen verkauft wurden, die mitten im Staub in all der Farbenpracht und Extravaganz eines afrikanischen Marktes kauerten.

Am Wasser unten waren jedoch sämtliche Spuren der Franzosen in Form von betonierten Hellingen, Lagerhäusern und Büros verschwunden. Hier herrschte eine rein afrikanische Szenerie, vielleicht noch stärker als vor zweihundert Jahren, als Mungo Park dieses Land so sehr von den Mauren dominiert gefunden hatte. Der Fluß wimmelte noch immer von Pirogen, die zwischen den Ufern hin und her kreuzten, genau wie er es beschrieben hatte. Zu jener Zeit lag die Hälfte von Ségou auf der nördlichen Seite, wo heute nur noch Wege über die flachen, sandigen Ebenen zu verstreuten Dörfern führen. Auch ich fuhr ein paarmal hin und her, aus purem Vergnügen, in einem Boot zu sitzen und die Szene vom Wasser aus zu betrachten.

Der schräg abfallende Uferstreifen wurde von einer erhöhten Eindämmung eingefaßt, an deren einem Ende hellgrüne, von ihren Nachbarn durch Grasmatten säuberlich abgetrennte Gärten mit hohen Papayapflanzen lagen, die Schatten spendeten. Hinter einer langen Reihe von Marktständen mit Schilfdächern standen kleine Schuppen, in denen die Familien inmitten ihrer Waren schliefen. Vor jedem war eine Piroge am Ufer festgebunden.

Unten am Wasser beschützten Matten auf Stangen einen großen Platz, wo man Boote baute und reparierte und lange, schlanke Pirogen Gestalt annahmen. Während ich zusah, brachte eine Schar junger Mädchen, jedes mit einem Stoß Emailschüsseln auf dem Kopf, den dort arbeitenden Männern ihr Mittagessen aus Reis und Fisch. Weite Flächen waren mit Brennholzstapeln bedeckt, daneben standen Türme aus großen, dunklen Tonkrügen, alle von derselben Form, aber dennoch mit subtilen Unterschieden; weitere Krüge wurden aus Eselkarren zum Verschiffen in Pirogen geladen, denn Ségou war das Zentrum dieses Gewerbes. Nahe am Ufersaum unterhielt eine Frau ein Feuer unter einem riesigen Eisenkessel mit Purpurfarbe. Jüngere Frauen liefen hin und zurück, um den behandelten Stoff im Fluß auszuspülen, so daß das seichte Wasser hier alle Schattierungen von Violett und Mauve zeigte. Überall auf dem Uferstreifen war ein Meer von purpurfarbenem Stoff zum Trocknen ausgebreitet. Dieselben seichten Stellen waren voll von Menschen, welche hier badeten oder ihre Kleider, Töpfe und Kleinkinder wuschen. Hinter ihnen balancierten Fischer auf dem einen Ende ihrer zerbrechlichen Boote und warfen ihre runden Netze über das Wasser aus.

Ähnlich belebte Szenen hatte ich schon im Hafengebiet von Gao und Mopti gesehen, doch hier ging alles viel entspannter und häuslicher zu. Es herrschte kein ständiges Kommen und Gehen – die Menschen gehörten hierher, hier war der Mittelpunkt ihres Lebens. Jedermann in Ségou schien Zeit und Lust zu haben, ein paar Worte mit mir zu wechseln. Mein Interesse an ihnen erweckte Sympathie, und sie sahen in mir nicht nur eine Quelle für *cadeaux*. Die Kinder wirkten gelöst, die Männer, welche die Boote flickten, wollten ihren Fisch und Reis mit mir teilen, und die Tuchfärberinnen hielten mir ihre fleckigen Hände entgegen und lachten, als sie meine Neugier bemerkten.

Unmittelbar hinter dem schmalen, farbenprächtigen Ufersaum erstreckte sich der majestätische Strom mit machtvoller Präsenz nach Osten und Westen in die Ferne – der Ernährer, der all diese Fülle erst möglich machte. Von keiner Brücke von Menschenhand gefesselt, erschien er grenzenlos, ungezähmt und ewig – ein wahrhaftiger »starker brauner Gott« –, und die Vorstellung, daß sich die Landstriche, die er bewässerte, unwiederbringlich in Wüste verwandelten, ergab überhaupt keinen Sinn. Eine Zeitlang waren Hungersnot und Bevölkerungsexplosion, die beiden Schreckgespenster Afrikas, vergessen, als ich dort unten saß und zuschaute, wie die Sonne mit einem letzten Aufleuchten von Rot und Gelb unterging und mitten in der Flut versank.

Reiseausrüstung

Mein *Fahrrad* wurde wie üblich von F. W. Evans in London hergestellt. Obwohl es einen Großteil der Reise als Passagier verbrachte und verschiedene Pannen erlitt, erwies es sich als ein zuverlässiger und angenehmer Gefährte.

Madison Cycles lieferte die »Shimano Hyperglide«-Gangschaltung mit Druckknopfschaltwechsel und ließ sie durch ihren ausgezeichneten Mechaniker für mich einbauen.

Gepäck: Vordere und hintere Satteltaschen von Karrimor, Lenkertasche Iberian Range.

Luftpumpe: Ein Ausrüstungsgegenstand, der gern übersehen wird. Ich wählte eine Zéfal hp 2X. Sie mußte auf dieser Reise Überstunden machen, ließ sich jedoch erstaunlich leicht bedienen.

Zelt: »The Tadpole« von North Face.

Moskitonetz: Von John C. Small and Tidmas in Nottingham, ebenso das Kopfnetz, um Angriffe virulenter Insekten abzuhalten.

Luftmatratze: Dreiviertelgroß und selbstaufblasbar von Therm-A-Rest.

Schlafsack: Karrimor's Superlight mit einer dünnen Baumwolleinlage, die häufig gewaschen werden konnte.

Kocher: Optimus Climber, mit Benzin betrieben.

Karten: Michelin 953, 1:4 000 000, und IGN Carte International du Monde, 1:1 000 000, ND–31, NE–30, ND–30, ND–28/29.

Kamera: Olympus AF–1 Twin.

Film: Kodak Kodachrome Professional.

Wasserfilter: Katadyn-Taschenfilter.

Bekleidung: Rohan und Karrimor.

Schuhwerk: Asolo-Trekkingstiefel, auch zum Radfahren sehr geeignet.

Zeitmesser: Ray Leask von Bijou Jewellers, Blackheath, versah mich mit der ersten Uhr, die eine meiner Reisen überlebt hat, einer *Heuer Tag*, die mich pünktlich meinen Rückflug erreichen ließ, obwohl ihr Glas in einem Sandsturm von einem herumfliegenden Stück Schutt zersprungen war.

Alle meine Impfungen und Ratschläge zur Gesundheit erhielt ich von den Ärzten der British Airways in ihrer Klinik in der Regent Street.

Dank

Die Fahrt durch den Sahel, das Gebiet am Rand der großen Wüste, zählte zu den körperlich anspruchsvollsten Reisen, die ich je unternommen habe. Ohne die mir zuteil gewordene vielfältige Hilfe und Unterstützung wäre sie wohl kaum so vergnüglich und lohnenswert verlaufen und ich hätte gewiß nicht annähernd so viel von der Gegend mitbekommen – wer weiß, ob sie ohne diesen Beistand überhaupt möglich gewesen wäre.

Die unversiegbare Fröhlichkeit, welche die Menschen Westafrikas trotz ihrer äußerst widrigen Lebensumstände an den Tag legten, war mir ein ständiges Vorbild, wenn es einmal hart auf hart ging; und die freundliche Offenheit, mit der sie mich als Fremde aufnahmen, empfand ich als überaus wohltuend.

Besonderer Dank gebührt David Sanders und der Belegschaft der UTA, die mich und mein Fahrrad in London, Paris, Niamey und Bamako unter ihre Fittiche nahmen und mir auf jede erdenkliche Weise halfen – in Bamako machte sich sogar das gesamte Büropersonal daran, mit Pappkarton, Schere und Klebeband einen speziellen Transportbehälter für den Heimflug von Evans zu konstruieren.

Ganz herzlich danken möchte ich auch Diallo Dienaba (Abou); Mano Dayak und seiner Frau von Temet Tours in Agadez; Carl Cundiff, dem amerikanischen Botschafter in Niger, und seiner Frau Jackie; Paul, Christina, Jean-Claude und Laurence, Denise, Bettina, Aaron und all den vielen Leuten, die mir in jenen trockenen Landstrichen eine Mitfahrgelegenheit, Essen und Hilfe anboten und die zu zahlreich sind, als daß ich sie alle namentlich aufführen könnte.

SERIE PIPER

Antje Windgassen

Alexandra David-Néel
Auf der Suche nach dem Licht.
Biographischer Roman. 246 Seiten.
SP 3339

Als Dreiundzwanzigjährige machte sie sich 1891 das erste Mal auf in das Land ihrer Träume, nach Asien. Schließlich verbrachte sie ihr halbes Leben dort und wanderte durch Indien, Sikkim, Nepal, China und Tibet. Begegnungen mit dem Dalai Lama und mit Mahatma Gandhi machten sie weltberühmt. Als eine der ersten Frauen studierte Alexandra David-Néel an der Sorbonne, mit dreiundzwanzig Jahren unternahm sie 1891 ihre erste Reise nach Asien, in das Land ihrer Träume – allein! Als bekannte Orientalistin und Schriftstellerin verbrachte sie schießlich ein halbes Leben dort.

»Es gab rasante Abenteuerinnen, die auf Kamelen Afrika erkundeten, in langen Röcken den Mont Blanc bezwangen und in unsicheren Flugkisten mit offenem Cockpit flogen. Eine von ihnen und die wohl berühmteste ist Alexandra David-Néel.«
Emma

Anne Spoerry

Man nennt mich Mama Daktari
Als fliegende Ärztin in Kenia. Aus dem Französischen von Angelika Steiner. 282 Seiten mit
8 Schwarzweiß- und 29 Farbfotos.
SP 2667

Fliegende Ärztin und Farmerin in Kenia – in ihrer Autobiographie erzählt Anne Spoerry von einem wahrhaft abenteuerlichen Leben. Die Tochter einer elsässischen Industriellenfamilie hatte schon ein bewegtes Leben hinter sich, als sie nach Kriegsende Tropenmedizinerin wurde und sich in Kenia als Landärztin niederließ. Dort wurde sie zur berühmten »Mama Daktari«, was auf Suaheli »Frau Doktor« heißt. Mehr als dreißig Jahre war sie fast täglich mit ihrem Flugzeug unterwegs, von den Wüsten des Nordens bis in das Hochland von Zentralkenia und zur Missai-Steppe. Sie hat Gewalt und Elend erlebt, aber auch Heiterkeit, Gelassenheit und Lebensfreude.

Bettina Selby

Himalaja
Mit dem Fahrrad durch Nepal, Kaschmir und Sikkim. Aus dem Englischen von Jürg Wahlen. 298 Seiten mit 22 Farbfotos. SP 3338

Eine Frau um die fünfzig fährt mit ihrem Fahrrad 8000 Kilometer von Karatschi Richtung Himalaja, durch Indien und Nepal bis nach Katmandu. Immerhin, wenigstens das Fahrrad ist eine Spezialanfertigung – zum Nachbauen gibt's die genauen Anweisungen. Das ist aber auch der einzige Luxus auf der fünfmonatigen Tour, die Bettina Selby mitten hineinführt in die Fremde, die sie konfrontiert mit unabwägbaren, manchmal auch gefährlichen Situationen, mit Neugier und Gastfreundschaft, mit Zudringlichkeit und Zuneigung, vor allem aber mit dem intensiven Erleben einer atemberaubenden Landschaft.

Timbuktu!
Eine Frau in Schwarzafrika allein mit dem Fahrrad unterwegs. Aus dem Englischen von Jürg Wahlen. 285 Seiten mit 21 Farbfotos von Bettina Selby. SP 3664

Mit ihrem roten Fahrrad bricht die Autorin auf, um ein Stück Schwarzafrika – von Niamey bis Timbuktu – zu erkunden: vorbei an Lehmhütten und Reisfeldern, durch die Wüste und durch den Urwald, immer entlang dem Niger. Auf ihrem abenteuerlichen und strapaziösen Weg, den sie mit erfrischender Selbstironie schildert, erlebt sie Menschen und Landschaft in einer Unmittelbarkeit, wie sie nur die Reisegeschwindigkeit des Fahrrads erlaubt. Sie stößt auf verloren geglaubte Kulturen und liefert Momentaufnahmen einer fernen Welt, die vom Untergang bedroht ist.

Ah Agala!
Mit dem Fahrrad durch Afrika. Aus dem Englischen von Jürg Wahlen. 338 Seiten mit 19 farbigen Abbildungen und 4 Karten. SP 1257

Ah Agala! – so der Ausruf des Erstaunens und der Begeisterung der Ägypter, wenn das exotische Fahrrad mit seiner nicht minder exotischen, alleinreisenden Besitzerin auftaucht. Im Sudan und in Uganda wechselt die Sprache, aber das Aufsehen bleibt: Bettina Selby durchquert mit dem Fahrrad alleine die afrikanische Wüste. Ihre Erlebnisse und Eindrücke lesen sich spannender als jeder Roman.

SERIE PIPER